QUAN YING
CHUXIN
RAN SHAOHUA

泉映初心 燃韶华

——讲给青少年的济南红色故事

济南市学校党建工作研究基地 / 编

济南出版社

图书在版编目（CIP）数据

泉映初心燃韶华：讲给青少年的济南红色故事 / 济南市学校党建工作研究基地编 . -- 济南：济南出版社，2024. 9. -- ISBN 978-7-5488-6745-6

Ⅰ . D642-49

中国国家版本馆 CIP 数据核字第 2024T8K623 号

泉映初心燃韶华——讲给青少年的济南红色故事
QUAN YING CHUXIN RAN SHAOHUA
济南市学校党建工作研究基地　编

出 版 人　谢金岭
责任编辑　贾英敏　苗静娴
装帧设计　纪宪丰

出版发行　济南出版社
地　　址　山东省济南市二环南路 1 号（250002）
总 编 室　0531-86131715
印　　刷　济南继东彩艺印刷有限公司
版　　次　2024 年 9 月第 1 版
印　　次　2024 年 9 月第 1 次印刷
开　　本　170mm × 240mm 16 开
印　　张　21
字　　数　256 千字
书　　号　ISBN 978-7-5488-6745-6
定　　价　58.00 元

如有印装质量问题 请与出版社出版部联系调换
电话：0531-86131736

序言

探寻济南红色文化的璀璨篇章

孙黎海

在历史的长河中，每一座城市都有其独特的文化印记，而红色文化，作为中华民族宝贵的精神财富，更是这些印记中最为耀眼的部分。泉城济南，这座历史悠久的文化名城，不仅以其趵突腾空、百泉争涌的自然风光闻名遐迩，更在近代中国革命史上留下了浓墨重彩的一笔。当《泉映初心燃韶华——讲给青少年的济南红色故事》一书呈现在我们面前时，它仿佛一把钥匙，轻轻旋开了通往那段光辉岁月的大门，引领我们走进一个个生动鲜活、感人至深的红色故事之中，感受那份穿越时空的初心与使命。

一、济南红色文化资源：历史的回响，精神的传承

济南，自古便是人文荟萃之地，文化底蕴深厚。近代以来，丰厚的红色文化更是令人瞩目。

1921 年 7 月 23 日，中国共产党第一次全国代表大会在上海召开，开天

辟地的伟大征程就此开启。在出席中共一大的13名代表中，有2名来自济南，分别是23岁的王尽美和20岁的邓恩铭。

济南，这座走出了两位一大代表的城市，是建立共产党早期组织的六个城市之一，是红色文化深厚的革命热土，是当之无愧的红色之城。自1919年五四运动浪潮席卷全国起，济南便成为山东乃至北方地区反帝反封建斗争的前沿阵地：从1919年山东国民请愿大会的激昂呼声，到济南惨案后不屈不挠的抗争；从中共山东省委的成立，到革命火种在城乡广泛播撒；从解放战争中济南战役的辉煌胜利，到1949年5月22日济南市人民政府成立。这30年间，济南见证了中国革命从艰难探索到走向胜利的伟大历程。

本书精心筛选的49个红色故事，正是这段历史的缩影。它们或聚焦于重大历史事件，如山东国民请愿大会的悲壮与觉醒，济南战役的英勇与智慧；或深入日常生活，讲述普通民众在革命洪流中的坚守与奉献，如地下党员的秘密斗争、抗日英雄的英勇事迹、解放区人民的支持与参与。这些故事，如同一颗颗璀璨的珍珠，串联起济南红色文化的光辉历程，让后人得以窥见那个时代的风云变幻，感受革命先烈的崇高精神。

二、讲好济南红色故事：以史为鉴，启迪未来

讲好红色故事，是传承红色基因、赓续红色血脉的重要途径。本书在编写过程中，力求做到历史性与时代性相结合，思想性与艺术性相统一，力求让每一个故事都能触动人心，激发共鸣。

首先，注重历史真实性。编写组通过查阅大量史料，对每一个故事进行细致考证，确保了内容准确无误，让读者在了解历史的同时，也能感受到那份沉甸甸的历史感。

其次，强化故事性。运用生动的语言、细腻的描写，将历史人物、事件还原成一幅幅鲜活的画面，让读者仿佛置身其中，与故事中的人物同呼吸、

共命运。

再者，注重思想性。每个故事都蕴含着深刻的思想内涵和价值导向，通过深入挖掘故事背后的精神价值，引导青少年树立正确的国家观、历史观、民族观、文化观，激发其爱国之情、强国之志、报国之行，为实现中华民族伟大复兴的中国梦贡献自己的力量。

三、发挥红色文化的育人功能：以文化人，以文育人

红色文化，是党的宝贵精神财富，也是育人的重要资源。本书的出版，不仅是对济南红色文化的一次深入挖掘和整理，更是对青少年进行爱国主义教育、革命传统教育、理想信念教育的重要载体。

首先，通过讲述红色故事，引导青少年树立正确的世界观、人生观、价值观。通过了解革命先烈的英勇事迹和崇高精神，青少年可以更加深刻地认识到今天幸福生活的来之不易，从而更加珍惜当下，努力学习，为将来报效祖国打下坚实的思想基础。

其次，通过红色文化的熏陶，培养青少年的家国情怀和社会责任感。红色文化蕴含着深厚的家国情怀和民族精神，能激励人们为国家富强、民族振兴而不懈奋斗。通过学习红色文化，青少年可以更加深刻地理解国家与个人的关系，增强民族自豪感和自信心，树立为国家贡献力量的远大志向。

最后，通过红色文化的传承，促进青少年全面发展。红色文化不仅是一种精神力量，也是一种教育资源。结合本书的内容，可以组织丰富多彩的红色文化活动，如参观红色教育基地、观看红色影视作品、开展红色主题演讲比赛等，以此丰富青少年的课余生活，拓展他们的视野和知识面，促进他们德智体美劳全面发展。

《泉映初心燃韶华——讲给青少年的济南红色故事》一书，是济南市学校党建工作研究基地对济南红色文化资源的一次深入挖掘和整理，也是

向青少年传承红色基因、赓续红色血脉的重要尝试。这本书的出版，不仅为我们提供了一份宝贵的精神食粮，更为我们开展青少年思想政治教育提供了有力支持。让我们携手并进，在习近平新时代中国特色社会主义思想指引下，共同书写新时代的辉煌篇章！

山东省社会主义学院党组成员、副院长
山东省廉政建设研究中心副主任
山东省人民政府研究室特邀研究员
2024 年 8 月

目录

第一章　齐鲁曙光

第二章 前仆后继

第三章 抗日救亡

第四章　走向光明

第一章　齐鲁曙光

扫一扫，听故事

“五四”先声，四二〇请愿大会奏响爱国序曲

五四运动是一场以青年学生为主、各阶层共同参与的爱国运动，它展开了彻底反对帝国主义和封建主义的斗争，标志着中国新民主主义革命的开端。五四运动爆发前的数月间，济南及山东各界人民就已开展了多种形式的爱国斗争——各界人士纷纷通电、请愿，青年罢课、游行、演讲，市民集会、罢工、罢市，推动了北京及全国各地的爱国运动向前发展。1919 年 4 月 20 日，山东各界数万人在济南演武厅广场召开国民请愿大会，这成为“五四”反帝爱国运动的先声和序曲。受此启迪，青年们开始觉醒。

●●●

1919 年 4 月 20 日，济南从城区到商埠，大街小巷都贴满了标语，商店门前都悬挂着国旗和写有口号的白旗。济南人街谈巷议的都是关于争回国家主权的问题。高喊着口号的学生、知识分子、工人、商人、政客都奔向同一个地方——演武厅，他们去参加山东国民请愿大会，这开启了五四运动的先声。

五四运动爆发的导火索是巴黎和会上中国外交的失败，而巴黎和会与中国有关的核心内容就是“山东问题”。1919 年 1 月巴黎和会召开后，山东各界对“山东问题”的交涉十分关注。山东省议会议员及各界代表在大明湖畔成立了外交商榷会，积极向政界宣传维护中国权益的主张，探寻解决“山东问题”的良策。山东各界除向政府致电施压之外，还先后派出几批民意代表赴京向北洋政府直接面陈山东民众的主张。然而，山东民众的数月努力收效甚微。随着“山东问题”交涉的步步失利，山东各界纷纷集会，商讨力争主权的办法。

4 月 13 日，山东各界商议由省议会、农会、商会、教育会等团体组成国民请愿团，并决定于 4 月 20 日在济南召开山东国民请愿大会。各界推举聂湘溪、贾云芗、李兰斋、戴雪桥、酆兰廷、李子善、张星五、吴鲁藩、刘梅皋、王子赵、王鲁生、郭珠泉、姚伸扮、李天倪、张瑞亭等 15 人为大会筹备员，负责大会的各项准备工作。山东国民请愿大会的召开地点最初选在大明湖南岸的山东省议会，但因容纳人数有限无法形成声势，故将大会召开地点改在济南城外的演武厅。嗣后，山东省教育会也召开

济南演武厅

会议，决定号召在济的各师范、中学、专门学校、高等小学、女子学校的学生全部参加 20 日的请愿大会。

国民请愿大会原定于 20 日中午 12 时召开，但人们群情激昂，一早就都到达了会场。据上海《时报》4 月 24 日报道，从上午 9 时起，济南“城内外各街巷赴会场者，车马络绎，行人如蚁，途为之塞。陆续到会者，约十余万人”，会场几乎容纳不下。参会人员中，尤以学生为多，不但农、商、矿、工、医、法以及武术等各专门学校，各师范、中学和高等小学的全体学生前来参加大会，甚至各初等小学的许多幼童也来了。他们以童子军为前导，排着队有秩序地步入会场。最前面的队伍举着一面写有“国民请愿团”的大旗，各学校的队伍则分别高举校旗，许多学生手中还拿着小白旗，上书“山东存亡，在此一举”等口号。

关于参加大会的人数，各种资料记载均不相同。山东官方文件中多称参会人数有十万，如大会致北洋政府电文中称，到会有“十万三千七百人”，山东省省长沈铭昌向北洋政府代转的大会电文中说，到会“数逾十万”“十万三千余人”。部分资料，如 1919 年 4 月 24 日北京《国民公报》的报道是“好几万人”。少数资料记为一万余人，如 1919 年 4 月 22 日北京《晨报》和《公言报》刊载的通讯稿称到会“万数千人”，1919 年 4 月 24 日上海《时报》载，省长沈铭昌向北洋政府报告大会情况电文中称有“万余人”。总之，根据多数资料的记载，参与大会有数万之众是可信的。正如天津《益世报》报道所说，这次国民大会“声势极为浩大，实为东省破天荒之第一大会”。

时至正午，人们在会场门前燃放鞭炮三挂，宣布山东国民请愿大会开始。大会主席是当时的山东省议会副议长王朝俊，他登台介绍了召开国民大会的缘由和大会宗旨。接着，各界代表张星五、鄄兰廷、张达臣、王鲁生、李子善、刘汝巽、张文英、王艺圃、常勉斋、李炳南、于芹全、李天倪、张向山、李如卿、颜懋敬、陈福亭、赵子杰、陈今僧、王建兴、杜金铭、郭次璋、杨玉全、傅明臣、秦炳咸、侯丹峰等30余人相继登台演说。他们一个个沉痛激昂，声泪俱下。省立一中的学生秦炳咸在演讲时泣不能抑，声音哽咽，几乎讲不下去，台下听众受其感染也都悲愤异常；泥瓦工人侯丹峰的演讲通俗易懂，直接痛快，鼓动说服力非常强；王艺圃在演说时向与会民众展示了一位十几岁学生的血书，并介绍了该生的爱国意志，闻者无不落泪。

大会议决，由张英麟等13人领衔，代表十万请愿群众，分别致巴黎和会中国专使、致总统府国务院、致参众两院、致上海和议代表和致在北京的山东督军张树元等电报五通，表明山东民众之态度，敦促誓死维护国家主权。

大会推选绅界代表张英麟、陈伟青，省议会正副议长郑钦、王朝俊、张公制，商会会长张子衡，教育会会长李兰斋，农会会长戴景周，报界联合会会长王景尧，律师公会会长张星五，国货维持会会长酆兰廷11人为代表，并前往省长公署谒见省长，请其致电北洋政府，转达各界群众的要求：废除密约，“恢复国权，保全领土，并将外交方针明白宣示”。与会民众准备一同前往省长公署请命，经各界代表劝说，民众留在会场等候省长答复，如省长不接受民众请求，则全数前往请愿，不得圆满誓不解散。

当时的山东省省长沈铭昌，曾任山西省省长及北洋政府内务部次长、财政部次长，当时刚刚就任山东省省长两月有余。沈铭昌见民意难以遏制，便完全接受了代表的要求，并派济南道道尹兼外交部特派山东交涉员唐柯三前往会场，代表省长回复民众。代表们及唐柯三一回到会场，全体民众便高呼口号，会场掌声雷动。王朝俊向与会民众报告谒见省长的结果，继由唐柯三代表省长表态。与会民众顿时沸腾起来，表示等候北洋政府的复电，如无圆满的结果，就再接再厉，继续抗争。

山东国民请愿大会一直持续到下午 4 时。然而，散会并不意味着结束，激昂的民众开始了全市范围的演讲和游行。大会推举出 40 人的演讲团分散到各街路口，作简短演讲。游行队以学生为主，他们排着整齐的队伍，手持各种旗帜，先从演武厅出发，一路向西到商埠公园，然后再折回城里。直到天黑，游行才告结束。

沈铭昌在转发国民请愿大会致北洋政府的电报之外，还另电北洋政府，第一时间将大会情况进行汇报。他心急如焚，电催尚在北京的山东督军张树元早日返济，共同维持政局。整个“五四”期间，沈铭昌一方面需要平定地方，给北洋政府一个交代，一方面又同情爱国学生，避免其与军警冲突，焦头烂额，心力交瘁，不久之后就自请离职。

北洋政府得知山东国民请愿大会的消息后，于 23 日致电沈铭昌转复山东国民请愿大会，进行安抚：“青岛路矿问题，关系国权，中央自应力挽。济报载奸人煽惑，遥制专使，均系传闻失实。务希力持镇静，勿信浮言为要。”北洋政府在致巴黎中国使团的电报中说：“鲁人为青岛事开大会，群情激昂。五国共同管理说，未可轻易承认，宜再力争。”同时，还电令山东的行政和军事长官要随时劝慰商民，命令督军张树元尽快回济。

山东国民请愿大会的影响巨大，自 4 月 22 日起，北京、天津、上海等地报纸都陆续刊登大会消息，并发表评论。上海《时报》高度评价

民众反对“二十一条”的标语

了国民请愿大会的声势和作用：“鲁人之国民请愿大会，大有登高一呼风从云集之概。”北京《国民公报》以“毋忘”为笔名接连发表了两篇评论：山东“人民为了外交问题，呼吁的声浪很高”，“民众的心理如此激昂，全国国民应群起而争”。北京《晨报》赞扬山东各界人民的斗争，“今东省之人既已大声疾呼，再接再厉，可谓能尽国民之责”，并号召全国各界向山东人民学习，“当兹千钧一发，稍纵即逝之时，正赖国人之督责抗争。设能举国一致，皆如山东人之热烈，则众志成城，收效必大。是所望于全国同胞者也”。

山东国民请愿大会的消息迅速传遍全国，推动了各地爱国斗争的发展，为五四运动的爆发做了准备。1919 年 9 月出版的《五四》一书如此总结山东国民请愿大会的作用：“自四月中旬有济南国民与东京学界[①]之两举动，其悲愤之精神早借‘以太’而传遍于北京之社会。于是京、沪、

① 1919 年 4 月 11 日，北洋政府驻日公使章宗祥归国述职时，在东京车站遭到 300 余名中国留日学生痛斥。

鲁间皆有人络绎往来，商议此事之对付方法，大抵共同之目的不外外争青岛、内惩国贼而已。故其时北京之市民、政界、商人、学生以及少数军人皆有种种秘密之结合，以策进行。惟是人人心中之理想，皆在五月七日国耻[①]纪念，开一空前之国民大会以示威。”北京的学生们通电各省于 5 月 7 日举行游行示威运动。由于形势的急剧发展，5 月 4 日就爆发了五四运动。

山东国民请愿大会将斗争矛头直接指向日本帝国主义和皖系军阀，震动了北洋政府，引起了济南各阶层民众对国家主权的关注。青年，作为一支新生的社会力量登上历史舞台。

---

① 1915 年 5 月 7 日，日本政府向袁世凯发出了接受“二十一条”的最后通牒。两天后，北洋政府回复接受。此后，民众将每年的 5 月 7 日和 5 月 9 日定为国耻日。

勇立潮头，济南青年成为爱国运动主力军

1919年4月30日，巴黎和会不顾中国提出的维护国家领土主权的三项提案，把德国在青岛及山东的特权全部转让给日本。消息传来，全国震动，民众爱国情绪迅速高涨。5月4日，北京爆发了大规模的学生示威游行，五四运动爆发。同一时间，愤怒已极的济南民众掀起了更大规模的抗议活动，青年学生英勇地站到了反帝浪潮的风口浪尖，成为爱国斗争的先锋。济南的青年学生在斗争中学会了团结，成立了学生联合会。济南青年，第一次成为爱国运动的主力军。

●●●

1919年5月4日下午2时，北京大学、北京高等师范以及工业、农业、医学、政法等十几所专科以上学校的3000多名学生举行抗议游行，要求政府拒绝在巴黎和约上签字，外争主权、内除国贼，并烧毁了外交次长曹汝霖的家。随后，军警出面控制事态，逮捕了32名爱国学生。北洋军阀政府颁布严禁抗议公告，并下令镇压各种抗议活动。这激起了全国义愤，各界纷纷支持学生们的爱国行动。

1919年5月5日，北京中等以上学校实行总罢课

5月5日清晨，山东省立第一中学、省立第一师范、省立女子师范、正谊中学、育英中学、山东工专、山东商专、山东农专、山东蚕桑学校、齐鲁大学等学校的数千学生，在济南西门大街（今泉城路西段）集中列队后，奔赴商埠、城郊散发传单，演讲宣传，号召抵制日货、不坐被日本抢占的胶济路火车，以声援北京学生的爱国行为。消息传开，山东省内的曲阜二师、聊城三师、济宁二中、泰安三中、临沂五中、蓬莱七中、潍县八中、惠民九中等纷纷来人、来函联系，商议加入这一活动。济南各高小学校及其他各界也派代表加入到这次抵制日货的运动中。

5月7日晚，省立一师、省立一中、齐鲁大学、山东工专等学校的学生会倡议，联络21所学校，各校推选代表两人，共70余人在山东省议会开会。在当晚的会议上，学生们议决电请北京政府释放被捕学生，严办卖国贼曹汝霖、陆宗舆、章宗祥，并于两日内答复，否则一律罢课。齐鲁大学学生会发表《为力争青岛敬告全国各界书》，呼吁“各地各界，同心同德，思来日之大难，惧山河之不复，际千钧之一发，合众志以成城，出以决心，持以毅力，使巴黎和会而能解决吾青岛也”。

5月10日，济南21所中等以上学校万余名学生，不顾反动当局的禁令，冒雨举行反日救国大会。会前，山东督军、省长三次发出不准开会的禁令，并派人至各校极力阻止。济南城内的各校学生预由南门出城前往演武厅，但被南门军警阻拦，遂折回省议会。聚集在演武厅的城外各校学生闻讯后，冲破军警的禁阻，拥进南门，与城内各校学生一起聚集到省议会，会议得以召开。

这次大会共有21所学校的13000余名学生参加，20余人先后登台演说。大会选出张文英等6名代表面见山东督军、省长，要求转电北京政府：立即释放被捕学生，拒绝和约签字，惩办卖国贼。同时，要求省当局给学生军械，实行军事训练，一旦外交破裂，全体学生愿做前驱。会后，学生们冲破军警的封锁，举行了声势浩大的游行示威。

5月12日，济南各大、中学校的学生会代表在省议会开会，正式成立“山东学生联合会”（一说“济南学界联合会”或“济南学生联合会”，简称“山东学联”），以便更加有力地协同行动。山东学联统一领导济南暨山东学界爱国运动，与各地学生爱国运动遥相呼应。各校代表组成评议会、干事部等办事机构。山东工业专门学校的学生张文英被推选为会长，同校的刘文言为副会长，正谊中学的学生李怀珠为组织部部长，一中学生王建兴为评议部部长。山东学联是继北京学联之后成立较早的学生爱国组织，自此，济南各学校有了一个统一指挥的机构。它的成立，标志着以青年学生为主体的反帝爱国斗争进入高潮。

学联成立当日，学生们就联合工人群众开展了一场抵制日货的活动。街市贴满了“抵制日货”“提倡国货”的标语，查扣的日货堆积如山。

抵制日货行动得到商界等各界人士的理解和支持，到 5 月 16 日，济南各界开始共同抵制日货，他们根据自己的行业实行了不同的抵制方法。如新闻界，《大东日报》《山东商务》《新齐鲁》《山东法报》《简报》《通俗白话报》《齐美报》等在济各报社召开会议，决定各报一律停登日本广告，各报社均不得代卖日本报纸。

为号召使用国货，山东学联联合商会筹集了万元资金，在布政司街（今省府前街）设立了华醒国货商行，销售国产衣物、布匹，并在司家码头成立提倡国货研究会，从商家查获的日货一律送到研究会处理，货款还给原货主。在省实业厅任职的李贡知在日记中记录了当时济南学生抵制日货的情况："5 月 20 日，省城各学校联合抵制日货甚力，学校用品中之属于日货者悉焚毁之，有买日货者共罚之。余亦颇感动。"

为了广泛开展抵制日货运动，山东学联还组织了 13 个分队分赴邹平、长山、桓台、临淄、淄川、博山、潍县、寿光、广饶、临朐、昌乐、昌邑等 13 个县，宣传抵制日货的重要意义，推动了全省抵制日货运动的深入发展。

此时，北洋政府已全然不顾全国民众的反对，一方面公开主张对德和约签字，一方面严厉镇压群众爱国运动，并采取一系列强硬措施。5 月 24 日，国务院致电各省，通告政府签约的决定。第二日，大总统徐世昌就下达命令，禁止集会、游行、演说、散布传单，否则就要实行镇压。山东军政两署得令后，即要求教育会会长及各校校长劝阻学生不得在街市演说。

山东学联于 5 月 23 日召开第一次会议，会上通过了罢课宣言，宣布济南全市中等以上 21 所学校学生于 5 月 24 日开始举行总罢课，以响应北京学联的罢课宣言，向政府表达民众的正义要求。罢课宣言痛批北洋政府“祖奸媚外，情事显然”，揭露了其“不过欲卖我山东，媚外以自固”的目的，称学生“亦何心更求学问”，因此，“自本日为始，全省学生一律停课。倘政府率予签字，学生等唯有始终坚持，作孤注一掷，铤而走险”。

5月24日，济南各大、中、小学在山东学联的统一部署下开始总罢课。上午8时后，省立一师、省立一中、矿专、农专、商专、齐鲁大学等济南各校学生七八千人在学联的组织下齐集南关演武厅广场，响应北京学生的爱国运动，召开大罢课誓师大会。与上次演武厅十万人大会的主角是须发皆白的前清士绅及各党派的议员们不同，这次聚会的首领是风华正茂的青年学生。学联会长张文英登台讲话，他向学生们阐明当前形势，宣布了学联罢课的决定，发表了罢课宣言。

会议结束后，学生们以学校为单位整队分数路出发，举行了浩浩荡荡的游行示威。学生们印发了《泣告山东父老》的传单，并在街头设立

1919年5月中旬，山东各协会及各界爱国民众集会

讲演站，向群众作爱国讲演。一时间，济南民众的爱国热情空前高涨。

为严密地组织学生罢课斗争，山东学联组织讲演团，分赴各城乡宣讲亡国之惨，并迅速编撰、印刷简明宣传品，激发广大民众的爱国热忱，同时组织调查部，会同各商会分赴各商家调查日货。学联还电责徐世昌："政府对于和约，迄无绝不签字之表示。一味掩耳盗铃，饰词愚弄。鲁人无论如何哀吁，充耳罔闻"，政府"悔祸无心，变本加厉。内政既法纪荡然，外交又安望起色。国亡无日，救死何所"。为扩大斗争力量，学联还组织成立了学商联合会、学工联合会、学农联合会。此后，各校学生在学联的领导下，不顾反动势力的阻挠破坏，开展了许多爱国活动。

5 月 27 日，山东行政当局奉徐世昌令遏制学生爱国运动，命教育会会长及各校校长阻止学生在街市演说。同时，在济南城内实行戒严，警察加岗荷枪，凡学生所贴宣言及日货名单一律撕去。警兵分驻各校门口，稽查学生出入。就在这一天，济南中等以上学校的学生组成演讲团 50 多个，他们不畏强权，轮流在济南城内外演讲宣传。几天后，外地来济读书的学生派出代表，陆续奔赴原籍向当地民众报告近期"山东问题"的交涉情况，联合各县学生共同推动反帝爱国运动在全省的发展。济南学生的罢课斗争迅速在全省得到响应，各地学生一呼而起，其规模之大、范围之广，为山东近代史所少有。

5 月 31 日，山东警察厅连续发表布告，禁止商民集会和抵制日货，禁止开会、演讲及散发传单，禁止商民拒绝日本人以纸币兑换铜钱。然而，军政当局的镇压活动没有阻挡民众爱国热情的高涨，团结起来的青年们以大无畏的精神继续投入到这场反帝爱国运动之中。

推动罢市，各校学生响应京沪爱国运动

1919年6月1日，北洋政府连发两道命令，为卖国贼辩护开罪，诬蔑学生的爱国斗争为非法。6月3日至4日，北京学生奔赴街头游行、演讲，再次遭到镇压，千余名学生被逮捕。全国多地爆发了罢工、罢市运动，声援北京被捕学生。6月5日，上海工人阶级举行大罢工，商界也于同日实行罢市。爱国运动迅速波及全国100多座城市，掀起了工人罢工、商人罢市、学生罢课的“三罢”热潮。济南的罢市活动在山东学联的支持下坚持了五天半，济南成为北方各省罢市最早、延续时间最长的城市。

•••

1919年6月8日晚，北京学联派出的代表孙鸣岗①由京抵济，在省立一师礼堂向山东学生联合会介绍了北京学生被捕情况，呼吁山东学生

---

① 孙鸣岗（1892—1961），山东高青人，1918年毕业于山东省立第一师范，1919年在北京参加五四运动，后留学法国获法学博士学位。回国后曾任山东省政府参议、威海行政区管理公署专员等职。1946年1月，经陈毅介绍加入中国共产党。

声援。山东学联当即商定，发起济南大罢市，响应京沪爱国运动，并提请山东省议会出面召开各界代表会进行商议。应学联要求，省议会于翌日上午召集各界代表近万人召开会议，讨论如何声援北京被捕学生和响应上海罢市等问题。会议作出决议：山东民众“与京、沪主张取得一致态度”，自6月10日起，济南实行大罢市，并“公推商界代表五人，往谒商会会长，要求允许全体罢市之行动”，并由山东学联进行罢市运动的发动和组织工作。

当日下午，学联在省立一师召开了本部会议，对有关罢市问题作了具体安排：西门大街到院东大街一带（大致相当于今泉城路）由第一师范、商业专门学校、第一中学、正谊中学等校负责组织，南关到西关一带（大致相当于今舜井街、南门大街以及共青团路、普利街一带）由工业专门学校、齐鲁大学、女子师范等校负责组织，商埠一带（主要是今经二路一带）由法律专科学校、育英中学等校负责组织，东关一带（今东关大街一带）由煤矿专门学校、医药专科学校、农业专科学校等校负责组织。

当晚6时，济南商界、学界代表500余人在省立一师召开联合会议，具体讨论罢市的计划与办法。以商会会长张肇铨为首的一些大资本家对罢市问题声言要慎重，称罢市有碍治安、影响生计，虑有后患。部分中小商人虽然同意罢市，但都不敢出头发言。仍有很多爱国商人仗义执言，积极支持罢市。一位小商人发言说：“北京学生是为我们山东问题被捕的。上海市各界人民为声援北京学生罢工罢市。我们是山东人，难道我们自己就不关心山东吗？”经过争论，除小部分大商家不同意外，大多数商家都同意罢市。会议随之对罢市的部署作了具体安排，并通过了《罢市宣言》，决定于翌日全体罢市。

济南戒严总司令部暨济南镇守使署（摄于 20 世纪初）

6 月 10 日早 6 时，各校学生按原定分工涌向济南市区，监管罢市，并进行宣传。随后，各商户陆续关上店门，开始罢市。西门大街西头到院东大街一带，绝大多数商店都关门罢市，不关门的只有山东银行、瑞蚨祥等两三家大商号，经学生反复动员劝说后，他们也关门参与罢市。商埠、西关、南关、东关等处也都顺利罢市，实现了全市范围的大罢市。经二路上的祥云寿、泰康、聚盛永等商家在各自楼顶悬挂白布旗，上书“坚持到底，固守待命”。劳工界也以罢工作为响应，面粉业工人率先罢工，随之，电灯公司及搬运业、建筑业工人开始罢工。与此同时，商界发表宣言，提出两项要求：惩办卖国贼曹、陆、章，没收其财产，以偿外债；拒绝签字，废除“二十一条”及高徐、顺济等密约，不达目的决不罢休。

军政当局在罢市的第一时间就得到了张肇铨的密报，忙颁布紧急命令，宣布戒严。山东戒严总司令部通知各学校“不许学生游行示威和进行演讲活动，否则以扰乱治安论罪”，并调动大批军警，沿街用枪打砸店铺的门板，强制商家开市。监管罢市的学生们声泪俱下地向军警讲说罢市的缘由，晓以“国家兴亡，匹夫有责”的道理。数百名学生相继赶到，大声哭喊请求。军警有感于学生的爱国热忱，也逐渐不加干涉，只整队巡街维持秩序。

总罢市实现后，商店店员、中小商人和市民一起涌上街头，与学生队伍汇合，举行了浩大的示威游行，并前往山东督军公署、省长公署请愿。请愿群众提出了几项具体要求，请求代达北洋政府：力争青岛，绝不签字；惩办卖国贼，没收其财产；释放被捕学生；催促南北议和。督军张树元、省长沈铭昌拒不接见请愿群众，数千民众便跪于省署之前哭诉：“自山东外交失败，各省协力一心，同谋挽救。我等若以鲁人而漠视鲁事，负国负己，公私两失。”民众指责张树元、沈铭昌等：“既为山东之长官，即应负山东之责任，代表山东之民意。”最后终使山东行政当局妥协，同意向北洋政府代达济南各界的四项要求。

此后数日，学生们在趵突泉、北园、商埠一带和乡村集市上进行罢市宣传。不仅济南城内各商户铺面不开市，就连趵突泉市场的小摊贩也都收拾一空。东营、济宁、潍县、周村等城镇也相继开展罢市斗争。

6 月 10 日，北洋政府迫于压力释放了被捕学生，并宣布罢免曹汝霖、陆宗舆、章宗祥的职务，这标志着五四运动取得了第一个直接胜利。11 日，山东各界在省议会开会，各界代表认为，北洋政府虽已于 10 日罢免曹、陆、章的职务，但没有惩办之意，也没有明确表示不在巴黎和约上签字，罢市目的并未达到，因此决定继续罢市。

就在这一天，张树元密电北洋政府：济南及胶济铁路沿线一带出现“无政府共产党宣言”，已电令“各地方文武，严防密捕”。张树元对各界群众的斗争活动极端仇视，暗地里积极筹划镇压群众运动的阴谋。

他一方面派人四处侦察，探听群众的动向和计划活动；一方面各处张贴布告，重申劝禁，加派军警巡逻，对群众进行威胁。山东军政当局于12日颁布公告，严令各商家必须在13日开市，同时禁止学生出校。

面对军政当局的镇压，各校学生代表连夜在省立一师召开秘密会议，决心将斗争坚持到底。学生们的爱国行动得到了教育界的支持，省立高小教员鲁佛民①、省立一师学监范明枢②等进步知识分子均积极参与其中。

6月13日凌晨，大批军警封锁了济南各学校的校门，不准学生外出活动，同时，数千名军警沿街逐一通知各商家，曹汝霖、章宗祥、陆宗舆已被政府罢免，上海、天津商界也均已开市，要求各店铺于中午12时一律开市，否则将武力干涉，并声称要严惩阻碍开市的学生。

这一天，济南各界爱国群众与山东反动当局的斗争达到了高潮。军政当局调动了驻城区的四十七旅和驻辛庄的第五师，分东、西两路向中间合围，企图强力驱散街上的学生队伍。面对军警的封锁，范明枢率领省立第一师范的学生奋力冲破阻拦，冲出学校。不久之后，工专、省立一中等各校学生也都先后冲破军警包围，来到西门大街集合。学生们高呼口号，浩浩荡荡地沿街游行。

12时，大批军警出动，强令各商号开市，骑兵、步兵强行驱散监督

---

① 鲁佛民（1881—1944），名琛，字献卿，别号佛民，济南沃家庄人，著名教育家。五四运动爆发后，他积极参加了山东学生联合会的工作。学联重要宣言、标语口号及游行示威的行动计划多由他草拟。1926年10月，他由中共山东区委书记吴芳介绍加入中国共产党。其长子鲁伯峻、次子鲁广益（余修）均为中国共产党的早期党员。

② 范明枢（1866—1947），名昌麟，又名炳辰，字明枢，泰安元宝街徐家花园人。范明枢早年留学日本，学成回国后致力于教育事业，在济南创办省立模范小学，曾任山东省立第一师范学校学监等职。抗战爆发后，他义无反顾地走上了抗日道路。1946年6月17日，时年80岁的范明枢加入中国共产党。

罢市的学生。学生结队准备前往督军公署请愿，但当数千人的队伍进入西门大街后，各巷口立即被军警封锁，断绝了交通。2000余名学生被阻拦在芙蓉街南口、省立一师门前的一个狭小地区。此时，军警林立，强迫学生解散回校。学生毫不退缩，与军警进行了说理斗争。被军警围困的男女学生分列西门大街两旁，搭起临时讲台，各校代表轮流登台讲演。学生们提出六条要求：商家开市与否各听自由，军、警、学三界均不得强制；学生演讲、报界言论均自由，不得干涉；学校团体出入自由，不得干涉；各街巷及城门不得以军警强断交通；立即释放被捕学生及商人；军警撤退后，学生均自由归校。

学生们的爱国行动得到了大街两边居民和商店店员的同情与声援。人们为学生们的爱国热情和斗争精神所感动，纷纷前来慰问，把面包、鸡蛋、茶水等送到学生面前。省立一师对门路南的广生行送出了大批果

山东省立第一师范学校（摄于20世纪初）

子露，附近的泰康公司也抬出点心慰问。学生们为了对反动当局的武力迫害表示抗议，都不肯食用。斗争中，省立一师学生孙法朱因悲愤过度，呕血而逝。晚11时，经省议会张公制等人调停，督军张树元派警察厅厅长宋德玉、交涉署署长唐柯三与学生谈判，被迫答应了学生的要求，承诺允许学生随便演说、撤退包围各学校的军警、商人开市与否任其自由、释放被捕商人，并当场写成了文件，由省议会盖章保证。学生们斗争胜利后，才各自返校。

6月15日上午9时许，济南商学两界在一师门前召开联合大会，约万人到会。鉴于卖国贼已被罢免，当局业已接受六项要求，已基本达到罢市目的，大会决议于6月15日下午开市。12时，与会者冒着大雨分东、西两路游行，通知沿途商家开市。历时五天半的罢市斗争结束。

经此一役，学生们从运动之初捶胸顿足、沿街哭号、跪地请愿，成长为站直身子、勇于直面棍棒和枪口的新生力量。学生们在斗争中认识到，爱国不只需要喊口号，也需要流血，甚至牺牲。五四运动的呐喊声逐渐散去，但凝聚出的“五四”精神却永远浸润在青年人的血脉里。

扫一扫，听故事

两位青年，
五四运动中结下战斗友谊

五四运动，让不问政治、只会埋头读书的青年们从和平救国的梦想中惊醒。面对呼啸而来的时代巨变，济南几十所学校的青年学生做出了积极的选择，王尽美、邓恩铭等一批学生领袖迅速成长起来，逐渐成为运动的领军人物。五四运动时期，山东省立第一师范学校的学生王尽美和山东省立第一中学的学生邓恩铭脱颖而出。他们作为先进青年的代表，积极投身于五四运动的洪流中，在斗争中结下战斗友谊，并迅速成长为马克思主义者。

●●●

王尽美，原名王瑞俊，1898 年出生于山东莒县枳沟镇大北杏村（今属诸城市）一个贫苦的佃农家庭。1918 年春，20 岁的王尽美怀揣家中借来的一块银圆，步行近 100 里来到高密车站，乘上了前往济南的火车。他到济南后，参加了山东省立第一师范学校的入学考试，顺利被录取。关于为何读师范，王尽美后来写道：“当我之入师范，对于师范教育本抱有极大的希望，无穷的信仰……换句话说，师范里一位学生就

王尽美（1898—1925）

是发达教育的一个孢子，将来能把我四万万同胞的腐败脑筋洗刷净尽，更换上光明纯洁的思想……”

是年秋，王尽美正式入学。因王尽美是高等小学毕业，所以入学后必须先读1年预科，才能读4年制本科。当时，山东省立第一师范是闻名全国的师范学校之一，特别是1913年鞠思敏出任校长后，他实施“学者治校”的办学方针，聘请了一批思想活跃、留学欧美日的学界名流，使学校迅速展现出全新的面貌。在省立一师，王尽美视野大开。除了读书，他开始关注社会变革，并接触到介绍马克思主义的书刊。

五四运动爆发时，王尽美仍在省立第一师范北园分校读预科。山东学联成立时，王尽美以一师北园分校学生代表的身份参加了成立大会。随后，在学联的组织下，济南中等以上学校学生举行总罢课，王尽美参与了罢课宣言的起草工作。宣言中写道：“国家兴亡，匹夫有责，亡国之惨，迫在眉睫，凡有血性，谁无义气？安能伈伈俔俔为人类羞，偷活于木屐儿之足下乎！”“抑露我头角，展我抱负，与彼孤注一掷，以雪国耻。”殷殷救国之情跃然纸上。

5月底，五四运动在济南形成高潮，学联发出“外籍学生回各县开展运动”的号召，推动了爱国运动在全省各地的发展。王尽美响应这一号召，跟几个学生骨干一起回到了家乡。经过王尽美等人的策划，数千人的反日救国大会于莒县县城地西河滩举行。在学生的宣传影响下，商店全部关门，店员、工人和进步绅士都参加了大会。在这次大会的推动下，莒县的爱国斗争迅速由县城蔓延到了乡村腹地，呈现出蓬勃发展的态势。

这期间，为了更广泛地发动民众，王尽美与部分教师和高年级学生一同编写了《国耻记》《救国五更》《高跷段》等易懂、易记、易唱的演唱材料，向文化水平较低的民众宣传。他用《长江歌》的曲调，填上新词，走上街头教民众演唱："看看看，滔天大祸，飞来到身边。日本强盗似狼贪，硬立民政官，此耻不能甘。山东又要似朝鲜，嗟我祖国，攘我主权，破我好河山。听听听，山东父老，同胞忿怒声。送我代表赴北京，质问大总统！反对卖国廿一条，保卫我山东。堂堂中华，炎黄裔胄，主权最神圣。"

6月8日，王尽美回到济南。这一天，他参与创办的《山东省立第一师范学校学生周刊》正式创刊。王尽美也参与了发刊词的起草，发刊词中写道："今日内忧迭起，险象环生，亡国惨剧，迫在眉睫。外人之视我，不斥曰睡狮，即卑曰老大，以致人为刀俎、我为鱼肉，瓜分豆剖、祸悬眉睫。神州茫茫，竟为群雄之逐鹿场，大张沉沉，竟作异族之蹂躏地。""同人等闵怀时限，联合同志，出此周刊，作同胞晨暮之鼓钟，庶几使同胞梦者醒、醉者苏，协力同心，共谋救国之策。""吾等罢课，纯属救国，吾等救国，纯本良心。不忍坐视国家之沦亡，故振臂高呼，反帝救国，盟天日而誓山河，勿持心不决而犹豫从事……"随后，王尽美积极参与了山东学联组织的罢市、罢工活动。

五四运动期间，王尽美一直站在斗争最前列，他逐渐走向成熟，思想有了飞跃。在投身社会实践的过程中，王尽美与北京的马克思主义者们相识，并建立了友谊。王尽美常代表山东学联前往北京联络，据罗章龙[①]回忆："早在1919年下半年以后，五四爱国运动的中、后期，我们北京国立八校院的学生会和外省的学生会建立了联系。起初我负责做北京大学学生会的工作，山东的学生会经常有人来北京联系。我们北京大学学生会也经常派人去上海和南方，因为济南是沪京往来的必经之地，因此常中途在济停留。我就是在这样一种情况下，同山东学生会的代表王尽美同志认识的。那时候，我们北京学生会的办公处设在校本部，王尽美同志为联系学生会的工作曾多次到西斋来找我。"五四运动过后，王尽美以通讯会员身份加入了北京的马克思学说研究会。

1919年9月，王尽美转入省立一师校本部学习。当时，学校里新旧两种思想的斗争极为激烈，学生、教师都分为左、中、右三派，教授自然科学的老师和热心学自然科学的学生多数是中间派，文史方面的教师和热心学文史的学生多数是左派。王尽美转入校本部后，随即联络校友王志坚，山东省立一中学生邓恩铭、王克捷，以及育英中学教师王翔千等人，在省立一师掀起了一次学潮。斗争的锋芒，指向了腐败的教育方针和教学方式，以及限制学生思想、言论、行动自由的清规戒律。王尽美提出了"罢课乃求学之好机会"的口号，要求撤换校长、废除腐败的旧教育制度。在王尽美等人的发动下，一师本部、二部1000多名学生举行了总罢课。两校都贴满了"废除一成不变的旧教育""开放反帝反封建的言论、思想、活动自由"等大字标语，学生们采用开演讲会和朗诵

---

① 罗章龙（1896—1995），原名罗璈阶，湖南浏阳人，杰出的政治活动家，无产阶级革命家、政治家，中共早期领导人之一，早期著名的工人运动领袖。他早年就读于北京大学，曾参加五四运动，1920年参加马克思主义学说研究会，并和李大钊发起组织北京的早期共产主义组织，是中共创建时的党员之一。

诗歌等形式，揭露旧教育的弊病，宣传新文化、新思想。他们还走出校门，在街上游行示威，并到教育厅请愿。济南各校学生会，以及学联、社会团体和学生家长也纷纷声援。学校当局无计可施，学监们也闭门不出，学校完全处于瘫痪状态。这次学潮持续了一个多星期，最后在其他学校和各界人士的支援下，教育厅被迫撤换了省立一师校长，辞退了部分老举人出身的教师。

在五四运动期间，王尽美结识了邓恩铭，他们一见如故，成为亲密无间的革命战友。

邓恩铭，又名恩明，1901 年出生于贵州省荔波县水浦村板本寨的一户水族农家。他自幼聪明伶俐，读书期间，受到老师高梓仲民主革命思想的影响，很早就怀有忧国忧民之心。1915 年 6 月，邓恩铭参加了反日讨袁爱国运动，与爱国同学一道走上街头，反对卖国的“二十一条”，向群众演讲宣传，并参加抵制日货的运动。这是他第一次参加革命斗争活动。

王尽美、邓恩铭塑像

1917 年，临近高小毕业的邓恩铭给远在山东任

省立一中学生自治会合影（前排右四为邓恩铭，摄于 1920 年）

县官的叔叔黄泽沛（原名邓国瑾）写了一封信，请求叔叔资助他继续求学。黄泽沛慨然应允。邓恩铭告别亲人，北上千里之外的山东。他先乘车来到梧州，又改走水路，经香港改乘海轮，往北经上海到达山东，几经辗转来到济南。途中，邓恩铭写下《前途》一诗，表明他救国救民的坚强意志："赤日炎炎辞荔城，前途茫茫事无分。男儿立下钢铁志，国计民生焕然新。"谁能想到，这首志在苍生的诗竟出自一位 16 岁的少年之手。

1918 年，邓恩铭考入山东省立第一中学。山东省立一中是济南开办最早的公立中学。邓恩铭进入省立一中后，接触了大量先进思想，视野开阔了很多。

第二年，五四运动爆发，邓恩铭以极大的热情投入到爱国运动的洪流中。在山东各界召开国耻纪念大会之际，邓恩铭积极组织省立一中学生参加；在山东学联成立时，邓恩铭积极联络省立一中的学生，并参与了组建工作；在济南高校联合声援北京学生罢课时，邓恩铭组织了省立一中的罢课运动，并根据罢课宣言在省立一中组织演讲团，走上街头向群众宣传爱国进步思想；在济南全市大罢市时，邓恩铭又带领省立一中学生冲破军警封锁，走向街头坚持斗争。

五四运动期间，邓恩铭奔走于各学校之间，在联络工作中做了大量工作，结交了一批志同道合的青年朋友，锻炼了组织领导能力。因有着出色的组织能力和强烈的爱国思想，邓恩铭被选为省立一中学生自治会的负责人和出版部部长。

王尽美、邓恩铭在五四运动中崭露头角，经过这次运动洗礼，他们开始寻求彻底反帝、反封建的道路和方法。通过学习，王尽美、邓恩铭的世界观发生了实质性转化，他们接受了马克思主义学说。1920 年夏，王尽美与邓恩铭一起，联络在齐鲁书社结识的一批向往共产主义的进步青年，发起组织了康米尼斯特[①]学会，专门学习研究马克思主义理论。

---

① “康米尼斯特”为英文 Communist 的音译，即共产主义者。

一家书店，
变身山东新文化运动主阵地

新文化运动，是民国之初伴随共和新政而来、与旧文化对立的一场思想文化革新及文学革命思潮。北京和上海，一北一南都是新文化运动的主阵地，济南地处京沪交通要冲，新文化、新思潮得以迅速涌入。五四运动后，各种民众运动促进了人们的思想解放，推动了新文化运动的发展，传播马克思主义成为新文化运动的新内容。随着新文化运动在济南的深入，一些进步的知识分子、爱国人士开始创办图书发行机构，宣扬新文化，传播新思想，齐鲁书社就是这样一家不寻常的机构。

●●●

1919年10月，山东省议会秘书长王乐平①在天地坛街创办了齐鲁通讯社及齐鲁报社。通讯社附设的贩书部专门贩卖各地进步报纸、杂志及图书，开张不过两个月，“《新青年》《新潮》《少年中国》《新教育》

---

① 王乐平（1884—1930），名者塾，字乐平，生于山东诸城王家楼子（今五莲县院西乡西楼子）。1907年加入同盟会，曾就读于山东政法学堂，1918年9月当选为山东省第二届省议会议员兼秘书长。五四运动期间，王乐平往来于上海、济南、北京之间，奔走呼号，积极支持学生的爱国斗争，鼓动商贾罢市，并亲自率领山东代表团赴京请愿。

诸报，销数都在百份左右。其他如《解放与改造》《建设》《星期评论》等期刊销数亦都不少”。对此，北京《晨报》这样评论道：“齐鲁通讯社，一方面作通讯事业传到外面去，一方面代派各处新出版物，为介绍思潮、改良社会的先声，直到现在，各种杂志的销售一天天推广，志同道合的人也渐渐多了。”齐鲁通讯社的营业房是王乐平三哥住宅的一部分。山东第一位女性共产党员王辩从诸城来济南上学时，就曾借住在齐鲁通讯社的后院。据她回忆，齐鲁通讯社“专门出售这些新书刊，一些进步青年都来买书”。

1920 年 9 月，齐鲁通讯社贩书部扩建为齐鲁书社，迁至大布政司街（今省府前街）20 号北头路东铺房。股东有王乐平、熊观民、陈雪南、聂湘溪、于沐尘、于瑞亭、于范亭、赵华叔、完颜祥卿、隋即吾、蔡自声、武竞民、王少韩、李子善、刘次肖、王世栋、隋君璧、潘介泉等 20 人，每位股东出资 30 元，共集资 6000 元。王乐平被选为董事长兼社长，聂湘溪为副社长。负责营业的经理为王昌龄，后又由王稚祥、王立哉分别担任。店员最初是成湘舟、陈乐民、石秀岩三人，另有一名会计。

《新青年》杂志社热情支持和帮助齐鲁书社，连续为其刊登启事，介绍书社的宗旨和业务范围：“本社开办以来，就提出了宣传文化的宗旨；凡各处有价值的出版物——新青年丛书杂志——无论是季刊，月刊，半月刊，旬刊，周刊，日刊……无不乐意代售。”齐鲁书社以传播文化为宗旨，不纯粹以营利为目的。

书社扩大后，经销的全国各地最新出版的进步书刊日益增多。在新书刊的发行方面，齐鲁书社经常与上海、北京、广东等地的新书出版机构联系，广泛搜求各种介绍新社会科学的进步书刊，并向读者推荐。当时经销的书籍主要有《俄国革命史》《资本论入门》《辩证法》《唯物

齐鲁书社营业部

辩证法研究》《社会科学大纲》等，最畅销的是鲁迅的著作，还有李大钊、瞿秋白翻译的外国作品。齐鲁书社对创造社、新青年出版社、新潮社、北京书店等出版机构的出版物销售极广，对中国古典文学作品的销售也很多。销售的进步杂志，知名的有《新青年》《新潮》《奔流》《小说月报》《创造》《少年中国》《新教育》《新生活》等，周报则有《努力》《觉悟》《莽原》《醒狮》《每周评论》等。各种期刊每期的销量都在百份左右。它还为北京《晨报》发展了50多个订户。由该社主办，王尽美、丁君羊负责编辑的周刊《齐鲁青年》销量也不少。

齐鲁书社的读者对象主要是青年学生、教育界人士。除了居住在济南的读者外，省内各县中等学校的教师和学生来信购书的也很多。对这些外地读者，书社热情服务，及时把书配好邮寄给读者。由于齐鲁书社代办发行，所以各地一些出版单位出新书后就主动把书刊寄给书社代销，卖不完的可以退回。凡寄来的书，书社都积极帮助推销，尽量不退或少退。

齐鲁书社不仅是一个发行进步书刊的书店，也是当时济南思想和政治最活跃的地方，同时还是许多进步青年和国民党左派人士进行革命活动、交流思想的场所。齐鲁书社为读者提供阅读和集会的场所，并可提供食宿，还经常举办各种类型的学术演讲会和研讨会，探讨改造社会的方法，吸引了一大批进步青年。王乐平在有意无意之间，凭个人威望和人际关系，将齐鲁书社打造为传播新文化的主阵地，济南共产党早期组织的几乎所有成员都与齐鲁书社有联系。

此时，山东思想界出现了春芽萌动的迹象。当时的北京《晨报》评论说："自从五四运动以后，国民心理感受新思潮的冲动，渐渐有点觉悟。就是沉闷的山东，也如梦初醒。"在经历了五四运动的尖锐冲突和激烈斗争后，大批爱国青年和进步人士开始进一步思索中国的社会问题和出路。齐鲁书社就成了他们学习、研究各种新思潮，探索救国救民、改造社会的道路和方法的场所。他们在这里一起抨击时政，探

齐鲁书社内院旧址

讨真理，并逐步接受了马克思主义思想，还试图用马克思主义的阶级观点来分析现实、剖析社会，进行革命活动。

1920年夏，王尽美、邓恩铭、王志坚[①]、王象午[②]、王克捷[③]、李祚周、赵震寰[④]等人以齐鲁书社为基地，组织了一批向往共产主义的青年学生，秘密成立了以研究共产主义为宗旨的康米尼斯特学会。学会主要成员是省立一师、省立一中和济南工专等学校的进步学生，他们在齐鲁书社收集并阅读了大量共产主义相关书籍。康米尼斯特学会是济南暨山东第一个研究、宣传马克思主义的革命团体，由于实践经验不足，没有引起广泛的关注和共鸣。王尽美、邓恩铭等人在康米尼斯特学会的活动中，发现系统的马克思主义理论在广大青年群众中尚难消化，所以不久后又另行组织了励新学会。励新学会的日常活动地点也设在了齐鲁书社。1921年冬，王尽美被省立一师以“危险分子”为由开除学籍后，就搬进了齐鲁书社后院，开始了职业革命家的生涯。

1922年1月，王乐平赴苏俄参加共产国际在莫斯科召开的远东各国共产党及民族革命团体第一次代表大会。回国后，王乐平前往上海向孙中

---

① 王志坚（1897—1947），曾用名王石佛，山东诸城人，是山东早期共产党员王翔千的侄子。1920年就读于山东省立第一师范，与王尽美是同班同学，同住一个宿舍，两人交情匪浅。受王尽美影响，王志坚积极参与组织开展了许多进步活动，1921年参加马克思学说研究会，1922年加入中国共产党。

② 王象午（1898—1941），又名王翔舞，字坤生，山东诸城人。1920年在济南工业专科学校读书时，参与发起成立了励新学会，曾任励新学会交际员和《励新》半月刊编辑。1922年7月加入中国共产党；1925年7月，青岛党组织遭到破坏，在关键时刻表现动摇；1926年春被开除出党。

③ 王克捷（1902—1977），字少岑，又字子先，山东胶州（今黄岛区）人。1918年夏考入山东省立第一中学，后参与组建励新学会，在校刊《灾民号》上发表《我的赈灾策》《中国妇女解放的初步》《断弦琴》《秋月》等文章；1922年，经王尽美、邓恩铭介绍加入中国社会主义青年团。

④ 李祚周，天津宝坻人，当时居住在今西公界街孟家胡同。赵震寰，诸城相州镇人。二人当时均为山东省立第一中学的学生。

山汇报了苏联之行的观察所得，并被派回山东主持中国国民党地方党务。回到山东后，王乐平在齐鲁书社成立了山东群众性学术团体——平民学会，创办了宣传三民主义的《十日》旬刊，并开办平民夜校，吸收青年和工人参加学习。平民学会定期举行讨论会、音乐演奏会、学术演讲会以及各种纪念活动，王尽美就曾以平民学会的名义在育英中学主持演出过话剧《夜未央》。平民学会的会员最初有王志坚、萧美西、王景鲁、张健斋、孟超、魏巍、于佩文、于守谨、徐步云、赵注东、王鸣双、李毅民、臧克家、邓恭三、徐伯璞、吴宝璞、谷风田、赵文涛、王意坚、芮双、秦淑美、牛淑琴、王逸民等50余人。至1923年底，平民学会在济南发展会员300余名，同时在青州、烟台、曹州、青岛、武定等地建立分会。这些分会各有会员100余名，为山东国民党组织的建立及改组奠定了基础。

1924年4月20日，国民党中央执行委员会北京执行部成立，指导国民党改组。李大钊、丁惟汾分别任组织部部长和工人部部长，王尽美代表山东国民党组织参加了执行部的领导工作，任工人部部长助理。4月，王乐平、王尽美等人召集山东各地国民党组织和平民学会的代表在济南举行会议，组建国民党山东省临时党部，日常活动地点设在齐鲁书社及育才小学内。

1925年，奉系军阀张宗昌统治山东后，开始对反帝反军阀力量进行镇压，王乐平等人先后外逃。军政当局解散了各种群众团体，禁止集会演讲，与共产党、国民党有关的报刊都被迫停刊。齐鲁书社因是济南共产党及国民党的重要活动场所，遭到了多次搜查，并被严密监视，书社员工大部分出走躲避。齐鲁书社无法营业，便由股东武竞民负责，将书社关闭。齐鲁书社在革命运动高潮时诞生，又在革命处于低潮时关闭，至此完成了它的历史使命。

励新学会，推动马克思主义在山东传播

扫一扫，听故事

在以《共产党宣言》为标志的马克思主义学说诞生后的半个世纪中，大多数中国人并不知道马克思、恩格斯以及他们的学说。俄国十月社会主义革命的胜利给了中国先进分子极大的启示，以李大钊为代表的先进分子开始在中国积极传播马克思主义。经过五四运动的洗礼，新文化运动已发展成为以传播马克思主义为中心的思想运动。济南的励新学会是五四运动以后、中国共产党成立之前，由王尽美等人发起组织的进步学术团体，对于推动马克思主义在山东的传播起到了重要作用。

●●●

新文学作家王统照曾写过一部名为《春花》的长篇小说。小说讲述了济南城里黎明学会的一群经过“五四”大潮的青年，在运动后，各自走向不同道路的故事，展示了“五四”后，青年知识分子的思想趋向和分化。作者在自序中说：“止就上部说，人物与事实十之六七不是出于杜撰。”小说中的“黎明学会”，就是济南“励新学会”。小说中刻画的几个主要人物——巽甫、坚石、身木、义修等，都是以当年励新学会的成员为原型。

励新学会成立于1920年。这一年暑假过后，学生们陆续回到济南上课。进步学生们又聚集在一起，经过数次开会讨论，决定成立一个研究新文化、新思想的学会组织。10月31日，王志坚、吴隼等11人发起筹建励新学会，并发布《励新学会宣言》。

11月14日，发起者举行会议，推举王尽美、于其惠、陈汝美、谢凤举四人起草详细会章，并着手出版刊物《励新》半月刊。励新学会以“研究学理、促进文化”为宗旨，以“勤、俭、诚、勇”为信条，引导青年学习、研究新文化、新思想。学会设庶务1人，文牍1人，编辑主任2人，交际主任2人，发行主任2人。邓恩铭任励新学会庶务，陈汝美、王尽美任《励新》半月刊编辑主任，王志坚任交际主任。关于会员的加入，章程规定“凡有中等学校学历者经本会会员5人以上之介绍，再经全体会员同意即认为本会会员”。励新学会是全省性的学术组织，总会设于济南齐鲁书社内，各处有会员5人以上者均可设分会。

励新学会的早期会员主要是省立第一师范和省立第一中学的进步青年，工业专门学校、商业专门学校等学校的学生也有参加。据励新学会会员王景鲁回忆：“励新学会成员的结合，当时是以不满现实为基础，不满学校的死读书以及校方的高压政策，不满专制腐朽的北洋军阀反动统治下的黑暗政治，不满旧社会的不平等、无自由。”励新学会筹建之初有会员11人，至正式成立时增加至19人，会员最多时达50余人。

11月21日下午，励新学会成立大会在商埠公园内的四面厅召开。到会者除所有会员外，还有李舸梁、王乐平等嘉宾，北京《曙光》杂志代表王晴霓也专程参会祝贺。成立大会的气氛热烈异常，来宾和会员进

商埠公园四面厅

行了演说，然后举行了茶话会和摄影等活动。

励新学会的会务主要有发行报刊、举行演讲、举办学术谈话会等，并规定“除力行上列各项外，当随时扩充举办有益事业以图发达”。

励新学会经常邀请济南和北京等地文化教育界人士举行演讲会，演讲的形式生动活泼，内容立意深刻，深得会员的喜爱。《励新学会会务报告》记录了1921年3月21日上午在大明湖举办的一场演讲实况：“这一天的天气，颇为凉爽，而我们同人，很有热烘烘的精神，都于八点以前，到了会了，所请的讲演员，更为热心，都到得很早，于九点的时候，就开了会了。临时公推王志坚先生为主席，报告开会的宗旨及同人感激的意思。于是，讲演员继续讲演。（一）郭绍虞先生讲演，讲演的题目是《对于中学生研究国文应取的态度》；（二）赵捷先生讲演，讲演的题目是《对于济南出版界的批评》；（三）王祝晨先生讲演，讲演的题目是《生子问题》。以上的讲演词，当时都有会员记录，以后当陆续发表。刘次箫先生、王静一先生、王翔千先生，没有讲演，他们预备的（演）说词，以后当在本刊发表。讲演完毕，继以谈话会。精神上觉得很活泼、很愉快。讲演员早退，我们同人又谈了一会，更有一种特别兴趣。至毕会时，天已 12 点了。”

学术谈话会是励新学会会员学习、研究、宣传革命理论的一个重要途径。王尽美等人经过多次讨论，制定了学术谈话会简章，规定每星期日用半天时间举行学术谈话会。

励新学会的活动不仅限于学术研究和理论探讨，也体现于实践中，如参加山东学生联合会，在学校掀动学潮，反对北洋军阀的反动统治等，从宣传马克思主义，逐步发展到从事工人运动和其他社会活动。北京《晨

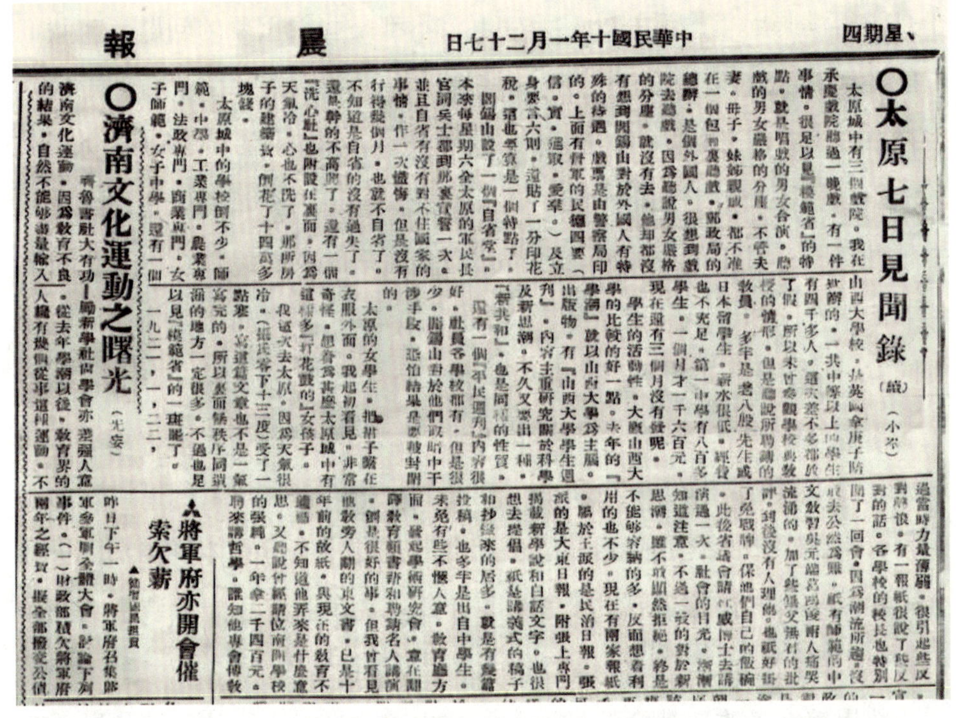

晨報　中華民國十一年一月二十七日　星期四

○太原七日見聞錄（續）（小峯）

太原城中有三個戲院．我在承慶戲院聽過一晚戲．有一件事情．很足以爲『模範省』的特點．就是唱戲的男女合演．聽戲的男女嚴格的分座．不管夫妻．冊子．姊妹觀戲．都不准在一個包廂裏聽戲．郵政局的總辦．是個外國人．很想到戲院去聽戲．因爲聽說男女嚴格的分座．就沒有去．他却都沒有想到閻錫山對於外國人有特殊的待遇．戲票是由警察局印的．上面有督軍的民德四要（信．實．進取．愛群．）及立身要言六則．還貼了一分印花稅．這也要算是一個特點了．閻錫山設了一個『自省堂』．本來每星期六全太原的軍民長官同兵士都到那裏宣誓一次．並且自省有沒有對不住國家的事情．作一次懺悔．但是沒有行得幾個月．也就不自省了．不知道是自省的沒有過失了．還是幹的不高興了．還有一個『洗心社』也附設在裏面．因爲天氣冷．心也不洗了．那所房子的建築費．倒花了十四萬多塊錢．

太原城中的學校倒不少．師範．中學．工業專門．農業專門．法政專門．商業專門．女子師範．女子中學．還有一個……

○濟南文化運動之曙光

齊魯書社大有功—勵新學社與學會亦差强人意（光宇）

濟南文化運動．因爲教育不良．從去年學潮以後．教育界的……的結果．自然不能夠盡量輸入．人纔有幾個從事這種運動．不……

北京《晨报》以《济南文化运动之曙光》为题报道励新学会

报》曾发文将励新学会与齐鲁书社一同称为“济南文化运动之曙光”。

1920年12月15日，励新学会的会刊《励新》半月刊出版。王尽美在发刊词《我们为什么要发行这种半月刊》中说道：“新思潮发生以来，各处都有人树起极鲜明的旗帜来，高倡文化运动，思想界受了这种影响，发生了空前大变动，凡少有觉悟的人，都照着这条路上走了，这当然是很有希望的一种好现象。但是新思潮未发生以前，大多数青年，安安稳稳地，埋头于故纸堆里，并不去管社会怎样，人类怎样，就觉着除了‘老实读书’以外，并没有旁的问题似的。近来，新思潮蓬蓬勃勃过来以后，便与前大不相同了。大多数青年，已经有了觉悟，便觉着老实读书以外，个人和社会、和人类还有种关系，非常重大，已注意到这上头，便对于从前一切的制度、学说、风俗等等都发生了不满意，都从根本上怀疑起来，于是觉得满眼前里，无一处，无一事，不都是些很重要的问题了。我们一般青年对于这种问题，想得痛痛快快地给他一个解决，确实困难丛生，往往在左思右想，总是解决不来，只觉得个人肉体，和在刀山剑林里似的，不舒服极了，精神上更不消说了，感受极大的苦痛，长此以往，一定发生种种危险。对于种种的问题，都想着一个一个的，给他讨论一个解决的方法，好去和黑暗环境奋斗，得到结果，便可以宣布出来，征得大家的同意，请求大家的指教。”

《励新》半月刊虽然只出版了6期，但它的创办，为进步青年发表政见、探求真理提供了一个舞台。该刊发表了许多文章，积极讨论山东的教育问题、妇女解放问题和改造社会的问题，通过具体事实来剖析社会，揭露社会的黑暗，启发、引导青年用马克思主义思想武装头脑并进行社会实践。

邓恩铭在《改造社会的批评》一文中，对当时流行的各种各样的改造社会的思想流派进行了分析。他对劳苦大众改造社会的强烈要求给予了高度评价，激烈批评了那些空谈的、盲从的种种改造方案。难能可贵的是，邓恩铭在文章中提出了西方理论要与中国现实社会相结合、要适合中国社会状况的思想："所以我们研究一种学说，必定要拿来与我们的比较，究竟不同之点在哪里，然后取长补短，才不至于徒劳无功……所以现在我们一般高唱改造社会的，总要多多注意实际上才好。"

妇女解放问题是当时励新学会会员关注的问题之一，《励新》第一卷第一期载有陈汝美的《妇女解放的根本问题》、王克捷的《中国妇女解放的初步》、王尽美的《女子装束问题》等文章。邓恩铭是《励新》的主要撰稿人之一，他积极支持妇女走向社会。《励新》第三期山东教育号上，刊载了邓恩铭的《济南女校的概况》一文，号召女校学生快快觉醒，投身到伟大的社会改革运动中去。

励新学会的会员也十分重视劳工问题。会员李法田在《我们的真自觉》一文中指出："无论劳心、劳力，我们能办的事，能为的事就去做，我们的人生观就是持着劳动神圣，即是'额上不出汗，不许吃面包'的主义。"《励新》第五期上还发表了工人的稿件，王全①在《成年补习班与工学主义》中说："咱们先团结起来作第一步的要求，做工八小时，教育八小时，休息八小时，资本家反抗时，我们就'罢工'对待。"

本质上看，励新学会是一个团结进步分子、介绍革命思潮的读书会，很多会员都是由于爱国热潮鼓荡加入学会的，政治观点并不明确。过

① 王全（1900—1929），后改名王复元、王立生，山东历城人。1919年在山东省立第一中学当电工兼传达员，接触进步青年。1921年在济南《大东日报》任校对，参与创办《济南劳动周刊》，常在《励新》半月刊上发表文章。1922年8月，加入中国共产党。1928年11月投敌叛变，次年在青岛被中共地下组织处决。

了不久，学会内部起了分化：一部分青年和国民党接近；另一部分由王尽美等领导，后来成立了马克思学说研究会。1921 年暑假后，励新学会的主要领导骨干已相继返乡，一些老会员也都毕业离济，励新学会随着《励新》杂志停刊而解散。此时，济南共产党早期组织已经成立，励新学会已完成了它的历史使命。励新学会见证了济南早期马克思主义者的实践与成长历程，在思想上、组织上为济南早期共产党组织的建立奠定了基础。

扫一扫，听故事

泉城曙光，济南建立共产党早期组织

一些具有初步共产主义思想的知识分子在学习马克思主义、与工人群众相结合的过程中，产生了组织无产阶级政党以指导中国革命的迫切要求和愿望，上海和北京率先成立共产党早期组织。在济南，经过五四运动的洗礼，马克思主义开始与工人运动相结合。在北京、上海等地共产党早期组织的影响帮助下，济南共产党早期组织应运而生，成为全国建立共产党组织最早的地区之一。

●●●

20 世纪 20 年代，同在北京大学任教的陈独秀和李大钊对中国国情的认识逐渐深化，开始将关注的目光从青年学生转向工农大众、从进步思想文化的研究和传播转向建立共产党组织。

1920 年 5 月，在上海的陈独秀领导成立了马克思主义研究会，并以此为基础，加快了建党工作的步伐。8 月，在上海法租界老渔阳里 2 号《新青年》编辑部，上海共产党早期组织正式成立，取名为“中国共产党”。陈独秀为书记，成员主要是马克思主义研究会的骨干。上海共产党早期

陈独秀（1879—1942）

李大钊（1889—1927）

组织是中国的第一个共产党组织，成为在全国范围内建党的发起组和联络中心。

不久后，张申府到上海同陈独秀进一步商谈建党工作。陈独秀希望李大钊“从速在北方发动，先组织北京小组”，再向山东、山西、河南、天津、唐山以及东北、西北等广大地区发展。李达曾回忆道：上海早期党组织成立后，“首次决议推陈独秀担任书记，函约各地社会主义分子组织支部”。于是，“由陈独秀函约李大钊在北平（即北京）组织，王乐平在济南组织”。

在李大钊的领导下，北京的共产党早期组织于1920年10月在北京大学图书馆李大钊办公室成立，党组织的最初成员主要有李大钊、张申府、张国焘三人。

五四运动以后，身为国民党左派的王乐平已成为山东新文化运动的旗手。1919年11月，王乐平作为山东代表出席了在上海召开的全国各界联合会成立大会，并与刘清扬、张国焘等在该会共事了一段时间。在驻沪期间，王乐平不仅与陈独秀和《新青年》杂志社保持着密切的联系，而且与参与上海共产党早期组织筹建活动的戴季陶、沈玄庐、邵力子等人来往密切。戴季陶、沈玄庐主编的《星期评论》和邵力子主编的《民国日报》副刊《觉悟》都是齐鲁书社推销的重要刊物。所以，在山东寻找共产党早期组织发起人，最佳人选自然是王乐平。

但王乐平毕竟不是共产主义者，他尚未认识到在中国成立共产党组织的重要作用，在接到陈独秀的函约后并没有承担此约，而是将其转交给了王尽美和邓恩铭两位年轻的共产主义者。

1920 年，王尽美、邓恩铭等通过罗章龙等人与北京共产党早期组织取得联系。北京马克思学说研究会成立后，王尽美曾赴北京大学参观学习，并作为外地通讯会员参加过该会的活动。王尽美与北京的共产主义者李大钊、张国焘、罗章龙、刘仁静等时有接触。

1921 年春天，经过王尽美、邓恩铭等人的努力，在北京、上海共产党早期组织及共产国际的影响、帮助下，济南共产党早期组织成立。这是中共一大之前国内 6 个共产党早期组织之一。

济南共产党早期组织最初的成员并不多，有王尽美、邓恩铭、王翔千等人，至中共一大召开前，发展为 8 人，分别是王尽美、邓恩铭、王翔千、王复元、王象午、王用章、贾乃甫、郝永泰。中共一大后，张葆莀[①]从外地来济南参加中共济南党组织的活动。1922 年 6 月，陈独秀在给共产国际的报告中曾提到，山东共有 9 名党员。是年 8 月，马克先从北京来

① 张葆莀（？—1962），又名张筱田，江苏无锡人。在山东济南道生银行当学徒时，结识王尽美等中共党员。1922 年 1 月 1 日加入中国社会主义青年团，后转为中共党员。张葆莀在济南团组织曾主管教育兼发行工作，是首版《共产党宣言》中文全译本广饶藏本的早期持有人。1927 年 6 月，在上海被捕后叛变。

到济南，参加了党的活动。到中共二大后，济南暨山东的党员只有 10 人。

王尽美、邓恩铭经常以学生身份为掩护，组织党的活动。曾为励新学会成员的段子涵回忆道，有一次他在街上与好友王尽美相遇，王尽美说："你要有联络，可到宿舍找我去，在南关毛家坟街路南，院内北屋。"数日后，在《通俗白话报》担任副刊编辑的段子涵去访问王尽美。适逢王尽美外出，屋门关锁。段子涵用铅笔写了个纸条，云："拜访未晤，来日再会。"从窗缝里递进去即走。隔了两天，段子涵在西门里大街遇见王尽美。一见面，王尽美便说："你以后再去找我，万不可留字。我和你定一个符号，用粉笔画个圆圈，就知道是你来了，你要注意。"隔了几天，段子涵又去南关拜访王尽美。此时，王尽美和邓恩铭正在谈话，看神情像在研究事情。谈话结束后，邓恩铭郑重地对段子涵说："济南的报纸，对于劳动人民的事均没有刊载。报纸为人民之喉舌，你们当新闻记者的，对劳动人民的疾苦，应当注意，多替他们说几句话，唤起一般人的醒悟。我作了几句白话诗，请你登载《白话报》上很合适。"段子涵接过来看了看，非常赞赏，次日便将该诗登报。遗憾的是，段子涵不记得全文，仅记住几句："皎洁的月亮悬在天空，路上行人没了人影，只听见住在胡同道儿的铁匠，叮咚、叮咚，不住他的劳动。"

约一个月后，王尽美、王翔千到通俗白话报社找段子涵。在一间办公室里，王翔千说："我俩来找你，有几句话对你说。济南共产党组织起来了，你听见传说了没有？"段子涵说稍有耳闻，不甚清楚。王翔千继续说道："现在有五个人负责，正在活动期间。过一天我给你介绍和他们见见面，你同意否？"段子涵说同意。王尽美说："过一天我来一同去，好吧！就是这样吧！"时隔月余，王尽美一直没来继续谈这个话题。后来王翔千遇见邓恩铭，才知道王尽美已经离开济南。段子涵问邓恩铭：

“前次王尽美说过，介绍我和共产党五个负责人谈谈。不知这五人是谁，很闷得慌。”邓恩铭反问段子涵：“是王尽美和你说的吗？”段子涵点头称是。邓恩铭这才说：“就是我和王尽美、王翔千，还有二位，你不认识。”

济南共产党早期组织活动地点旧址之一（全胜街 30 号）

这里提到的王翔千，是在济南早期党员中除王尽美、邓恩铭之外，推动党组织建设的第三位重要人物。王翔千，原名王鸣球，字翔千，1888 年生于山东诸城相州。1911 年，王翔千从北京译学馆毕业后来到济南，在鲁民报社当编辑。第二年，他毅然回到家乡，创办相州国民学校，自任校长兼教员，对青少年进行新文化、新思想教育。1916 年，王翔千怀着对封建陈腐守旧思想的愤怒，再次离开家乡来到济南，在山东政法专科学校任校监（后改任文案）。

当时，在济南旅居的诸城人很多，诸城旅济同乡会的会刊就是由王翔千审阅编辑的，他与同族人王静一、王乐平、王芹生等关系密切。王乐平创建齐鲁书社后，王翔千经常去参加活动，在那里结交了王尽美、邓恩铭等一批思想上志同道合的朋友。王尽美、邓恩铭与王翔千经常在一起畅谈时事，学习马克思主义思想。1920 年，王尽美、邓恩铭等发起成立励新学会后，王翔千虽然不是励新学会成员，却积极赞助并经常参加他们的活动，还应邀作过演讲。1921 年，王尽美、邓恩铭等人发起成立马克思学说研究会，王翔千是主要参与者之一。1921 年，王翔千成为山东最早的共产党员之一。1922 年 9 月，中国社会主义青年团济南地方团组织成立，他又首批入团并成为领导成员之一。

1921 年 5 月 1 日，济南共产党早期组织成立劳动周刊社，出版《济南劳动周刊》。济南劳动周刊社设在育英中学内，王翔千任主编。其办刊宗旨是增进劳动者的智慧，提高劳动者的地位，促一般劳动者觉悟。《济南劳动周刊》是在进步人士张公制出资创办的《大东日报》副刊上出刊的。张公制回忆说，那时候，“共产党人在山东有了组织，活动起来，就通过王静一[①]跟我们有了联系”，“我就同意《大东日报》出一份副刊，报头用斧子和锄头交叉图案。这就是《劳动周刊》。它点滴地介绍了马克思主义和苏联的状况。这是山东第一份公开介绍马列主义的报刊，当时曾引起人们的注意”。

《济南劳动周刊》是山东的第一份工人报刊，它与上海《劳动界》、北京《劳动音》等性质相同，都是早期党组织向工人进行马克思主义宣传的刊物，被誉为“劳动界自有的喉舌”。济南劳动周刊社则成为济南共产党早期组织联系“劳动界同人，交换智识，联络感情的纯粹机关”，是将马克思主义理论与中国社会实践相结合的产物。它的出刊，是济南共产党早期组织迈向社会实践的第一步。

---

① 王静一，即北京《曙光》杂志社王晴霓，此时为《大东日报》主笔。

扫一扫，听故事

奔赴上海，王尽美、邓恩铭代表济南参与建党

在济南共产党早期组织成立并开展活动的同时，全国各地党的组织先后成立，至1921年，国内外已发展了8个党的早期组织，共有50余名党员。召开党的全国代表大会，成立统一的中国共产党组织，成为形势发展的必然要求。1921年7月23日，中国共产党第一次全国代表大会在上海召开，这标志着中国共产党的诞生。王尽美、邓恩铭作为济南共产党组织的代表，赴上海出席大会，参与了中国共产党的创建。朝气蓬勃的中国共产党给中国带来新的希望，中国革命的面貌从此焕然一新。

在五四运动的影响以及陈独秀、李大钊等人的推动下，从1920年8月到1921年春，上海、北京、武汉、长沙、济南、广州相继建立起共产党的早期组织，旅日、旅法的华人也成立了共产党早期组织。1920年11月，上海共产党早期组织制定了《中国共产党宣言》。1921年2月，陈独秀等人还起草了《中国共产党党章（草案）》。在全国范围内建立统

中国共产党第一次全国代表大会会址

一的中国共产党组织的条件日臻成熟。

1921 年 6 月初，共产国际代表马林和共产国际远东书记处代表尼克尔斯基先后到达上海，并与上海共产党早期组织成员李达、李汉俊建立了联系。经过几次交谈，他们一致认为应尽快召开全国代表大会，正式成立中国共产党。李达、李汉俊同当时在广州的陈独秀、在北京的李大钊通过书信商议，决定在上海召开中国共产党第一次全国代表大会。随即，他们写信通知北京、武汉、长沙、济南、广州和旅日的党组织，各派两名代表到上海出席会议。

经过讨论，济南共产党早期组织推举王尽美、邓恩铭出席大会。1921 年 6 月，王尽美、邓恩铭接到了上海党组织负责人李达、李汉俊寄来的赴沪参会通知，以及马林出资、李达汇寄的每人 100 元的路费。在他们动身前往上海参会前，参加大会筹备工作的北京共产党早期组织成员张国焘在前往上海的途中，在济南停留了一天。

张国焘来济后，在大明湖的一艘游船上与王尽美、邓恩铭等当时济南共产党早期组织的 8 位党员畅谈了一天，就建党问题详细交换了意见。张国焘在《我的回忆》中说道："他们一面静听，一面记录要点，并商谈如何执行的方法。"张国焘走后不久，王尽美和邓恩铭即乘火车赶赴上海。

王尽美和邓恩铭抵达上海时，其他各地代表还多未到达，除张国焘外，他们是外地抵沪最早的代表。至 7 月中下旬，北京、武汉、长沙、广州和旅日的共产党早期组织代表也陆续抵达。为保密起见，代表们以北京大学师生暑期考察团的名义租住在法租界白尔路 389 号（今太仓路 127 号）的博文女校。一群来自五湖四海的中国人，因共同的理想和信念，辗转抵达上海，聚到了一起。他们中年龄最长的 45 岁，最年轻的仅 19 岁，平均年龄 28 岁。

王尽美和邓恩铭是第一次来上海，也是第一次参加全国性的活动。他们在这里遇到了各地共产党早期组织的代表人物，有早就熟识的张国焘、刘仁静，还有头一次见面的毛泽东、董必武、李达等。在等待开会的日子里，他们闭门不出，阅读大会发起组准备的有关资料和代表们带来的各种书刊。张国焘后来在《我的回忆》中谈到：王尽美、邓恩铭在上海，"仍本着学习的精神贪婪地阅读有关书刊，有时且向到会的代表们请教"。王尽美、邓恩铭逐一拜访了每个代表，热情地跟他们交谈，利用一切机会向各地代表求教，既增长了见识，也认识到了自身理论方面的不足。

与其他一大代表相比，王尽美、邓恩铭年纪尚轻，王尽美 23 岁，

博文女校旧址

邓恩铭20岁，还是青年学生，马克思主义理论准备也稍显不足，但他们的虚心好学和追求真理的执着，给与会代表留下了深刻的印象。长沙共产党早期组织代表毛泽东后来曾多次讲到王尽美和邓恩铭。1936年，他在延安同美国记者斯诺谈话时说道："王尽美和邓恩铭是山东支部的创始人。"新中国成立前夕，毛泽东对参加第一届全国政协会议的山东代表、青岛市市长马保三说：革命胜利了，不能忘记老同志，你们山东要把王尽美烈士的情况搞清楚。王尽美耳朵大、长方脸、细高挑，说话沉着大方，很有口才，大伙都亲热地叫他"王大耳"，要收集好他的遗物。1969年，在党的九大上，毛泽东历数牺牲的一大代表时，第一个提到的就是王尽美。

7月23日晚上，中国共产党第一次全国代表大会开幕。会场设在上海法租界贝勒路树德里3号（后称望志路106号，今为兴业路76号）李汉俊之兄李书城的寓所。参加会议的代表有：上海的李达、李汉俊，北京的张国焘[1]、刘仁静，长沙的毛泽东、何叔衡，武汉的董必武、陈潭秋，济南的王尽美、邓恩铭，广州的陈公博，旅日的周佛海[2]；包惠僧受陈独秀派遣，出席了会议。他们代表着全国 50 多名党员。共产国际代表马林和尼克尔斯基出席了会议。陈独秀和李大钊因事务繁忙未出席。

在当晚的会议上，共产国际代表马林和尼克尔斯基热情致辞。代表们商讨了会议的任务和议题，确定先由各地代表报告本地工作，再讨论并通过党的纲领和今后的工作计划，最后选举中央领导机构。

7 月 24 日举行第二次会议，各地代表报告本地区党、团组织的状况和工作进程，并交流了经验体会。王尽美和邓恩铭同各地代表一样，报告了济南的政治形势、党组织的简况及在宣传马克思主义和开展工人运动方面所做的工作。

7 月 25、26 日休会，起草党的纲领和今后的工作计划。27—29 日，分别举行了三次会议，集中讨论此前起草的纲领和决议。

7 月 30 日晚，大会举行第六次会议，原定议题是通过党的纲领和决议，选举中央机构。会议开始不久，一个穿灰色长衫的中年男子突然闯入会场，在表示歉意后就匆忙退了出去。具有长期秘密工作经验的马林断定此人是敌探，建议会议立即中止。李达的夫人王会悟提出到嘉兴南湖开会，那里离上海很近，又易于隐蔽。代表们经过商量，一致同意。

8 月 3 日清晨，王尽美、邓恩铭与其他代表一同分两批乘火车前往嘉兴。10 时左右，代表们陆续到达嘉兴车站，在鸳湖旅馆稍事休息后，登上了事先租好的南湖画舫。当日细雨蒙蒙，游人稀少。11 时许，会议在缓缓而行的画舫上举行。

---

① 张国焘，1938 年投靠国民党，被中国共产党开除党籍。

② 陈公博、周佛海，在党的一大后不久因严重违反党的纪律被清理出党，抗日战争中成为汉奸。

南湖会议继续了30日未能进行的议题。在会议上，王尽美、邓恩铭和其他代表一起，对《中国共产党第一个纲领》和《中国共产党第一个决议》进行了热烈讨论。尽管有这样那样的分歧，但正确意见终于克服了错误倾向，代表们对《纲领》和《决议》取得了统一的认识。最后，大会选举了党的领导机构，代表们认为目前党员人数少、地方组织尚不健全，所以决定暂不成立中央委员会，先建立三人组成的中央局，并选举陈独秀任中央局书记，张国焘分管组织工作，李达分管宣传工作。党的第一个中央机关由此产生。

中国共产党第一次全国代表大会的召开标志着中国共产党的正式成立。中国共产党的出现，犹如冉冉升起的红日，照亮了中国革命的前程，揭开了一个伟大历史进程的序幕。

一大闭幕后，王尽美、邓恩铭带着党确定的目标，满怀激情地回到

南湖

济南。他们随身带来了《共产党宣言》《马克思主义浅说》《工钱劳动和价值》等有关马克思主义的书籍，以及马克思、恩格斯的相片和纪念章。这些东西放在几个学校寄售，很快就被青年们抢购一空。

中国共产党的成立，坚定了王尽美、邓恩铭矢志为共产主义而奋斗的信念。一大会后，王尽美作了《肇在造化——赠友人》一诗，诗中写道："贫富阶级见疆场，尽美尽善唯解放。潍水泥沙统入海，乔有麓下看沧桑。"抒发了自己解放全人类、实现共产主义崇高理想的激情。这之后，他将自己的名字由"王瑞俊"正式改为"王尽美"。

中国共产党成立 40 年后，1961 年 8 月 21 日，曾是中共一大代表的董必武在火车上想起王尽美，写下了《忆王尽美同志》一诗："四十年前会上逢，南湖舟泛语从容。济南名士知多少，君与恩铭不老松。"

苏俄之旅，济南共产党人参加远东会议

1921 年底至 1922 年初，国际上召开了两个大型多边会议，一个是在美国召开的华盛顿会议，一个是共产国际在伊尔库茨克和莫斯科召开的远东各国共产党及民族革命团体会议。后者是远东各国民族解放运动史上的一次重要会议，对远东各国人民进行反帝反封建的革命斗争起了积极的推动作用，对我党民主革命纲领的制订和统一战线政策的形成产生了很大影响。济南的共产党人王尽美、邓恩铭等和国民党人王乐平一同参加了远东各国共产党及民族革命团体会议。

●●●

1922 年的一天晚上，王尽美来到小布政司街（今省府西街）西首荆树基的住所。荆树基曾是王尽美的同学，此时正租住在一家咸菜店内。当晚，王尽美兴冲冲地讲述了他的旅苏见闻，荆树基回忆："他和北京《晨报》的一位记者瞿秋白[①]一同到苏俄开会刚回来。他说苏俄的状况有你

① 瞿秋白（1899—1935），本名双，后改瞿爽、瞿霜，字秋白，江苏常州人。中国共产党早期主要领导人之一，中国革命文学事业的重要奠基者之一。1917 年秋，考入北京俄文专修馆学习。1922 年春，正式加入中国共产党。

远东各国共产党及民族革命团体第一次代表大会

意想不到的那样好，尤其对中国人更加亲切友爱。革命后，苏俄人民的生活还相当艰苦，一般人都吃黑面包，而给我们的却是白面包。当时苏俄人民的生活虽艰苦，但精神状态很好，人们都欢乐异常地工作，勤勤恳恳、任劳任怨。苏俄并主动提出废除沙俄时代签订的一系列不平等条约，等等。”此时，王尽美刚刚从莫斯科参加远东各国共产党及民族革命团体会议归国。

1921年11月12日至1922年2月6日，华盛顿会议举行，旨在解决《凡尔赛和约》未能解决的彼此间关于海军力量对比，以及在远东太平洋地区，特别是在中国的利益冲突等问题。美、英、法、意、日、比、荷、葡和中国北洋政府的代表团参加了此次会议。当时，中国和朝鲜的资产阶级民族主义者期望美国政府能将他们从日本帝国主义的侵略下解放出来，对华盛顿会议寄以很大希望。在这种情况下，共产国际执行委员会认为有必要听取日本、朝鲜、中国和蒙古的工人、农民和知识分子的意见，加强远东被压迫民族之间的联系和团结，召开远东各国共产党和民族革命团体代表大会，以对抗华盛顿会议。

1921年上半年，共产国际向中国、朝鲜、蒙古、爪哇等国共产党或革命团体发出邀请书。1921年秋，中共中央收到伊尔库茨克共产国际远东局关于选派代表参加会议的通知后，极为重视，立即分派包惠僧和周佛海赴长江一带、刘仁静到北方各主要城市，物色、选派出席会议代表。10月，刘仁静来到济南，与王尽美等协商出席会议的代表人选。最后决定由王尽美、邓恩铭、王乐平、王复元、王象午作为山东共产党、国民党及工人、青年等革命团体的代表，参加这次会议。

此时的王尽美仍是山东省立第一师范学校的学生，除党组织的工作外，还要负责马克思学说研究会的工作，并经常到其他学校、工厂开展工作。为了不干扰学习，王尽美常夜间翻墙到校外进行秘密的革命活动，时间久了就引起校方的注意，王尽美被视为“危险分子”加以关注。1921年秋冬之交，王尽美在学校壁报栏内发表了一篇题为《饭碗问题》的讽刺文章，戳穿了省立一师校长、学监之流表面自我标榜清高，实际上却为饭碗钻营的丑恶行径。文章触怒了学校当局，在师范本科班读了两

远东各国共产党及民族革命团体第一次代表大会上的中国代表（三排右一为王尽美、五排左一为邓恩铭）

年零一个月的王尽美被开除学籍。从此，他完全投身革命，成为一位职业革命家。

1921年10月中下旬，王尽美、邓恩铭、王乐平等人从济南秘密动身。他们买了一批昌邑绸，扮作绸布商人，出山海关，经奉天（今沈阳）、哈尔滨，于11月1日到达满洲里。在满洲里的一家旅馆中找到了预定的联络点，然后乘火车前往伊尔库茨克。由于动力不足，火车走得很慢。他们于11月初到达苏俄的伊尔库茨克，当月中旬，代表大会预备会议召开，随后，他们转赴莫斯科。1922年初，载有中国、蒙古、朝鲜和日本代表的列车驶入莫斯科车站，各国代表在车站受到隆重、热烈的欢迎。

出席这次大会的远东各国正式代表共148人，其中有表决权的有131人，有发言权的有17人。参会的中国代表共有44人，其中，中国共产党、中国社会主义青年团、中国国民党以及中国的工人、农民、学生、妇女等各界革命团体的正式代表有39人，另有5名有发言权的非正式中国代表。在参会填写的代表调查表中，王尽美登记的职业为山东劳动报记者，隶属党派为“中华共产党山东部”；邓恩铭使用邓又铭的名字参会，登记的职业为学生，隶属党派为“中华共产党山东部”。

1922年1月21日，远东各国共产党及民族革命团体第一次代表大会在莫斯科克里姆林宫的斯维尔德洛夫大厅开幕。共产国际东方部主任萨法洛夫、贝拉·库恩、罗易、舒米亚茨基，以及中国、朝鲜、日本等国的代表共17人当选为大会主席。在开幕式上，片山潜代表共产国际执行委员会，加里宁代表全俄中央执行委员会，洛佐夫斯基代表赤色工会国际，许勒代表青年共产国际致贺词。大会揭露了为协调各帝国主义国家在远东利益而举行的华盛顿会议的反动实质，分析和总结了远东各国人民开展革命斗争的情况和经验，并根据列宁关于民族殖民地问题的理论，阐明了被压迫民族所面临的反帝反封建的历史任务。

中国代表团先后有 5 人在大会上发言。中国工人代表作的《中国近代产业下的工人的状况》的报告中，专门谈到了王尽美等领导的山东工人运动的现状：山东劳工会发行有劳动周刊，会员有 500 余人，是中国“几个较新的有实力的工会”之一。

在苏俄，王尽美、邓恩铭和其他代表亲眼看到了世界上第一个社会主义国家，亲眼看到了翻身后苏俄工人和各族人民的幸福生活，以及他们积极投入战后经济恢复工作和忘我劳动的情形。王尽美、邓恩铭和其他代表一起，怀着极大的兴趣在莫斯科、彼得格勒（今圣彼得堡）等城市进行了参观访问。大会期间，他们还和各国代表与苏俄人民一道参加了星期六义务劳动。大会闭幕后，王乐平、王象午等先行回国，王尽美和一些代表则留在苏俄继续参观学习，直到 4 月份才回国。

同王尽美一道回国的是瞿秋白，他们是在远东人民代表大会上结识的。瞿秋白的父亲瞿世玮长期在济南居住，1920 年 10 月，瞿秋白动身去苏俄时曾专程到济南探亲。

1920 年 8 月，北京《晨报》和上海《时事新报》为报道世界各国的真实形势，决定派驻外记者分赴英、美、法、德、俄等国。瞿秋白应《晨报》聘请，准备以特派记者的身份前往俄国采访报道。面临如此遥远的旅途，他首先想到的是“辞别我亲爱不忍舍的父亲”。在临行前，他专程从北京赶到济南看望他的父亲，并向父亲辞行。当晚，瞿秋白陪父亲在大明湖畔的小酒馆小酌。回到百花洲畔的住所，父子俩同榻而眠，谈了半夜。因瞿秋白行程匆忙，次日一早，便乘坐火车返回了北京。1921 年 1 月 25 日，瞿秋白到达莫斯科。除担任记者外，瞿秋白还在莫斯科东方大学中国班任教，并担任政治理论课的翻译。正是这段教学经历使他确立了政

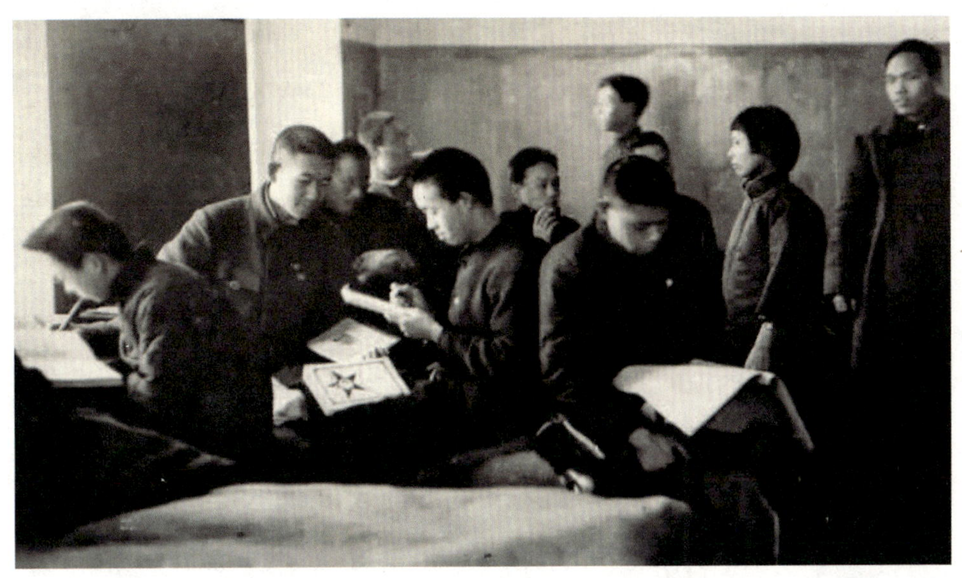

王尽美（左二）、邓恩铭（左五）在讨论会议内容

治信仰。

瞿秋白在到莫斯科之前就患了当时难以治愈的肺病。从 1921 年 11 月底开始，瞿秋白病情日益严重，迫不得已于 12 月 15 日被送进莫斯科郊外的高山疗养院治疗。1922 年初，瞿秋白病情减轻，身体好转。1 月 29 日，瞿秋白在 23 岁生日这天接到了一项工作任务——去远东人民代表大会担任翻译。这时，大会已开了 8 天。从这天开始直到 2 月 2 日，他一直在为大会工作。当时担当翻译的，除瞿秋白外还有两人，一个是李宗武，一个是卜士奇。瞿秋白既要口头翻译，又有书面翻译工作，工作量相当大。

2 月 2 日，远东大会全体代表抵达彼得格勒，在那里举行闭幕式，瞿秋白抱病参会。闭幕式还没有结束，他就病情复发，不得不一人悄悄离开会场，在寒气逼人的彼得格勒大街艰难步行了两里路，勉强回到大会安排的国际旅馆，吐血昏迷在旅馆里。2 月 7 日，他在意识模糊中被送回莫斯科，重新住进了高山疗养院。这年 2 月，瞿秋白正式加入中国共产党。4 月，病情稍有好转后，他便同王尽美等人一同回国了。

1923 年夏初，瞿秋白第二次，也是最后一次来到济南，这是他最后一次与父亲瞿世玮见面。1932 年 6 月 19 日，瞿世玮在贫病交加中与世长辞，葬于济南城南的江苏第二公墓（位于今泉城公园内）。瞿世玮死后第三年，即 1935 年 6 月 18 日，瞿秋白在福建长汀就义。至死，瞿秋白也不知道其父病逝的消息。

瞿秋白与王尽美、邓恩铭不约而同地从济南出发，他们此前未曾谋面，却在万里之外因共产主义而相识。

虽然在苏俄只有几个月的时间，但济南的共产党人从各个侧面观察和认识到了这个世界上第一个无产阶级掌握政权的国家，耳闻目睹了苏俄共产党人的伟大成就，从中受到启发和鼓舞，并不断走向成熟。

扫一扫，听故事

大明湖畔，济南团组织宣告成立

五四运动是现代意义上中国青年运动的开端。1922 年，中国社会主义青年团的成立则意味着中国青年运动被真正赋予了共产主义的底色，被吸纳进中国共产党所领导的伟大事业之中，中国青年运动的前进逻辑实现了由被动向主动、由自发向自觉、由局部向整体、由偶然向必然的伟大转型。1922 年 9 月 16 日，中国社会主义青年团济南地方团成立，开启了山东青年运动的奋斗征程。这之后，青年团组织在山东各地迅速成长起来。

●●●

1922 年新学年开课不久，济南大明湖南岸李公祠[①]中，10 余位青年聚在一起，严肃而激动地宣布：中国社会主义青年团济南地方团成立了。

时间回到中国共产党成立前。1920 年上海共产党早期组织成立后，陈独秀就指派组织中最年轻的成员俞秀松组建青年团组织。1920 年 8 月

---

① 李公祠，今稼轩祠前身，始建于光绪三十年（1904），是为纪念李鸿章而修建的祠堂。

李公祠旧址

22 日，俞秀松、施存统等 8 人正式发起建立上海社会主义青年团。紧接着，北京、武昌、长沙、广州等地的社会主义青年团组织也相继建立。中国共产党成立后，加强了对青年团早期组织的领导，很快，地方团组织发展为 17 处，团员 5000 多名，全国性组织亟待建立。

1922 年 5 月 5 日，在中国共产党的领导下，中国社会主义青年团第一次代表大会在广州召开，宣告了青年团正式成立。几乎同时，中国劳动组合书记部[①]于 5 月 1 日召开第一次全国劳动大会，会场也设在广州，12 个城市、110 余个工会组织的 173 名代表参加了这次大会。在这些代表中，有代表山东印刷界工人的王用章，代表济南纱厂工人的滕沛昌。

---

① 中国劳动组合书记部，1921 年 8 月 11 日成立，是中国第一个公开领导工人运动的总机关，也是中华全国总工会前身。

开会之余，王用章、滕沛昌列席了中国社会主义青年团第一次代表大会的开幕式。王用章回到济南后，在马克思学说研究会的集会上，传达了有关建团的情况，济南的进步青年们第一次了解到中国社会主义青年团。

此时的济南，还没有建立社会主义青年团组织，进步青年多在马克思学说研究会的组织下进行活动。1922 年 7 月 16 日至 23 日，中国共产党第二次全国代表大会在上海召开，王尽美再次赶赴上海参会。党的二大后，中央派陈为人来济南协助整顿党的组织，指导建立济南的青年团组织。

陈为人，原名蔚英，1899 年出生于湖南省江华县。1920 年夏，在中国共产党上海发起组的领导下，陈为人与俞秀松、张太雷等人一起，积极参加中国社会主义青年团的创建工作，并第一批加入中国社会主义青年团。陈为人多次受中共中央的派遣，到各地从事党的组织、建设工作。1922 年，陈为人受中共北方职工运动委员会的委派，以交通部密查员的身份到正太路、京奉路，对工人进行革命宣传，帮助工人组织俱乐部和进行斗争，在一定程度上打击了反动势力。

陈为人来到济南后，受到了济南进步青年的热烈欢迎。马克思学说研究会专门召开茶话会，陈为人在会上介绍了北京马克思学说研究会的情况，并对王尽美、邓恩铭在党的第一次全国代表大会以后做了“许多有声有色的工作”表示肯定。他在济南期间，推动了山东党组织各项工作的进展，团组织的工作在他的领导下也日益开展起来。

在中共济南地方支部的主持下，根据中国社会主义青年团第一次代表大会决议和中国共产党第二次全国代表大会《关于少年运动问题的决议案》精神，济南开始创建中国社会主义青年团的地方组织。为加强对建团工作的领导，促进团组织的发展，中共济南支部成员全部加入了青年团。1922年8月16日，中共济南地方支部书记王尽美介绍贾乃甫、郝永泰、王用章、王复元4人入团。9月初，又有邓恩铭、李卓午、马馥塘、宋辅圣、方鸿俊、王象午入团。年过30的王翔千也作为特别团员参与团组织的活动。

1922年9月16日，在中共中央特派员陈为人的主持下，中国社会主义青年团济南地方团成立大会召开。在济团员王翔千、王复元、王象午、王用章、贾乃甫、郝永泰、张葆莀、马克先等10人参加大会。会议选举产生了济南地方团执行委员会，王复元任书记部书记，张葆莀任经济部主任（王翔千暂代），贾乃甫任宣传部主任。到1922年底，济南地方团所属团员发展到39人，其中，纱厂工人6名，印刷工人7名，学生15名，教职员3名，店员、从商等职业者6名，无职业者2名。工人在团组织中已占有较大的比重，改变了以往党、团组织以青年学生为主的局面。

社会主义青年团在当时还是一个半公开的群众组织，活动比较方便，济南地方团的工作十分活跃。他们在开展工人运动的同时，积极参与领导青年深入社会各界的反帝反封建运动。在斗争中，团组织得到了发展。

1922年冬，根据党中央指示，济南直属支部党、团员发起民权运动。济南地方团在李公祠的西楼召开民权运动大同盟成立大会，邀请国民党党员和社会知名人士参加会议，以反对帝国主义、打倒军阀、打倒土豪，为人民争取民主权利为会议中心内容。不久后，民权运动大同盟在齐鲁书社举行了第二次集会，马克先及团员宋辅圣、李卓午，进步学生徐宝璞、王克仁等十数人参加了会议。

1923年春，济南地方团借着省议会举行伍廷芳（护国军政府外长）追悼会的机会，以社会主义青年团的名义印发传单，提出打倒军阀陈炯明、打倒帝国主义、打倒土豪劣绅、劳工神圣等口号。据说当时还拍照留念，照片长期悬在贡院墙根街上的山东省教育会办公室内。

1923 年 5 月 1 日，社会主义青年团济南地方团组织动员工人 500 余人举行纪念五一劳动节大会，这是山东首次纪念五一劳动节的群众大会。由于反动当局派出大批军警阻拦，原定的游行活动未能举行。《民国日报》报道了济南工人纪念五一劳动节的消息，并全文刊载了青年团所发传单的内容。

济南团组织的建立和发展推动了山东其他地区团组织的建设，使山东青年运动进入了一个新的发展阶段。

1923 年 8 月，中国社会主义青年团第二次全国代表大会在南京举行，贾乃甫代表济南地方团出席大会。团中央在大会决议中对山东团的工作做出了评价："济南地方团各种群众运动颇努力，对于教育宣传、劳动运动亦有较好的成绩。惟组织涣散，负责工作的人太少，此后应力图救济。"团二大之后不久，济南地方团召开全体团员大会，通过的团章规定，中国社会主义青年团济南地方团执行委员会改称"中国社会主义青年团济南地方执行委员会"。根据团二大决议案关于"除济南外，应在胶济全路、淄博各矿及青岛设法扩充进行"的指示，会议决定努力发展团员，扩大组织，争取建立社会主义青年团济南、淄博（淄川、博山）、青岛 3 个地方执行委员会。

会后，济南团组织立刻着手推动山东各地团组织的建立。贾乃甫返回原籍齐河，庄龙甲结束学业回到家乡潍县，在当地进步青年中发展团员，建立了团的组织；寿光、广饶等地的进步青年通过友人介绍，与王尽美、邓恩铭等早期党、团员取得联系，在当地建立了团的组织；高密等地党的组织建立以后，也着手建立了团的组织。一时之间，青年团组

中国社会主义青年团济南地方团活动旧址（育英中学）

织在山东迅速成长起来。

1925 年 1 月 26 日，李耘生代表团济南地方执行委员会出席了在上海召开的中国社会主义青年团第三次全国代表大会。大会决定，中国社会主义青年团改称“中国共产主义青年团”。2 月 24 日，团济南地执委召开团员大会，传达了团三大精神，并根据新团章的规定，组成中国共产主义青年团济南地方执行委员会，李耘生任书记。

此后，济南团组织有了较大发展。1926 年 6 月，团济南地执委在全省先后建立了高苑县、寿光县、广饶县、冠县、潍县二十里堡、淄川县、齐河县等 7 个农村支部，鲁丰纱厂、张店、淄川、石谷、淄川西河、津浦铁路大厂、胶济铁路济南站、坊子等 8 个厂矿支部，以及正谊中学、省立一师北园分校、省立一中、省立一师、育英中学、女子师范、女子职业学校、青州特别支部等 8 个学校支部。

随着山东各地团组织的发展壮大，团济南地执委已有团员 230 余名，青岛地执委已有团员 80 余名，青州地执委已有团员 40 余名。为此，团济南地执委在 1926 年 7 月 14 日给团中央的报告中建议，建立共青团山东区执行委员会。团中央批准了此建议。当月，以团济南地执委为基础，共青团山东区执行委员会正式建立，统一领导全省共青团的工作。

就这样，从济南走出去的青年革命者们，凭着坚定的共产主义信念和坚韧不拔的革命意志，毅然决然地承担起了领导全省青年运动的重任，为各地青年组织的建立和发展源源不断地输送新生力量。

工运肇始，山东第一个产业工会诞生

济南共产党早期组织成立伊始，便将改造社会、拯救民族危亡的希望寄托在工人阶级身上。济南早期党组织十分重视发动工人运动，并做了大量工作。王尽美、王荷波[①]等共产党人曾先后来到津浦铁路大槐树机厂，与该厂的工人领袖一起开展工人运动。在这里，建立了山东第一个具有工会性质的组织——大槐树机厂工人俱乐部、第一个产业工会——大槐树机厂工会、第一个企业党支部——中共大槐树机厂支部。

●●●

津浦铁路大槐树机厂成立于1910年，是清政府为修理津浦铁路北段的机、客、货车，向德国贷款修建的。这里无论是规模还是设备配置，都比同时期的浦镇厂、天津厂胜出一筹。到1921年时，该厂已有工人2000多人，是当时济南最大的工厂。工厂西门外有一片工人居住区，是十几排为技术

---

① 王荷波（1882—1927），原名王灼华，福建福州人。中国工人运动的杰出先驱，中国共产党第一位工人出身的中央委员，第一个中央纪律检查机构——中央监察委员会首任主席。1922年6月加入中国共产党。1927年因叛徒出卖遇害，终年45岁。

红房子公所旧址（最初的工人俱乐部）

工人建造的红砖瓦房，人们习惯将这一片区域称为“红房子”。后来，这里逐渐自发形成了一个工人聚会、娱乐的场所，又被称为“公所”。

当时，津浦铁路大槐树机厂绝大部分管理人员都是德国人，工人的月薪只有几元至几十元，而德国人的月薪是250元至500元，工人饱受资本家的剥削和军阀、监工的压榨。从1910年建厂到1920年间，大槐树机厂工人也曾多次起来斗争，但因缺乏组织领导，这些斗争不仅没有争取到利益，反而造成一些工人被开除。与其他行业的工人相比，铁路工人具有素质高、消息灵通、便于组织、斗争经验丰富等特点。五四运动中，大槐树机厂有很多工人参加了罢工、示威游行、抵制日货等活动，工人李广义①还参加了北京马克思学说研究会，与王尽美同为该会通讯

① 李广义（1891—1945），山东章丘龙山村人。1913年进津浦铁路大槐树机厂当油漆工。五四运动后，成为北京马克思学说研究会第一批通讯员，并将中国最早版本的《共产党宣言》带回济南。1922年加入中国共产党。后任津浦铁路济南大槐树机厂工会副委员长、中共大槐树机厂党支部书记。

会员，并与北京的罗章龙、南京的王荷波建立了联系。

济南共产党早期组织成立后，王尽美经常到大槐树机厂红房子公所宣传马克思主义，给工友们介绍苏俄的情况，启发工人觉悟，号召工人组织起来。此后不久，津浦铁路浦镇车厂工会会长王荷波也来到公所，引导工人学习文化知识。他觉得红房子公所虽然联络了工友感情，但是只是娱乐解决不了根本问题，要设法引导工人学习文化，懂更多的道理，做更多的事。于是，在王尽美和王荷波的组织和支持下，工人们在红房子公所组建了工友学习班，出现了李广义、薛文英①、宋子元、黄锦荣、刘乃泮等骨干分子。

1921 年 5 月 1 日，北京共产党早期组织在长辛店率先建立了工人俱乐部，把工人组织起来娱乐和学习，教导大家抱成团与欺负工人的恶监工、领班斗争。受此影响，各地工人们也开始仿效，着手建立工人俱乐部。大槐树机厂的工人们听说了这一消息后，凑盘缠派李广义、黄锦荣前去参观学习。长辛店之行，让李广义和黄锦荣眼界大开，他们到工人夜校听了邓中夏和吴雨铭的课，参观了娘娘宫的工人活动，了解到了补习学校和俱乐部的成立经验。回到济南，他们向王尽美、王荷波以及众多工友报告了参观学习的情况，大家决定尽快组建自己的俱乐部。

王尽美、王荷波等人先做通了津浦铁路济南机厂架工车间监工刘俊山的工作，随后联合各车间的监工，在北大槐树街增盛东酱菜园后院租了 5 间房子，购置乐器，聘请教京戏的师傅。监工们认为，搞个时髦的俱乐部不算是什么政治活动，便未加阻挠。1921 年 6 月，津浦铁路大槐树机厂工

---

① 薛文英（1892—1930），山东胶州（今黄岛区）人，山东早期的工运骨干。1910 年在潍县读中学，后考入济南铁路学校。1914 年考入津浦铁路济南机厂做工。1921 年，在中共山东党组织的领导下，开始组织工人运动。1924 年加入中国共产党。

人俱乐部在红房子成立。后来，李广义、薛文英又在北大槐树和中大槐树办起了 4 处工人夜校，并把从长辛店带回的由李大钊编写的《平民课本》翻印发给工人们学习。通过工人俱乐部和工人夜校，300 多名进步工人“合法”地被组织起来。王尽美、邓恩铭组织王翔千、王复元、王象午、鲁伯峻等人陆续到大槐树机厂从事工人运动，传播革命思想。

这年的 11 月，中国劳动组合书记部发出通知，号召“要全力组织铁道工会”。鉴于大槐树机厂建立工会的时机已经成熟，1922 年上半年，中国劳动组合书记部北方执行部主任罗章龙来到济南，与王尽美、王荷波一起，联合李广义、薛文英等人，分头联络工人，筹备成立工会。

1922 年 6 月 18 日下午，几百名工人聚集在原工人俱乐部前的空地上，召开了大槐树机厂工会成立大会。会议共开了三个多小时，选出了临时执行委员，大家一致推举李广义为委员长（会长），刘乃泮、薛文英、宋子元、黄锦荣等 7 人为委员，制定简章，阐述了工会成立的宗旨：以提高工人之教育，增进各工人之知识，发扬工人之道德与人格，而使各人有爱友之心，互相扶助之力；将来于社会上谋一立足之地位，于各人存有爱国之观念，保全工人之利益与幸福，使吾国之工人将来与西欧各国之工人，并驰于一轨为入手。

当时，王尽美任中国劳动组合书记部山东支部主任，他代表中国劳动组合书记部山东支部在《山东劳动周刊》[①] 复刊号上发表祝词：“好了，好了，劳动界一线的曙光，放到我山东来了。你是握着南北交通的枢机，你是传播文明的利器。你要为山东劳动界多少同胞，首先把这个担儿挑起。但愿你下上决心，养足实力，认定方针，辨清目的。你要知道：你

① 1921 年创办的《济南劳动周刊》后因经费不足停刊，1922 年 7 月 9 日复刊，易名为《山东劳动周刊》。

的后边，还有多少同情的兄弟，想要跟着你即时奋起。你要能好好地给他们做一个榜样儿，那才是你的成绩。努力，努力，有多少亲爱的同胞，眼巴巴地望着你。”大槐树机厂工会的成立，给山东劳动界带来了光明和希望。

大槐树机厂工会成立后，济南党组织深入工会，积极领导工人开展经济斗争。7 月 26 日，成立仅一个月的大槐树机厂工会就组织全厂 1000 余名工人，为改善生活条件进行罢工。工人推选薛文英等人为代表，3 次赴天津路局请愿，向当局提出年终发双薪、星期天休息半天、每半年加薪一次等 3 个条件。这次罢工坚持了 7 天，迫使厂方答应了条件。这是党领导下的山东第一次产业工人大罢工，极大地鼓舞了济南工人的斗志，并培养锻炼出了一批工运骨干。

好景不长，1923 年 2 月 1 日，京汉铁路总工会召开成立大会，遭到了军阀吴佩孚的破坏。2 月 4 日，京汉铁路全线罢工。2 月 7 日，吴佩孚又调动两万多名军警对罢工工人进行了血腥镇压，制造了震惊中外的二七惨案。为支持京汉铁路工人的斗争，工会组织本厂工人举行了三日同情怠工。在中国劳动组合书记部山东支部的领导下，济南形成了以大槐树机厂、新城兵工厂、鲁丰纱厂三厂联合斗争为中心的新的工运形式，一个厂的工人有事，其他两个厂立即响应支援。面对声势浩大的工运斗争，军阀不光武力镇压，还通过收买拉拢的方式从内部瓦解工会，导致工会活动转入低潮，随即，工会被军阀宣布解散。

1924 年 10 月，党组织委派刘子久①化装成工人进厂领导工运工作。

---

① 刘子久（1901—1988），原名刘俊才，山东广饶县人。1923 年 10 月，加入社会主义青年团。1924 年冬，加入中国共产党。入党后，在济南、淄博、青岛等地从事工运、农运工作，曾任支联书记、省委农运部部长、中共山东地方执委会委员等职。

他在工厂大门外的小饭铺里和李广义接上了头，通过李广义又认识了薛文英、宋子元等积极分子。刘子久向李广义他们传达了全国工人斗争的形势和上级指示，然后再由他们到厂里进行宣传、联络。很快，工会的骨干分子就被召集起来。工人们在中大槐树组织了名为“饭团”的自办食堂，每天中午，各场工人带饭聚到这里一起吃，借此联络感情，传递消息。工运骨干趁把门的不注意将各种传单和小册子带进厂里，号召工人团结起来，为争取减少劳动时间、改善待遇而斗争。

发展工人运动的同时，刘子久借机在工厂内秘密发展党员。当时的入党手续很简单，宣誓时只有介绍人和入党的人在场，先在墙上挂一块红布，再临时用黄纸剪一个斧头和镰刀贴在红布上。宣誓地点一般选在工会北屋、薛文英家、李广义家。刘子久、李广义先后在厂里发展了14名党员，到1925年初，厂里还发展了25名团员。这些党、团员散布在工厂的各个场里，在他们的努力下，工会终于被秘密恢复了。

中共津浦铁路大槐树机厂支部旧址

1925 年 2 月 7 日，全国铁路总工会在郑州召开第二次代表大会，李广义、薛文英代表工厂工会参加，回厂后，他们向刘子久、李春荣、王崇武汇报了会议关于进一步建立、加强党的组织的指示，大家一致决议成立工厂党支部。经过准备，在中共济南地方执行委员会的领导下，中共津浦铁路大槐树机厂支部于 1925 年 2 月成立。党支部成立时共有党员 16 名，刘子久临时担任支部书记，后来由李广义接任。这是山东第一个企业党支部，自此，津浦铁路大槐树机厂的工人运动有了坚强的组织领导。

扫一扫，听故事

青沪惨案，激起济南工运热潮

中国共产党第四次全国代表大会以后，全国范围内的反帝爱国运动蓬勃发展。1925 年，以胶济铁路工人大罢工为序幕，青岛爆发了由中国共产党领导的、规模空前的日商纱厂工人三次同盟大罢工。5月 29 日凌晨，军警冲入内外棉纱厂向工人开枪，发生了举世震惊的青岛惨案。青岛惨案发生的第二天，上海的英帝国主义巡捕向群众开枪，制造了震惊中外的五卅惨案。这两起事件被称为“青沪惨案”，以此为导火索，在中国共产党的领导和推动下，一场大规模的反帝爱国运动在全国范围内蓬勃展开。

●●●

1925年，中国正面临着外国列强的侵略和国内政治的动荡。这年1月，中国共产党第四次全国代表大会召开，王尽美作为山东代表参加了大会。大会制定了加强党对工人运动的领导，广泛地组织工人，把工人运动和民族革命运动结合起来，把经济斗争和政治斗争结合起来的方针。这之后，在党组织的领导下，济南工人运动不断高涨。2月 8 日，胶济铁路工人实行大罢工，济南胶济铁路机务段成立工会；4 月 3 日，齐鲁大学校工联络教会机关工人发表罢工宣言，罢工斗争进行了 8 天。就在济南工人运动如火如荼展开之时，青岛惨案、五卅惨案相继爆发，这迅速掀起了中国人民反对帝国主义、封建主义斗争的高潮。

五卅惨案发生当晚，中共中央召开紧急会议，决定组织行动委员会，发动工人罢工、学生罢课、商人罢市，动员全国人民奋起反抗帝国主义及封建军阀的野蛮屠杀。北京、广州、南京、重庆、天津、青岛、汉口等几十个大中城市和唐山、焦作、水口山等重要矿区，都举行了成千上万人的集会、游行示威和罢工、罢课、罢市，抗议帝国主义屠杀中国人民的罪行。根据中共中央和团中央的指示，济南党组织立刻组织和领导全市各群众团体开展声援活动。

最先动起来且最为活跃的，依旧是青年群体。6 月初，齐鲁大学、

“五卅”运动中，上海街头的游行队伍

各专科、职业学校和普通中学 20 余校的学生代表召开会议，重新成立济南学生联合会，发表了声援青沪惨案的通电和《济南学生联合会成立宣言》。济南学联还创办了《济南学生日刊》，及时报道学生和各界爱国运动的情况。6 日至 7 日，济南学生青沪惨案临时委员会成立，并在各中等以上学校建立后援会。8 日，济南 30 余所学校学生罢课，3 万余名学生和市民走上街头，举行声势浩大的声援青沪惨案反帝爱国游行示威。游行队伍由城区前往商埠，行至纬一路宣抚第一军前敌执法处监狱时，学生们还选派代表探视和慰问了被关押在此的青岛工运骨干。

济南各行工人同声相应，给青岛、上海的工人斗争以坚决支援。6 月初，津浦铁路济南机厂、鲁丰纱厂、兴顺福铁工厂、山东理发业联合总会、济南人力车夫工会等，组织 3000 余名工人在商埠公园集会，声援上海、青岛工人和市民的反帝斗争，会后举行游行，并到省长公署请愿，提出了实行 8 小时工作制、增加工资等要求。

6 月 11 日，济南各界数万余人在商埠公园召开市民大会，声援上海、青岛工人和市民的反帝爱国斗争。党中央派往山东工作的李宇超等人在大会上报告了五卅惨案的经过，山东党组织及济南团组织的负责人在会上发表演讲，号召全市各界立即行动起来，掀起反帝爱国运动的高潮。市民大会以后，学生连日四处讲演募捐。就在市民大会召开的当天，汉口码头工人 2000 余人举行罢工和示威游行，抗议英商太古公司英籍船员无故殴打中国工人，游行队伍遭到英租界军警开枪射击，工人死亡 8 人，伤数十人，进一步激起全国民众的愤怒。

刚刚上任的山东军务督办张宗昌慑于蓬勃发展的群众运动，电令停课的各校一律复课。对此，济南学联于 6 月 14 日晚召开紧急会议，决议继续罢课，并筹备与英、日实行经济绝交。因此时已临近暑假，济南学联发出《乡村运动提要》，号召回乡学生积极从事学生运动，并针对农村实际，以通俗易懂的语言，向广大民众揭露帝国主义的侵略罪行。同日，济南学生联合会、济南提倡国货研究会、山东理发业联合总会、山东国民会议促成会、山东教职员联合总会、济南总商会等 40 余个团体的百余名代表在山东省议会举行会议，会议根据中共山东地执委委员王翔千的提议，决定组织各界成立济南市民雪耻会。

6 月 17 日，济南市民雪耻会在省议会召开成立大会，办公地址设在正谊中学学生宿舍。济南市民雪耻会发表成立宣言，号召各界群众团结起来，与英、日帝国主义作坚决斗争。19 日，济南工商界 30 余个团体 2000 多人在商埠公园集会，正式成立工商界沪案后援会。随后，又先后成立了山东各界外交联合会、济南商界沪案后援会、济南洋商华员救国会、济南城垣教职员雪耻会等团体，声援青沪工人和市民的斗争。25 日端午节，济南各界一律停业一天，哀悼遇难同胞。这天，由济南市民雪耻会发起，各界 8 万余人齐集商埠公园，举行声援青沪惨案大会。

6 月 27 日晚，济南市民雪耻会召开会议，决议筹备五卅追悼会，并成立救济济南工人委员会，推举秦茂轩、庄龙甲、高永清、李郁亭、吴宝璞、朱子枢、王翔千 7 人为委员。同时成立指导商界查抵英日货机构，丁君羊、范予遂等 4 人为筹备员。29 日，济南市民雪耻会研究对英日绝交问题，决定成立商人协济委员会，推举胡觉、何冰如、高永清、延伯真等 6 人为委员。

6 月 30 日，济南各界 40 余个团体 6 万余人在商埠公园召开追悼青、沪、汉、沙惨案烈士大会，“场内遍挂挽联哀词，演讲者慷慨悲愤，声泪俱下，听者皆掩面而泣”。济南城关、商埠的商号一律插白旗哀悼，并于门前设烈士灵位。在强大的社会舆论压力下，军政当局被迫于 7 月 1 日释放了被关押在济南的青岛工运骨干阎思栋、苏美一、李笃生、李敬铨、范希祖、司铭章等 6 人。

7 月 10 日，济南学联在山东省议会召开各校留济学生大会。国民党山东临时党部负责人王乐平出席了大会，并发表演讲，称此次大会为“五四之继续，五四为爱国，此次为救国”。孙守志报告了全国各地爱国运动的情况，秦茂轩报告了济南学联的反帝爱国运动计划，郑子瑜报告了学联的宣传工作情况。

通过领导和推动五卅反帝爱国运动，济南党组织的政治影响不断增强，济南各行业工人纷纷要求建立工会。至 6 月底，先后建立了津浦铁路总工会筹备委员会和筹备委员会济南分会；济南机厂、新城兵工厂、兴顺福铁工厂、鲁丰纱厂、电灯公司、丰年面粉厂、祥阳火柴厂及印刷业、人力车夫等工会相继成立，会员达 8000 余名。7 月 28 日，津浦铁路总工会筹备委员会和筹委会济南分会、鲁丰纱厂工会、山东理发业联合总会、济南人力车夫工会等工会代表举行会议，成立济南临时总工会，按照各工会人数推选出 15 人为临时执行委员，并通过决定：以济南临时总工会的名义向全省各地发展，筹备建立山东省总工会。五卅运动期间，在党的领导下，济南的工人运动从分散走向统一。

7 月，山东军务督办张宗昌在青岛武装镇压了人民群众的革命运动，屠杀了青岛工运领袖李慰农等人，封闭了工会等群众团体。在张宗昌的白色恐怖统治下，国民革命在山东进入最困难时期。8 月初，军政当局通缉团济南地执委书记王辩等 13 名党、团活动骨干，并派军警包围鲁丰纱厂，逮捕了工人纠察队队员刘铁岭等人，解散工人夜校，强行封闭工会，并通缉鲁伯峻、朱锡庚等人。山东省教育厅厅长王寿彭为配合张宗昌对民众运动的镇压，也发出禁令，禁止学生参加一切社会活动，解散学生组织。军政当局随即查封了济南学生联合会。在山东省立第一师范学校校长王祝晨的支持下，济南学联秘密转入省立一师继续活动。济南市民雪耻会等群众团体也被迫解散或停止活动，致使济南地区的党、团组织处于停顿状态，群众反帝爱国运动和工人运动转入低潮。

7 月 30 日，中华全国铁路总工会为胶济铁路总工会被封一事发表通电，揭露了军阀张宗昌的反动本质："日本帝国主义的走狗——奉系军阀张宗昌，自到鲁后，即私逞淫威，压迫各种民众运动，如济南学生会、济南各工会、济南市民雪耻会等，均被其强迫封闭。济南市民一切自由，均被其剥夺，蹂躏殆尽。顷据青岛确实消息，国贼张氏奉日本帝国主义者之命令，莅往青岛，施其压迫济南市民之惯技，又加于青岛胶济铁路总工会矣！……由此可知奉系军阀之甘为帝国主义者之走狗真面目，完

五卅运动中，示威群众与军警对峙

全暴露于国人之前矣！望全国各界共同奋起，一致声讨，并与胶济总工会以实力的援助。”

五卅运动是一次伟大的群众性的反帝爱国运动，它将国民革命推向高潮，在全国范围内为北伐战争准备了群众基础。正如工人运动领袖邓中夏所说：“五卅运动以后，革命高潮，一泻千里，于是构成1925至1927年的中国大革命。”

动身南下，青年投身大革命滚滚洪流

扫一扫，听故事

1925 年至 1927 年，济南一直处于奉系军阀的白色恐怖中。济南的党、团员们在这种极端危险的环境中坚持发动和领导革命，取得了巨大成就。而在同一时间，南方的革命运动蓬勃发展，广东国民政府出师北伐，扫荡南北反动力量，把革命推向全国。全国各地团的组织响应党的号召，发动大批团员青年南下，参加国民革命军。从 1925 年冬至 1927 年春，济南地方党组织动员了数以百计的青年学生南下广州、武汉，参与北伐，投身反对帝国主义侵略和推翻军阀专制统治的大革命洪流中。

大革命高潮中，广州、武汉革命运动蓬勃发展，成为爱国进步青年向往的中心。在中共山东地方组织和济南地方基层组织的发动领导下，济南各中等以上学校的大批团员及进步青年陆续奔赴武汉、广东，或报考军校，或参加国民革命军。

因为军阀割据，当时津浦、京汉铁路两大交通干线已中断，人们只能从天津或青岛港口南下。张宗昌与褚玉璞以直鲁联军的名义，派重兵把守天津和青岛两处港口，严禁青年出境，在盘查中逮捕了不少中青年旅客。因此，国共两党人士及青年学生深感南下困难。

济南的国民党人范予遂、王子壮、丁君羊等也准备南下参与北伐，他们找到山东省议会副议长陈韵轩，请陈代想办法。陈韵轩委派秘书魏剑白去青岛予以协助。当时，驻扎青岛港口负责执行盘查旅客任务的是张宗昌卫队旅第二团。魏剑白与团长纪晋昌是同乡、同学，两人常有往来，经过一番努力，由青岛去往南方的通道被打通。山东法政专门学校学生陈毓桢、山东大学文学系学生魏士俊、滕县中学学生刘安太是第一批从这个渠道走出去的学生。

南下人员不仅有山东的，还有从北京到济南转青岛南去的。在山东省委的组织下，南下学生每人收到30元大洋作为路费，分别化装成商人、挑夫、小贩、少爷、小姐和家庭妇女等，先乘胶济路火车到达青岛，然后找到《青岛时报》总编辑王子云，再由他找到纪晋昌的副官，最终登上开往上海的轮船。到上海后，由当地的党组织送他们去武汉学习。

这些人中，有省立一师的朱道南、谢拙民、杨容林、臧克家、曹星海、臧功郊、崔荣全、孙叶煊、王智之、王学礼、王英杰、王一民、李如华、刘增、闫书古、杨天华、尹象升，以及正谊中学的公今寿、省立一中的刘辉等进步青年。

20世纪60年代拍摄的影片《大浪淘沙》，即以这一时期为背景，以济南的南下学生为人物原型，再现了大革命时期济南地区轰轰烈烈的历史片段。

这部影片是根据朱道南的回忆录《在大革命的洪流中》改编的。朱道南，原名朱本郘，1902年生于山东枣庄。1922年，即将结束小学学业的朱道南得罪了大地主的儿子黄僖棠，为了躲避报复，他与要好同学谢

电影《大浪淘沙》片头

拙民、杨荣林连夜逃离家乡，在路上，他们又遇到了为躲避仇人而出逃的地主的儿子孙之斌，于是一起去了济南。在济南，四人一起考入师范讲习所，1924 年又考入了山东省立第一师范。

在省立第一师范，朱道南开始接触进步学生和进步思潮。当时的省立一中已有不少学生加入了共青团，田慕翰就是其中的一个。朱道南等很快便与田慕翰走在了一起，并在田慕翰的影响下经常参加共青团活动。在共青团的活动中，朱道南、谢拙民、杨荣林又结识了曲阜青年公今寿，再加上孙之斌，这五个人便是《大浪淘沙》电影中主要人物的原型。

1926 年冬，济南的学生运动遭到了张宗昌的镇压。为了投奔革命，朱道南等人由青岛转道上海再去武汉。到达武汉后，朱道南等先后考取了武汉中央军事政治学校，1927 年 2 月，又考入湖南长沙黄埔第三分校。1927 年 3 月，朱道南光荣地加入了中国共产党。

与朱道南等人一同考入武汉中央军事政治学校的，还有现代著名诗人臧克家。当时，臧克家还是山东省立一师的学生。

1923 年夏，18 岁的臧克家自诸城县立第一高等小学毕业，和族叔臧受田来到济南参加了暑期补习班。招生考试开始后，臧克家从 800 名考生中脱颖而出，以第 19 名（被录取者为 40 人）的成绩考入省立一师。依照省立一师的惯例，新生入学后要先在北园分校预科学习一年。第二年，臧克家和同学们搬到位于泺源书院旧址的一师校本部。

当时，省立一师的校长是王祝晨，他思想开明，聘请了大量思想进步的教师在一师执教。臧克家的同班同学刘照巽、孙兆彭、马守愚和低一级的邓广镇等人都是共产党员或共青团员。在省立一师，臧克家阅读了大量进步书刊以及新诗作品，并和同学们一起参加示威游行。

1926 年夏，王祝晨校长被撤职。正当此时，山东省立一师地下党支部遵照中共山东省委指令，在省立一师、省立一中、省立女师、正谊中学、育英中学和济南其他学校，组织动员进步学生南下参加国民政府革命。臧克家决定放弃即将要开始的后期师范学业，9 月，他和同学曹星海、族叔臧功郊，以及其他几十名同学一起离开了济南，转赴武汉，考入武汉中央军事政治学校。

大革命时期，军阀反动政府的倒行逆施没有吓倒济南的进步青年学生，他们义无反顾地投身到大革命的滚滚洪流中。这些济南走出去的青年，后来有 80 多人参加了广州起义，不少人在广州市郊、龙窝、惠来、海丰、陆丰等战斗中壮烈牺牲。

北上苏联，泉城巾帼留学莫斯科

扫一扫，听故事

20世纪20年代，绝大多数女性依然是足不出户，极少过问政治，济南地方党组织却培养了大批女性先进分子，她们不但积极参与山东的学生运动和工人运动，还奔赴广州、武汉等地参加国民革命。在大革命滚滚洪流中，这些女性成为一支引人注目的生力军。1925年到1927年间，济南陆续有10名女共产党员被选送到莫斯科中山大学和东方大学留学。其中，8人毕业于山东省立第一女子师范学校，2人毕业于山东省立第一女子中学，人称“济南留苏十姐妹”。

●●●

自五四运动起，济南的女性知识分子便积极投身反帝爱国斗争，陆续出现了一批优秀的女共产党员。

1920年，王翔千到山东省立女子师范学校[①]任教，他在课堂上宣传革命思想，鼓励学生追求真理，为在女师建立中共基层组织奠定了群众

① 山东省立女子师范学校成立于1917年，1922年改称“山东省立第一女子师范学校”。

基础。在王翔千的教育和指引下，1923 年，女师学生王辩、侯志加入中国社会主义青年团，次年转为中共党员。

王辩又名黄秀珍，化名宫琦，是山东早期共产党员王翔千之女，著名作家王希坚的大姐，著名作家王愿坚的堂姐。1906 年，王辩出生于山东诸城相州镇山海关巷的一个地主家庭，父亲王翔千给长女起名“辩”，就是希望她“有思想，善辩论”。1917 年，在山东政法专科学校任文案的王翔千将年仅 11 岁的王辩带到济南，让她就读于竞进女校。1919 年，五四运动爆发后，济南的学生运动蓬勃发展，王辩与同学们积极参加游行、请愿，声援北京的学生运动。1920 年春，王辩以优异的成绩考入山东省立女子师范学校。

当时，学校仍然奉行封建的教育宗旨和管理制度，不许女学生参加

山东省立第一女子师范学校

社交和过问政治。王辩写了一篇《一个女学生的特性》发表在《民治报》上，大声疾呼："男子是人，女子也是人，所以要有平等的人格。"她在学校带头放脚，剪发，为山东最早公开放脚、剪发的女子，此事在当时社会轰动一时。王辩还不顾学校禁令，公开社交，发动女生走出校门，上街示威、游行。据说，王辩有时还到大明湖去游泳，很多人称她为"反封建礼教、求自由解放的闯将"。

马克思学说研究会成立后，王辩是第一个参加的女同志。1923年11月，经王尽美和父亲王翔千介绍，王辩和另外一名女同志侯志加入了社会主义青年团，成为山东第一批女团员。在革命活动中，二人得到锻炼，思想日趋成熟，经过山东党组织审查，1924年，王辩和侯志转为中共正式党员，成为山东最早的两名女党员。

入党前后，王辩积极筹备成立了山东济南妇女学术协进会，并担任负责人。1924年秋，王尽美领导成立了山东国民会议促进会，王辩等人积极响应，于次年2月成立了山东女界国民会议促进会，王辩任执行委员。王辩从女师毕业后，到位于县西巷的竞进女校任教员。她经常与其他女同志一起深入到鲁丰纱厂接近工人群众，开展妇女工作。1925年6月，19岁的王辩成为团济南地执委书记。

与王辩同时入党的侯志，本名侯玉兰，"侯志"是她参加革命后自己起的名字，取"志在千里"之意。侯志1905年出生于山东益都县（今青州市）侯庙村，8岁时被送往泰安教会女子小学就读，后转学到益都县仓廒女子学校。五四运动时，侯志同爱国学生一起，走上街头，参加游行示威、散发传单和抵制日货活动。不久，她以优异成绩考入山东省立女子师范学校。在王翔千的影响下，侯志成了思想进步、勇于追求真理的优秀分子。

1921年8月，王尽美参加完中共一大回到济南，准备在益都秘密建立共产党组织。侯志专程从济南提前到达益都，与在益都山东省立第四师范读书的李愉一起，前往火车站迎接王尽美。马克思学说研究会成立后，侯志积极参加共产主义理论学习和宣传活动，还与王辩等人秘密组建学习小组。为支援济南的工人罢工运动，她带头戒肉、戒菜，把省下来的伙食费捐献给罢工工人。

侯志入党后，积极投身工人运动，多次深入济南鲁丰纱厂开展工作。国共两党第一次合作时，她以个人名义加入国民党，担任国民党济南地方临时党部的领导工作，是济南妇女学术协进会、山东女界国民会议促成会的负责人之一。

王辩、侯志入党后，女师学生牛淑琴、于佩贞、朱岫容、王兰英相继加入中国共产党。1925年夏，山东第一个中共妇女支部——中共山东省立女师支部建立，牛淑琴任书记。党支部成立后，又发展刘慕棠为党员，发展张影心、朱庆荣等4名学生为团员。牛淑琴、王兰英等还在省立女中、省立女子职业学校、济南竞进女校、济南崇实女中等学校建立联络点，发展进步青年入党入团。她们还发起建立了济南妇女学术协进会、寒亭妇女解放同志会、山东女界国民会议促成会等进步妇女团体，参与组织山东反帝大同盟、非基督教大同盟、山东省国民会议促成会、济南青年读书会、济南学生联合会、济南各界青沪惨案后援会、北京“三一八”惨案后援会等进步群众组织，在国民革命运动中发挥了积极作用。

1925年下半年，王辩、侯志等十人作为济南党组织重点培养的女共产党员，被派往苏联莫斯科学习深造。留学苏联的这十姐妹，分别是毕业于山东省立第一女子师范学校的王辩、侯志、王兰英、丁祝华、庄东晓、于佩贞、朱庆荣、张影心，以及毕业于山东省立第一女子中学的谢怀丹、秦缦云。

她们多就读于莫斯科中山大学，该校成立于 1925 年，全称是“中国孙逸仙劳动大学”。学员一部分是从广州政府活动区域选派的国民党中央要人的子弟、黄埔军校和湘滇军校的学生，一部分是通过旅欧的中国共产党和共青团支部选送的共产党员和共青团员，还有一部分是从军阀统治区的上海、北京、天津、济南等地选送的共产党员和共青团员。1927 年，国民党反动派背叛革命后，国民党党员学生全部回国，该校改称“中国劳动者共产主义劳动大学”。从 1925 年 10 月创办到 1930 年夏停办，中山大学先后招收了 4 期学员，1200 余人。其中，女学员约 100 人，其中 9 人来自济南。

背负着济南地方党组织的厚望，这些女共产党员们迅速投入到紧张的学习中。中山大学的任务是为中国培养革命干部，中国革命发展迅速，学员们需要完成的课程很多。历史课程有社会发展史、中国革命运动史、

莫斯科中山大学旧址

俄国革命运动史、东方革命运动史、西方革命运动史，哲学课程主要是辩证唯物主义和历史唯物主义，政治经济学课程使用的是苏联政治经济学教科书《政治经济学大纲》，其他课程还有经济地理、列宁主义、联共(布)党的建设、苏维埃建设，以及1928年下半年才开始设立的军事学。除了理论学习，学生还要参观、访问、旅行，了解考察实际情况。

中山大学教师很多，比较著名的有讲授中国革命运动史的拉狄克，讲授列宁主义的米夫，讲授经济地理的马丁诺夫、利浦曼，讲授西方史的瓦克斯。东方大学校长米罗谢夫斯基也给学员们上过课，讲授东方革命运动史和列宁主义。俄文好、英文好的学生，如张闻天、沈泽民、秦邦宪、董亦湘、傅胜兰、王稼祥、沈观澜等人，则成为中山大学的助教。

20世纪20年代末，由于国内革命形势变化，来自济南的十姐妹陆续回国工作。

王辩于1927年回国，被派到芜湖任安徽省委宣传干事，后因党组织遭到破坏而被捕入狱，历经两年半的审讯和监禁，直到1930年7月才被营救出狱。出狱后，她被党组织派往沈阳、哈尔滨、安东、穆陵等地从事党的地下工作。抗战爆发后，王辩根据指示回到山东从事抗日工作。

侯志于1928年春结束在东方大学的学习，同丈夫武怀让[①]一起回国。回国时正值蒋介石、汪精卫相继叛变革命，国内形势异常严峻，山东党组织遭到严重破坏。回国后，组织安排侯志担任中共山东省委秘书兼妇女部部长，不久，改任省委秘书长。同年，党组织为了保护侯志，把她

---

① 武怀让（1899—1936），又名武胡景，字迈五，河南省孟县（今孟州市）人。1921年成为中国共产党的早期党员，曾任上海中央执行局军委书记、上海临时中央军事部长、共产国际监察委员、中央军委书记、中央保卫部（亦称中央特委和特科）部长等要职。

派往青岛担任市委秘书长。后来，党中央急令侯志前往上海担任中共沪西区委秘书长。此后，侯志和武怀让一同被安排到唐山、哈尔滨等地工作。1935年，武怀让代表中共出席共产国际第七次代表大会，侯志被再次派往东方大学学习，直至抗日战争快结束时才回国。

在赴苏留学的十人中，除秦缦云被捕叛变外，其他人都保持了革命者的坚贞，在革命和社会主义建设战线上作出了应有的贡献。

东流水街，中共山东省委机关秘密办公地

济南是中共山东党组织的发端地，从五四运动到大革命，中共济南地方党组织经历了从无到有，从少到多，从分散到统一领导的过程。从党的四大到五大，中国共产党逐渐发展成为具备广泛群众基础的政党，山东暨济南地区党组织所属党员从几十人发展到700余人，领导全省的党组织也在此期间成立。济南东流水街105号，就是中共山东省委机关的秘密办公点。这座二层小楼，见证了共产主义思想在济南，以及在山东地区的产生、发展和兴盛。

●●●

济南西关的东流水街，曾是山东地区制售阿胶的中心。路西临街有一座不起眼的小楼，底层的两间铺面是阿胶庄门市，二层的房间用于出租。1925年至1927年间，中共山东省委机关就在这栋小楼的二楼办公。今天，这栋小楼是中共山东早期历史纪念馆的核心建筑之一。

中共四大前后，济南地区中共地方组织有了很大发展，大批经过实际斗争锻炼出来的优秀青年成为党的骨干。中共济南地方组织积极开拓，

中共山东省委机关旧址（摄于 1965 年）

推动全省各地党、团组织迅速发展壮大，山东地区成立统一党组织的条件已经成熟。

1925 年初，根据中共中央的指示，在中央巡视员尹宽[1]的主持下，济南和青岛、淄川、张店等地党组织的代表在济南举行会议，以中共济南地方执行委员会为基础，成立了中共山东地方执行委员会，选举尹宽、王尽美、王翔千、刘俊才、邓恩铭为委员，尹宽任书记，统一领导全省的党组织。

根据党章的规定，原中共济南地执委及其所属组织自行撤销，以

① 尹宽（1897—1967），原名王竟博，安徽桐城北乡（今石南乡）人。旅欧中国少年共产党创建者之一，早期社会活动家，中共领导成员。1925 年 2 月任中共中央北方局巡视员，赴济南指导山东党的工作。后参与上海工人第一、二、三次武装起义的组织领导工作。1929 年 11 月，因加入托派被开除党籍。

工厂、机关、学校、铁路、农村、兵营为单位，分别建立支部，由山东地执委直接领导。

山东地执委成立后，根据中共中央关于积极发展党的组织的指示，在全省各地努力开展党的工作，建立党的组织，扩大党的队伍。山东地执委妇女部还与团济南地执委妇女部共同组建了济南妇女运动委员会，统一领导济南和全省的妇女运动。为加强对工人运动的领导，推动山东各地工人运动的发展，中共山东地执委创办了《山东工人》，报道和介绍各地工人运动的情况和经验，还成立了济南青年工人运动委员会，统一领导全省青年工人运动。

山东地执委成立后不久，奉系军阀张宗昌率部进入济南，接替皖系的郑士琦为山东军务督办。张宗昌就职后，又武力逼走省主席龚伯衡，自任省主席。张宗昌任内苛酷残忍，被民众呼为“狗肉将军”。张宗昌督鲁 3 年，视国民革命为仇敌，疯狂镇压工农革命运动，给山东革命带来极大危害。

1925 年 11 月 7 日，山东地执委在济南筹备纪念十月革命节的活动时被发现，地执委机关遭受破坏，邓恩铭、王用章等 8 人被捕。12 月，中共中央派张昆弟到济南，任临时地委书记，整顿山东党组织。中共山东地方执行委员会改为中共山东临时地方执行委员会。张昆弟来到济南后，为整顿党的基层组织，在济南、张店、淄川等地举办党员、团员训练班，培养工作人才。中共山东临时地执委和团济南地执委先后编印《新社会观提纲》《关于支部组织问题》《关于纪律问题》《独秀讲演录》和《共产主义》等材料，发至党、团支部，组织党、团员学习。直到 1926 年 2 月中旬，才撤销中共山东临时地执委，重新建立中共山东地执委，由张昆弟任书记，李耘生任宣传部部长，刘俊才任工农部部长，王兰英任妇女部部长。

1926 年 9 月，由于张宗昌的严酷镇压，中共山东地执委创办的《山东工人》（共出版 13 期），团济南地执委通过济南学联和各校团员创办的《济南学生周刊》（共出版 16 期）、《济南学生日刊》（共出版 20 余期）、《正谊周刊》（共出版七八十期）、《一中旬刊》（共出版七八十期）等进步刊物，以及创办两年多的《晨钟报》均被迫停刊。据《申报》《晨报》1926 年 2 月至 1927 年 2 月的公开报道，仅济南、青岛两地的共产党和进步群众组织即遭奉系军阀多次破坏，被捕者达数十人。国民革命在济南进入严重困难时期。

鉴于张宗昌的高压统治，中共山东地执委决定改变斗争策略，采取秘密工作的方式，主要从事宣传和组织工作，积极发展党组织。根据这一原则，山东地执委整顿和健全了济南、青岛、淄川、张店、青州、广饶、寿光等地党组织，通过多种渠道，选派党员到鲁北、鲁西北、鲁南、胶东等地开展工作，发展党员，建立党组织。山东党组织不断发展壮大，至 1926 年，党的组织遍及济南、青岛、淄博、张店、青州、寿光、广饶、潍县等地，党员达 700 余人。

1926 年 10 月，中共山东地方执行委员会在济南龙洞召开会议，正式建立中共山东区执行委员会（简称“中共山东区执委”），吴芳任书记，委员有邓恩铭、王复元等，济南党的基层组织由中共山东区执委直接领导。中共山东区执委出版党刊《红星》，最初由王复元担任主编，后改为王元昌主编。《红星》在博山集成石印局秘密印刷，通过博山至济南段的火车司炉工人运到济南，然后再由中共山东区执委机关秘书处发往山东各地党组织。

中共山东区执委建立之时，正是国民革命军北伐节节胜利之际，区执委抓住这一有利时机，一面继续巩固扩大已有的地方党组织，一面派人到各地发展建立新的党组织。为适应党组织迅猛发展的形势，加强对新党员的教育训练，中共山东区执委先后编印了《无产阶级政党之建设》《每周之宣传大纲》和《政治报告》等材料，发至支部，组织党员学习。区执委还先后在潍县、青州，以及鲁北等地举办了4期训练班，培养了一批党务工作骨干。随着党员队伍的壮大，各级地方组织也先后建立起来。

1927年初，北伐军向长江下游地区推进。张宗昌一方面派直鲁联军南下支援孙传芳抵抗北伐军，一方面命令济南新城兵工厂的工人日夜加班生产枪炮弹药和铁甲车。在济南党组织的领导下，新城兵工厂的工人用怠工、制造事故、结伙逃跑等手段，千方百计地拖延时间，部分地牵制了张宗昌的行动计划，有力地配合了国民革命军北伐。1927年3月，北伐军突破直鲁联军防线，奉军节节败退。

随着北伐军的逼近，奉系军阀在北方开始大批捕杀共产党员和革命群众。1927年5月，张宗昌开始在济南疯狂抓捕共产党人。区执委办公处、印刷处，津浦铁路济南机厂支部、鲁丰纱厂支部、省立一中支部、省立一师支部、齐鲁大学支部，以及国民党省、市党部等都遭到破坏。被捕的14人中有共产党员10人，分别是区执委机关秘书处技术书记李清漪，区执委交通干事李子珍、陈仁甫，印刷干事贾乃甫，历城北郊支部书记鲁伯峻，津浦铁路济南机厂支部书记王澄汝，省立一师支部书记孙善纪，省立一中支部书记李宣之，齐鲁大学党员朱正选等。5月23日，李清漪、李子珍、陈仁甫、鲁伯峻和两名国民党党员在南圩子门外刑场被杀害。

这次破坏事件发生后，山东区执委办公地点被迫迁往别处，济南的大部分党员、团员被迫撤离，济南的共产党、团组织和国民党组织的工作均处于停滞状态。中共山东区执委决定，负责人分别到各地去指导工

中共山东省委机关办公旧址

作，待机回济南，恢复整顿党的基层组织。济南的党、团员大部分分散到各地，与当地党、团员一起开展工作，发展组织。

根据中共中央政治局会议通过的新党章，1927 年 6 月 13 日，中共中央常委会会议决定，在山东区执委的基础上，建立中共山东省委，济南党的基层组织改由中共山东省委直接领导。就这样，在奉系军阀和国民党新军阀的两面夹击下，在十分险恶的斗争环境中，中共山东省委诞生了。此时，山东共发展党员 1500 余名，支部近 200 个。

东流水街 105 号的那幢曾为中共山东省委领导机关办公点的小楼，山东省党组织的创始人王尽美、邓恩铭等人在此从事革命活动，优秀的共产党员鲁伯峻等在这里入党，中央派来山东视察工作的任弼时、邓中夏、关向应等也在此听取工作汇报……山东“红船”从此处启航。这栋小楼见证了一个波澜壮阔的时代，成为济南革命历史的一个红色地标。

第二章 前仆后继

扫一扫，听故事

五三惨案，济南民众都应铭记的国耻

1928年4月中旬，北伐军攻入山东，直鲁军张宗昌、孙传芳部全线动摇。随后，日本以“保护侨民”为名出兵山东，日军沿胶济铁路侵入济南，并对商埠实施了军事占领。5月1日，北伐军进驻济南城区。日军在济南肆意妄为，蓄意挑起武装冲突，最终在5月3日制造了惨绝人寰的五三惨案。惨案发生后，日军占领济南一年有余，给济南人民带来了永世难忘的灾难。这期间，中共山东省委积极指导革命活动，济南基层党、团组织适时发动民众进行反帝爱国斗争。

●●●

1928年5月3日上午，国民革命军第四十军一名士兵因病被送往一教会医院治疗，日兵阻止通行。发生争执后，日军突然开枪，打死中国士兵和夫役各1人，其余中国士兵逃入医院。日兵又将医院包围，用机枪扫射，死伤无数。几乎同时，国民革命军第二十六军宣传员韦云彬在林祥街做宣传时遭到日军阻拦，数人被打死打伤。随后，日军3000余人出动，对驻扎在商埠的国民革命军发起突然袭击。国民革命军除少数部队进行了反击外，多数被日军缴械俘虏。

当日下午，日军占领邮政局、电报局，并炸毁中方电台，杀死守台的全体士兵，济南的通信被彻底断绝。是日夜，日军声称在山东交涉公署门前发现日军尸体，破门闯入国民政府外交部山东交涉署，把署内全部官员绑缚起来。国民党山东特派交涉员蔡公时挺身而出，怒斥日军暴行，被割去耳鼻、挖掉舌头与双眼后射杀。日军践踏国际法规，肆意凌辱并残杀了17名驻济中国外交人员。

从5月3日夜开始，日军大举出动，以搜索北伐军和便衣队为名，沿街洗劫，屠杀中国军民。面对日军的突然袭击及对济南民众的大屠杀，作为北伐军统帅的蒋介石却下达“绝不开枪”的命令，要“忍辱负重，不与日军相争”，按照日军的指令撤出济南城区，严令取缔一切反日活动。5日，除李延年、邓殷藩两团留守济南外，其余北伐军队全部撤出济南城区，蒋介石带领其总部退避党家庄。

蒋介石的妥协大大助长了日本侵略者的气焰。5月8日，日军发布攻城令，准备攻占济南城区。凌晨1时许，日军集中了铁甲车及安置在城外的火炮，对城区西北阵地猛烈轰击。古老的城墙抵挡不住现代火器的威力，被轰塌了一段，日军从缺口处发起猛烈的登城攻势。驻守此处的300余名中国守军紧紧扼守在城西北的阵地及附近的几个炮垒，并派出大刀队在缺口处与日军展开贴身肉搏，遏制了日军的攻势。日军还强行在齐鲁大学迤北的东关大街等处高楼上架起大炮，向城内轰击。一时间，整个城区炮声如雷，无数建筑被炮火击毁。

当天傍晚，为缩短战线，北伐军全部退入内城防守。遭到沉重打击的日军恼羞成怒，丧心病狂地在西关等处肆意杀戮，并放火焚烧民房。西门外的顺城街居民死伤惨重，街中建筑全部成为废墟。

被大火焚毁的顺城街

5月9日晚至10日拂晓，日军选择济南城墙的西北角进行重点攻击。同时，在城外四里山、马鞍山等地架重炮轰城，西、南城门楼全被炸塌，城里燃起熊熊大火，军民伤亡惨重。10日，蒋介石命令守军撤离济南，李延年、邓殷藩的两个团分别由老东门、新东门退出，向仲宫山地转移。经过清点，这次济南战斗中，邓、李两团损失官兵1000人左右。5月11日，日军进入济南城。

6月27日，日军第六师团制定了旨在加强与实施其军事征服计划的《关于济南警备规定补遗》，授权日军可随时根据征服的需要，对中国人实行“扫荡”、拘捕，可以任意进行检查询问、破门入户、搜索绑架，监视或禁止、取缔中国人集会等。直到1929年5月，日军才在内外压力下撤离济南，结束了残暴的占领。

济南惨案激起了济南民众乃至全国人民的极大愤慨，反日斗争进一步兴起。1928 年 5 月 4 日，五三惨案发生的第 2 天，济南各界爱国人士就开始组织济南惨案外交后援会，调查惨案真相。徐州、南京、上海、芜湖、广州、浦口、厦门、天津、武汉、青岛等地各界民众举行了声势浩大的反日集会，强烈反对日军侵略山东的暴行，要求蒋介石国民党政府与日断交、对日宣战，并纷纷组织起各类反日团体，积极筹集对日战争的资金，致电慰问济南军民等。中国作家、文艺家也先后联合发表了《对济南惨案宣言》《为济南事件对日本民众宣言》以及《为济南惨案敬告各国民众》，号召中国民众“用革命的手段来对付日本军国主义的暴行”。

南洋华侨也纷纷发表声明，抗议日军暴行。5 月 6 日，菲律宾爱国华侨举行大规模集会，愤怒声讨日本侵略军制造济南惨案，决议向国民党政府请愿对日作战，热切表示：“侨民等当捐弃一切效命国家！”新加坡华人成立的山东惨祸筹赈会，募捐资金救济五三惨案中的遇难民众，并铸造了一尊外交官蔡公时全身青铜塑像[①]。

面对如此屈辱，山东的党组织迅速作出反应。5 月 6 日，中共山东省委与团省委联合发出《为反对日本军国主义告山东民众书》，声讨与揭露了日本军国主义侵占山东、制造济南惨案的罪恶行径，以及蒋介石的对日屈辱政策及其恶果，号召山东人民“誓死反对日本军国主义，非达到日兵全部退出山东，侵占的主权完全交回不止”。次日，再次联合发出《关于发动群众反对国民党及日本军国主义的通告》，提出应用最大努力实现党的有关工农运动、党团工作及积极进行反国民党、反蒋、反冯等各项主张。中共山东省委与团省委还号召胶济铁路工人立即用总

---

① 蔡公时铜像铸好后，于 1930 年运到新加坡，后由于战事及其他原因，直到 2006 年才运抵济南。今安放于济南惨案纪念堂中。

罢工的手段停止日本军国主义的一切军事运输。胶济铁路总工会也发表了《为反抗日兵炮轰济南告胶济全路工友书》，号召全路工友不要再寄希望于蒋介石、冯玉祥去反帝国主义，不再为日本侵略者运送枪炮军火，自觉地为被轰死的市民复仇。

五三惨案发生后，日军占领了济南、淄博、青岛及胶济线主要工矿区，国共两党都不能公开活动，只能秘密活动。在这种政治平衡的特殊历史条件下，济南工人阶级运动所受到的镇压与控制有所松动，中共山东省委及济南基层党、团组织适时发动民众进行反日反国民党的斗争。在中共山东省委和团省委的领导下，济南各工厂、学校、机关的党、团组织积极发动各界群众，进行了反对日军占领的斗争，建立了由部分共产党员组成的反日委员会及救国十人团，发动群众到街头散发反日传单，又相继组织起济南惨案被难同胞救济会和商民撤兵请愿团等群众团体，发

1929 年，济南西门城楼上悬挂的“誓雪此耻”标语

动工人、市民、商贩与学生开展反对日军早晚戒严，反对维持会征收捐税，以及反对日军强占工厂、强占学校的斗争。

日军侵占济南后，济南临时治安维持会成为日军统治济南的工具，反对维持会成为反日斗争的重要内容。对此，中共山东省委和团省委以济南市委和团市委的名义联合发表《为反对济南维持会告全市民众书》，号召各界群众团结起来，“用我们自己的力量驱逐日本兵”。省委机关报《红旗》发表了《日本御用的济南维持会》一文，揭露了济南临时治安维持会充当日本走狗，与泰安的国民党山东省政府互相勾结、搜刮民财的丑恶行径，同时号召民众联合起来，打倒日本军国主义，反对新军阀蒋介石，铲除代表豪绅资产阶级、充当日本走狗的治安维持会。

中共山东省委还利用济南政局混乱的时机发展工人运动，“抓住各厂工人的迫切要求，在反国民党的政治态度之下，公开地号召工人群众到工会里来，并把工会公开”。1928 年 5 月末，津浦大厂工会筹备会成立，6 月上旬，新城兵工厂工会筹备会、鲁丰纱厂工会筹备会，以及胶济路济南站工会等群众组织相继成立。6 月 15 日，以上工人团体在济南开会，正式成立了济南总工会筹备会，并设办事处，创办《济南工人》。6 月末，济南的电灯电话业、洋车夫、面粉厂、机器厂等均有了工会组织。

1928 年 8 月初，中共山东省委制定了《反日运动计划》，决定 8 月 13 日举行济南惨案百日祭纪念活动。根据省委的部署，济南各基层党、团组织发动各界，分别召开了济南惨案死难同胞百日祭追悼会，组织商民罢市，工人罢工，进行街头讲演、义演等宣传活动，组织被难家属举行请愿活动等。同时，山东省及各基层党、团组织和工人团体还加强了反日宣传鼓动工作，继续出版《老百姓》《时事简报》《报导》等刊物，编印了《五三惨案真相》《国民党是什么东西？》《日本侵略山东之计

“五三”纪念碑

划及对付方法》等书籍，进一步推动了济南各界反日斗争的发展。

对于山东及济南党组织这一段时间的积极工作，当时的中共中央机关刊物《布尔什维克》这样写道：“山东人民既受日军蹂躏，又痛恨国民党投降日本，引起到处暴动，秩序大乱；山东共产党积极指导革命活动，济南市各处遍贴共产党传单。”

惨案中遭破坏最为严重的顺城街被改名为“五三街”。如今，五三街一带被辟为“五三”纪念园，修建了“五三”纪念堂，竖起了“五三”纪念碑、纪念亭、纪念钟。每年的5月3日，济南市民都会聚集在这里，举行纪念活动，缅怀先烈，警示后人。

自我革命，
山东早期党组织坚决惩治腐败

中国共产党对贪污腐败一直保持高度警惕。早在1926年8月，中央扩大会议就通过了第一个惩治贪污腐败分子的专门性文件，认为“最显著的事实，就是贪污行为，往往在经济问题上发生吞款、揩油的情形”。1928年，邓恩铭敏锐地察觉到了王复元的严重贪污行为，果断对其进行严肃处理。开除王复元，依据的是我党历史上第一个专门惩治贪腐的文件。邓恩铭成为山东党史上的反贪第一人，王复元也成为山东党史上因贪污而被开除的第一位高级干部。

大革命失败后，邓恩铭在白色恐怖下坚持斗争，积极恢复、整顿济南、青岛等山东各地的党、团组织和工会，开展工人运动、农民运动和统一战线等各项工作。作为党的领导人，邓恩铭掌管过党的经费，他在工作中严于律己，廉洁奉公。信念坚定的邓恩铭勇于与党内的贪污腐败分子王复元作坚决斗争，他也因此不幸被捕、牺牲，成为中国共产党历史上的反腐先驱。

王复元是山东党组织的早期党员，曾在党内担任过许多重要职务。五四运动时期，王复元在省立一中当电工兼传达员，19 岁的他开始接触新思想，和一些进步青年有了联系，并参加了一些革命活动。随后，他到当时的大东日报社做校对员。在王尽美创办《济南劳动周刊》时，王复元也参与其中。1922 年，他加入中国共产党，成为济南加入中共的第一批非知识分子党员。王复元入党后，正值大革命风起云涌、波澜壮阔之时，他从基层支部负责人一路晋升为中共山东区执委组织部负责人。王复元曾被党组织派往淄博开展工作，后来，他还担任过党组织在青岛的负责人。

随着手中权力的增长，信念不坚定的王复元私欲膨胀，为满足个人欲望，他将魔掌伸向了党组织的经费，多次贪污活动经费。1927 年 4 月，邓恩铭去武汉出席党的五大期间，山东省委常委王复元到武汉向中央汇报工作，将中央拨付给山东省委的 1000 元活动经费用于个人生活挥霍，而向党组织谎报钱在途中遗失。这 1000 元是山东党组织用于开展革命斗争、营救被捕同志、印刷宣传、救济牺牲烈士家属的，在当时是一笔巨款。邓恩铭回到山东后，在党内对王复元进行了严肃的批评与纪律处分，并将其调离重要领导岗位。然而，王复元却不思悔改，变本加厉。1928 年 4 月，他以去上海与中央汇报联系工作、开展斗争需要为由，从中共山东省委机关印刷部下属的淄博集成石印局抽走 2000 元全部用于个人挥霍，致使石印局因经济困难而被迫停业。作为山东早期党组织重要领导干部的王复元，丧失革命斗志，追求个人享乐，背弃初心信仰，腐化堕落，给党的事业造成了重大损失，中共山东省委依据我党历史上第一个惩治腐败的文件——《坚决清洗贪污腐化分子的通告》，将王复元开除党籍。

王复元被开除出党后，趁国民党新军阀攻占济南之机，与国民党勾结起来。经过一系列的阴谋策划，王复元于 1928 年 11 月公开叛党，与山东国民党改组派头子王乐平勾结，发表了《反共宣言》及《中国共产党的阶级基础》《共产党与资产阶级性的民权革命》《共产党工作之总结》等反共文章，攻击共产党，并带领国民党特务在济南破坏党、团组织。

1929 年 1 月，王复元的胞兄王用章叛党投敌。王用章于 1921 年加入中国共产党。曾代表中共济南地方支部出席了中国共产党第三次全国代表大会，担任过中共济南地方执行委员会农工部主任、代理委员长、驻淄博矿区特派员等职。1925 年 11 月，王用章因地执委机关遭破坏而被捕，1928 年 4 月出狱后，他对共产主义事业丧失信心，并通过王复元与国民党改组派勾结在一起，密谋叛党。但他表面却伪装得很好，骗取了党组织的信任，担任中共山东省委交通处主任和中共山东济难总会党团成员等要职。王复元公开叛党后，王用章便跳出来开始从事破坏党组织的勾当。

1929 年 1 月 19 日，在王用章的指认及王复元的协助下，国民党特务勾结日伪破坏了中共山东省委机关。当时，济南尚在日军控制之下，国民党济南党部处于非法地位，不能明目张胆地行凶捕人。于是，国民党济南市党部主任委员殷君采与二王一起，勾结伪警察第三分局局长隋得功，破坏党、团组织，捕杀共产党人。

当时，中共山东省委机关就设在济南，省委书记办公处、秘书处和组织部在三大马路麟祥门外魏家庄，驻机关的是省委工人部部长傅书堂[①]和李淑秀夫妇；宣传部在纬十路庆余里；团省委在西圩子根；各县来省委联系工作的接头处在官扎营街和南市场。在王用章、王复元等叛徒的指认下，省委秘书长何自声，前省委书记、淄博党组织负责人邓恩

---

① 傅书堂（1905—1961），原名傅余庆，山东高密人，是高密最早的共产党员，中共高密县委第一任书记，后任山东省委常委、代理省委书记，新中国成立后任山东省机械厅处长等职。

铭，宣传部秘书孙秀峰，宣传干事王崇五①及其妻子朱岫容和省学联负责人朱霄②先后被捕。随后，又有团省委代理书记宋耀亭，省委机关会计、山东济难总会负责人杨一辰等10余人被捕。组织遭到严重破坏，省委陷入瘫痪状态，中共济南党的基层组织也处于涣散状态，全市仅余5个支部。

王复元和王用章对山东各地的党组织了如指掌，他们纠合一小撮反党分子和被党组织清除出去的叛徒，组织“捕共队”，沿胶济铁路在淄川、张店、潍县、高密等地搜捕共产党员。设在泰安的国民党山东省党务指导委员会指示国民党济南市党务指导委员会，“可给予王一切便利”，以便进一步破坏中共党组织。为此，国民党济南市党务指导委员会成立了“清共委员会”。殷君采、王景羊、黄僖棠、方子英、王用章5人为“清共委员会”委员，殷君采任常委，王景羊任总务组长，黄僖棠任审讯组长。清共委员会下设两个行动组，王用章、王复元分别任组长，负责在济南市内及火车站搜捕共产党人。

王复元、王用章的叛变，使山东和济南的党、团组织遭到严重破坏。为保护党的干部，中央把叛徒王复元、王用章认识的党员调离山东，省委书记卢福坦、组织部部长丁君羊、农民部部长刘俊才等被调到中央另行分配工作，工人部部长傅书堂、省委委员兼巡视员王元昌、团省委书记王元盛等被派去苏联学习。同时，决定调青岛市委负责人武胡景和省

---

① 王崇五（1905—？），山东日照人，1924年加入中国共产党。曾任共青团济南地方临时执委委员、农工部主任等职。后被选送到苏联莫斯科中山大学学习。1929年被捕叛变。后曾任国民党政府济南市市长，国民党济南市党部执行委员。

② 朱霄（1907—1931），原名朱桂生，又名朱啸、张子炎，山东肥城人。1924年上半年加入中国共产党。1926年成为山东学生联合总会主要负责人之一。1928年调任中共青岛市委组织部部长，1929年初被捕。1931年4月5日，与其他21名革命志士一起英勇就义。

王复元被击毙的地方——“新盛泰”鞋店旧址

委委员王进仁到济南临时主持省委工作。

鉴于叛徒王复元、王用章对山东党组织的破坏、威胁甚大，当时的中央军委书记周恩来发出了“叛徒王复元一定要解决，否则，山东的工作没有出路”的指示。1929年2月，山东党组织在青岛召开省市委联席会议，决定铲除叛徒王复元、王用章。山东省委一方面派人侦察二王的行踪，一方面派王昭功到上海学习锄奸工作。4月，王昭功返回济南，同时，中共中央从上海派来铲除叛徒的特别工作者张英[①]，协助山东省委锄奸。

1929年8月16日，王复元在山东青岛被中央特科成员除掉，最终成为自己贪婪欲望的牺牲品。王用章则侥幸逃过追杀，继续进行反党破坏活动。新中国成立后，他被人民政府依法逮捕，后死于狱中。

历史经验多次证明，党内的贪污腐败分子会给党组织带来严重破坏，必须将其消灭于萌芽。面对腐败，不论党员资历多老、职位多高、功劳多大，绝不姑息，这正是中国共产党能够战胜各种艰难困苦和强大的敌人，夺取最终胜利的原因所在。

---

① 张英（1902—1932），原名马宗显，又名马国宪、刘英，山东潍县人，自幼喜欢习武，性情豪放。1926年，在基辅军校加入中国共产党。1927年，被选送到维斯特拉高级军官学校深造。1928年底回国，在党中央机关做保卫工作。

扫一扫，听故事

“济南巨案”，邓恩铭组织越狱斗争

邓恩铭曾三次被捕。1925 年 5 月 4 日，邓恩铭在青岛领导工人大罢工时第一次被捕，关押几日后被驱逐出青岛。1925 年 11 月 7 日，邓恩铭与省地执委几名委员在筹备纪念俄国十月革命节的活动时第二次被逮捕。经过多方努力，邓恩铭以保外就医的名义出狱，继续从事革命工作。1929 年 1 月 19 日，因叛徒出卖，邓恩铭在济南第三次被捕。邓恩铭被捕后，面对酷刑折磨坚贞不屈，并在狱中组织进行了各种坚韧不挠的斗争。此间，邓恩铭曾组织和参与了两次越狱斗争。其中，第二次越狱斗争震惊了反动当局上下，被当时国民党报纸称为“济南巨案”，监狱的看守长也因“渎职”被枪毙。

•••

邓恩铭在山东学习、参加革命的十几年间没有回过一次家，他与家人的联系只有书信往来。在给母亲的信里，邓恩铭这样写道：“……离家十余年，一事无成，不但没有尽到丝毫子职，反使老人受累受惊，并且祖母和父亲之丧，儿都没有在家，这是多么不成器，多么不孝啊！但

邓恩铭（1901—1931）

是儿之本心又何尝如此，不过为环境所使耳……”邓恩铭远离家乡和亲人，将毕生精力都投入到山东的革命事业中，不畏艰险，更不惧牺牲。

中共二大后，邓恩铭受党的派遣前往青岛开展工作。1928 年 7 月，在青岛工作的邓恩铭被调回济南不久，又被派到淄博开展工作，往返于济南和淄博间。此后不久，叛徒王复元、王用章勾结国民党特务及日伪机构，开始四处抓捕共产党员，破坏省委机关。

1929 年 1 月，邓恩铭已察觉到反常迹象，他不顾个人安危，及时通知济南的同志，并想尽办法把二王叛变的消息告知其他地方的党组织。鲁佛民的次子鲁广益[①]就是因及时得到邓恩铭的通知而幸免于难的。1 月 7 日，邓恩铭从淄博赶到济南，来到了纬一路附近的一条里弄，他和负责党秘密联络工作的鲁广益碰头，吩咐其把秘密材料烧掉，在晚 12 点以前必须完成转移。

鲁广益后来回忆道：“腊尽春回的一个晚上，我一人坐在煤油灯下，

① 鲁广益（1911—1984），后改名余修，曾用名鲁方明、鲁伯谦，山东济南人。1925 年冬，由关向应介绍加入中国共产主义青年团。1927 年考入正谊中学高中部学习，同时参加共青团山东省委工作。大革命失败后，到青岛参加团地委工作，并担任中共山东省委地下交通员。

静悄悄地正在看一本俄国小说。忽然听到窗外有急促的脚步声，待我起身出迎时，人已站在我面前，他不是别人，正是当时省委的主要负责人邓恩铭同志。我的住处对一般人是保密的，但他是知道的。因为我和他没有发生过直接关系，所以，对他的到来，心里一动，预感到莫非出了什么意外的事，我立刻站起来迎接他，热情地握着手，迷惘地疑惑地望着他。

“恩铭同志中等身材，体魄健康，白净而清秀的脸上，闪耀着英气勃勃的不凡气概，一副平光眼镜的后面，两眼放射着锐利的目光。他面带笑容地看着我，握着我的手，和我并肩坐在床沿上，他操着贵州的乡音，告诉我一个惊人的消息，语气严肃而低声地说：‘你要尽快地离开这里，离开济南，因为他非常熟悉你的身世和你目前的一切活动……今晚把东西清理一下，有些文字东西尽快毁掉，最好今晚离开这里。’

“他的话，句句像铁锤一样打在我心上。他一边说着，不等我回答，就从衣袋里掏出 10 元一张的交通银行票子塞到我手里。

“‘快拿去当路费，先回青岛去。’他低头沉思了一会，接着吩咐我说：‘通知徐子兴同志，把这里了解的关于王复元叛变的情况，转告他，市委要及早做准备，应付这急变的局面，事关重大，你千万把这意见带到。’”

第二天，鲁广益躲开王复元的搜捕，乘火车去了青岛。从谈话中可以得知当时的形势有多紧张，而邓恩铭为避免党组织遭到进一步破坏，仍继续暴露在危险中活动。

1 月 19 日，王复元、王用章同国民党特务一起在日本宪兵的默许下，逮捕了暂住在中共山东省委宣传部机关驻地的邓恩铭，同时被捕的还有宣传干事王崇五和朱岫容夫妇。随后，省委秘书长何自声、省学联负责

實不能不負其責也、又聞呂氏此次解決東案問題、事前曾有縝密之籌劃、與中央及地方當局商榷妥協、謀定而動云、

山東法院共犯越獄

▲奪取看守鎗枝

▲刺刀扎傷守兵

▲結果逃走七名

濟南快訊云、濟南近月以來、經濟南市黨部、協同公安局、前後捕獲共產黨男女約共五十餘人、業已陸續送交地方法院訊判、此項共犯自送到法院後、分別拘押、每間屋內拘三人、多未帶刑具、每日下午六時、循例放風、在看守所之旁、堆有石灰、二十一日、放風之際、甫開看守所之門、有共犯五六人、乘看守人不備、暗取石灰、猛向三看守人眼部撒去、即將其槍枝奪去、並用刺刀扎傷二人、該所所長朱子厚竭力攔阻、亦被其刺傷、法院門警恐其逃逸、將院門鐵柵欄閘閉、該犯等均紛爬鐵欄、所長帶傷率人截捕、斯時由看守所逃出者共十八人、當場截獲黃伯璽、孫志鄉、張子炎、張福林、劉海峯、張錫文、李玉培、徐新齋、王仁端、王鳳歧、紀子瑞等十一人、除七人為李世安、王惠卿、藍志皮、劉兆章、李慶連、李寶督、王永慶、均越鐵欄逃去、商埠一時宣佈戒嚴、四出緝捕、尚未緝獲云云、（二十一日）

香港皮鞋公司

北四川路武昌路口

鄂省綏靖

1927 年 7 月 25 日《民国日报》关于邓恩铭等人越狱的报道

人朱霄、宣传部秘书孙秀峰、团省委代理书记宋耀亭、山东济难总会负责人杨一辰等 10 余人相继被捕。邓恩铭等人被捕后，被关押在济南临时治安维持会戒严司令部。

当时，济南仍被日军占领，日本政府忙于与国民党政府谈判解决五三惨案问题，因此对被捕的共产党人的审讯较为简单。对邓恩铭的第一次审讯，只涉及姓名、年龄、籍贯、职业等，邓恩铭以“黄伯云”的化名搪塞过去。第二次审讯，只对有证据的“首犯”王崇五、张锡五进行审讯。第三次审讯，只审问了王崇五、张锡五和杨一辰 3 人。

此时，济南的局势已有所变化。1929 年 3 月 18 日，中日两国政府在南京正式签署《济南协定》。随后，国民党政府在南京组成以崔士杰为委员长的济南接收委员会，负责接收工作。4 月 8 日，国民党接收委员会进驻济南，与驻济日军首领商定交接程序和办法。邓恩铭等狱中共产党人得知这一消息后，认为国民党进驻济南后，将会加重对共产党人的迫害，狱中党员恢复自由的希望将会更小。为此，邓恩铭、何自声等决定利用日军和国民党政府交接的机会，做好充分准备，寻找有利时机，发动越狱斗争。

越狱计划确定后，邓恩铭等人秘密进行了组织准备。当时，被捕的党员在拘留所内分 4 个囚室关押，邓恩铭对面的囚室关押着杨一辰、朱霄和李宗鲁等人。党员们分头发动同室的囚徒一起越狱，他们大谈时局混乱，国民党的惩治绑匪条例如何严酷，等等。但由于不能及时通气，各囚室的发动工作进展不平衡，有的急不可耐想立即越狱，有的则迟疑不决。

关押杨一辰等人的囚室里有一批做了土匪的直鲁联军逃兵，他们个个身强力壮，又精通军事，是越狱时可以利用的重要力量。杨一辰便与这批军事犯人的头子李殿臣联络，李殿臣赞同越狱计划，并表示愿意带头冲锋开路。就在越狱准备日趋完备之时，计划不慎被一个动摇分子察觉，他欲向狱方告密邀功。情急之下，他们于 4 月 19 日仓促举事。

当晚 7 时，李殿臣等人借上厕所之机夺枪击毙一名看守，砸开镣铐，破门而出。囚犯们纷纷冲出牢房，快速向外逃跑。由于这次越狱太匆促，李殿臣等冲出去时，关押在另三个囚室里的犯人没有来得及响应，邓恩铭未能冲出去。结果只逃出 18 人，其中只有杨一辰、李宗鲁、朱霄 3 名共产党员。杨一辰在山东省立第一乡村师范学校校长鞠思敏的帮助下，辗转逃往东北，并向中共山东省委写信报告了狱中情况和越狱斗争的经过。李宗鲁、朱霄二人因逃出后无处落脚藏身，逃至章丘又被敌兵追上捕回。

1929 年 5 月，国民党山东省政府由泰安移驻济南，陈调元被任命为山东省政府主席。陈调元查封了由改组派和共产党叛变分子组织的国民党济南市党部，把改组派移交的有关共产党人的案件交给省高等法院办理，邓恩铭、何自声、朱霄、武胡景等人被转押到山东省立第一监狱。此外，国民党在各地抓捕的共产党员也由泰安押解到第一监狱。第一监狱内有在押的共产党员30多名。邓恩铭把党员组织起来，领导狱中共产党人开展有组织、有计划的斗争。

有了第一次越狱的经验教训，邓恩铭等人很快便开始了第二次越狱的准备工作，加强了越狱的组织领导，成立了由邓恩铭、武胡景、王永庆、纪子瑞、何志深等5人组成的领导集体。所有同志按身体强弱划分为三个小队，每小队设指挥一人，每队逃出的路线都做了清晰计划，并规定了各队的具体任务，同时规定了出狱后的联络方法、疏散方向，并绘制了从囚室至大门的路线图。

1929年7月21日下午4时左右，趁多数看守吃饭之时，越狱行动出其不意地开始了。经过一阵激烈搏斗，邓恩铭等人冲出了监狱的最后一道大门，分路疏散逃跑。不幸的是，邓恩铭因为身体虚弱，加之刑伤过重，行动困难，很快就被警察抓了回去。在后续的搜捕中，党员宋占一、刘一梦等10人再次被捕。这次越狱只有6位党员脱离了虎口：武胡景、何志深逃到上海，蓝志政、孙秀峰北上天津，王永庆、李宗鲁去了东北。

邓恩铭墓

这次越狱使看守长受到上司的严厉责问，被枪毙。此后，监狱加强了看守，越狱已无希望。

在被捕入狱的两年多时间里，邓恩铭在狱内领导党员们进行了极端艰苦的对敌斗争。

1931 年春，化名为“黄伯云”的邓恩铭在审讯中被国民党山东省党部主任张苇村认出，法官才知道监狱里关押着中共这样一位重要人物。自知余日不多的邓恩铭于 3 月给母亲写了最后一封家书。信中有这样一首诗：“卅一年华转瞬间，壮志未酬奈何天。不惜惟我身先死，后继频频慰九泉。”4 月 5 日清晨，邓恩铭及其他在押的共产党员被国民党枪杀于纬八路侯家大院刑场。邓恩铭壮烈牺牲，时年 30 岁。

狱中家书，
“四五”烈士刘谦初的被捕与牺牲

1928年冬至1931年春，由于国民党反动派的疯狂镇压和叛徒的出卖，中共山东省委共遭到5次大的破坏，大批党员和干部被捕。1929年7月，山东省委书记刘谦初和夫人张文秋等8人被捕。1931年4月5日，包括刘谦初在内的22名党的重要干部英勇就义，史称“四五”烈士。就义前夕，刘谦初在给妻子的遗书中写道：“一定要为妈妈（指党）着想，万一我死了，你不仅为我孝敬她老人家，还要为我报仇。你要做个很孝敬很贤惠的人，对得起妈妈。”

1931年4月8日，《申报》刊登了这样一则消息：“济南通信，前日下午二时，山东省临时军法会审委员会开会，当经议决，将日前本省捕获之红匪宋占一等二十二名处以死刑，五日上午六时，各委员及公安局局长王恺如，复齐集高等法院，将宋占一等提出，验明正身，用汽车三辆，载往纬八路刑场执行枪决……”在这些牺牲的共产党人中，就有曾任中共山东省委书记的刘谦初。

刘谦初（1897—1931）

刘谦初，字乾初，后改为谦初，化名黄伯襄，1897年出生于山东省平度市田庄镇。1918年，刘谦初考入齐鲁大学预科。五四运动爆发后，济南多所学校的学生联合组织游行示威，刘谦初积极参与街头演讲、分发传单，后因积极宣传爱国思想被反动当局勒令退学。1922年，刘谦初考入北京燕京大学。在北京求学期间，刘谦初与李大钊领导的学生组织建立了秘密联系，接受中共地下党组织的领导。1926年，刘谦初投笔从戎，来到武汉参加北伐军，在第十一军政治部宣传科社会股任股长，并兼任政治部理论刊物《血路》的副主编。

1927年1月，30岁的刘谦初正式加入中国共产党。这一年，刘谦初与张文秋结婚。张文秋比刘谦初入党还要早，担任过湖北京山县委妇女部部长、组织部部长。张文秋和刘谦初是1927年在武汉黄埔军校分校经恽代英介绍认识的，同年4月在武昌结婚。婚后第三天，两人就依依惜别，各奔东西。1927年7月，刘谦初被分配到中共江苏省委工作，第二年夏，又任中共福建省委书记。张文秋也转战南北，领导了河南驻马店的秋收暴动，在豫鄂边区和江汉平原一带打过游击战，担任过湖北省委秘书处和上海沪西区委负责人。

1929 年 4 月初，国民党济南接收委员会进驻济南，同国民党济南改组派市党部联手镇压共产党。数月间，在济南逮捕了数十名山东共产党的重要干部，省委机关再次被破坏，青岛、淄川、博山、高密、昌邑、潍县等党组织的领导人和部分党员也相继被捕。在这一形势下，中共中央调山东籍干部刘谦初回山东工作，主持恢复山东省委。

1929 年 3 月，刘谦初化名黄伯襄，以齐鲁大学助教身份作掩护，来到济南从事党的工作。接着，中共中央又陆续派曾任中共江苏省委组织部部长的刘晓浦（化名刘小甫）及其爱人曹文敏、刘谦初的爱人张文秋（化名陈孟君）到济南恢复省委工作。张文秋与提前一个月到济南的丈夫刘谦初得以团圆，在东西菜园子街 4 号租了 3 间北屋居住。

刘谦初来到济南后，冒着危险往返于济南、青岛等地，很快恢复、重建和发展了被敌人破坏的党组织。4 月下旬，新的中共山东省委在济南成立，刘谦初任书记兼宣传部部长，刘晓浦任秘书长，王进仁任组织部部长，张文秋任妇女部部长。新的中共山东省委领导和发动了持续 40 多天的青岛大康、隆兴和富士等七大纱厂的总同盟大罢工，给反动当局和日本帝国主义以沉重打击。

当时，刘晓浦、曹文敏的住所距离山东国民党省党部的反日会很近。有一天，曹文敏恰巧被反日会主席李应臣（李松耶）看到了。李应臣叛变前曾是中共沪西区委书记，他的前妻曹轶欧正是曹文敏的姐姐。李应臣无意中看见曹文敏后，怀疑其姐曹轶欧也到了济南，于是派国民党公安局侦察处秘书、改组派分子仲文焕住到刘晓浦的院子里。仲文焕一番打探，得知刘小甫在济南虹桥小学任教员，但上报查实后并无此人，于是认定刘小甫为共产党。7 月 2 日，刘晓浦、田位东、曹文敏、张文秋

刘晓浦（1903—1931）

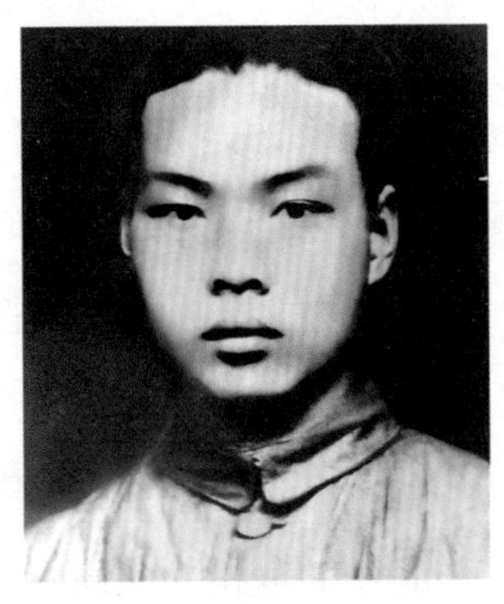

田位东（1907—1932）

张文秋（1903—2002）

相继被捕，山东省委秘书机关也同时被破坏。

在狱中，曹文敏叛变，供出刘晓浦和刘谦初是中共山东省委领导人。特务闯进刘谦初的住所进行搜查，发现无人后，便留下几个人埋伏在北屋。几天后，刘谦初从青岛领导罢工回来，刚一进院，房东连忙迎上去悄声说："黄先生，你太太说出去买东西，都一个月了，还没回来。这些日子，常有一些人找你，在后院赖着不走，是你什么亲友呀？"并且使眼色，暗示后院有情况。刘谦初立即意识到出事了，转身便走。刘谦初在齐鲁大学一个朋友家藏了一个星期，准备经青岛到上海，向党中央汇报情况。但行至明水车站时，两个拿着照片的密探认出了他，刘谦初被捕。

在国民党济南警备司令部看守所里，国民党特务连续审问刘谦初，逼他承认自己的真实姓名和共产党省委负责人身份。尽管刘谦初被折磨得遍体鳞伤，但他依然守口如瓶，只说自己是齐鲁大学的教员。已有孕在身的张文秋被严刑拷打，她按照预先和刘谦初约定好的应变言辞，只承认自己叫陈孟君，是从乡下来济南看丈夫的。不久之后，敌人将张文秋和刘晓浦一起押解到警备司令部，同刘谦初合案审讯。

1929年11月，国民党省、市党部头目殷君采、吴保甫亲自出面指认，诱降。在武汉国共合作时，殷君采、吴保甫曾与刘谦初共事，知道刘谦初的一些情况，逮捕刘谦初时所用的照片就是他们提供的。见到殷君采、吴保甫，刘谦初知道自己共产党员的身份已经无法隐瞒，大义凛然地说："我过去是共产党员，现在已与党失掉联系，是来山东教书的，你们可以到齐鲁大学去调查。"殷君采和吴保甫再也拿不出什么证据，遂以"党国珍惜人才""我们是以老朋友的身份前来援救"之类的话进行诱降。12月初，国民党济南警备司令部军法执行处判决刘谦初、刘晓浦死刑，上报南京政府候复。

1930年初，国民党改组派在国民党内部的斗争中失利，纷纷逃离山东。党领导的互济会通知狱中的刘谦初等立即翻供，上诉控告改组派陷害，争取案情好转。经上诉和特聘律师李化南辩护，国民党当局决定将此案移归省高等法院审理，将刘谦初转押到普得门外高等法院监狱，后改判为8年徒刑。

张文秋以"共党嫌疑"被判刑半年，1930年1月，经党组织营救出狱。此时，张文秋已有7个月的身孕。临别前，她让丈夫给孩子取个名字。刘谦初说："无论是男是女，就叫'思齐'吧，让我们的孩子时时记住这块地方。"张文秋出狱后，在中共山东省委专人护送下，回到上海党中央，任中央全国苏维埃准备委员会秘书处副主任。3月2日，刘谦初、张文秋的女儿刘思齐在上海出生。

1930年9月，韩复榘接任国民党山东省政府主席，开始疯狂镇压共产党地下活动，并从重审理共产党案件。11月初，刘谦初在给党中央的信中写道："事已如此，没有营救的可能，请不必进行营救工作。……我心里很平静，正在加紧读社会进化史，争取时日，多懂一些真理。"

就义前夕，刘谦初在给妻子的遗书中写道：“一定要为妈妈（指党）着想，万一我死了，你不仅为我孝敬她老人家，还要为我报仇。你要做个很孝敬很贤惠的人，对得起妈妈。”

1931 年 4 月 4 日下午 2 时，国民党山东临时军法会审判委员会作出了处决刘谦初、刘晓浦等 22 名共产党员的决定。这些共产党员分别是中共山东省委书记邓恩铭、中共山东省委书记刘谦初、中共山东临时省委书记吴丽实、中共山东省委秘书长雷晋笙、中共青岛市委宣传部部长郭隆真、中共青岛市委书记党维蓉、中共山东省委秘书长刘晓浦、中共山东临时省委秘书于清书、中共济南特支书记李敬铨、共青团山东省委书记宋占一、共青团山东省委书记刘一梦、中共青岛市委组织部部长朱霄、中共山东省委委员纪子瑞、中共山东省委工运特派员车锡贵、中共

“四五”烈士纪念碑

山东省委巡视员王凤岐、中共青岛市委常委孙守诚，以及孔庆嘉、任守钧、赵鸿功、王锡三、李华亭、陈德金。他们在狱中不屈不挠，革命信念坚定，曾多次组织越狱和绝食斗争。

4月5日晨6时整，21名[①]共产党员被押往纬八路侯家大院刑场执行枪决。牺牲的22名烈士中，年龄最大的41岁，最小的才20岁，平均年龄28岁。刘谦初牺牲时年仅34岁，刘晓浦28岁。消息传出，党员们都十分悲痛。济南的党组织一面发表宣言揭露国民党的罪行，一面通知烈士家属，并请省互济会派人来济收殓安葬烈士遗体。

烈士们牺牲的第二天下午，中共济南特支主要成员分组到刑场不远处向烈士遗体告别。据当事人回忆，烈士遗体纵横倒卧在草地上，流出的鲜血已干涸成赭色。他们有的怒睁双目，有的大张着口，由此可以想见，他们在临刑时是何等愤怒。目睹战友的遗容，虽然谁也不吭一声，但每个人心中都燃烧起一团熊熊的烈火。英雄生命虽逝，革命精神必将长存。

① 此前，郭隆真因在法庭高呼口号反对判决，已被押回狱内杀害。

扫一扫，听故事

济南特支，李敬铨恢复建立党组织

1928 年冬开始，由于国民党反动派的镇压和叛徒的出卖，中共山东省委、济南市委多次被破坏，济南的党、团组织损失惨重。1929 年 12 月 10 日，中央派吴丽实来济南建立中共山东临时省委。但仅两个月后，山东的党、团省委同时遭到破坏，济南的党、团组织出现真空。在一片白色恐怖之中，省委交通员李敬铨奉命回到济南，他不畏艰险，聚拢党员，逐渐恢复了济南的党组织，并组建了中共济南特别支部。

●●●

1930 年 3 月 12 日，中共中央和北方局派汤汝贤、任国桢来山东，在青岛恢复了中共山东临时省委。6 月，经中共中央批准，中共山东临时省委撤销，在青岛正式建立中共山东省委。1930 年 7 月，为恢复济南党的组织，中共山东省委派交通员李敬铨来济南恢复党组织，组建中共济南特别支部。

李敬铨，字子衡，又名李国栋，曾用名李敬泉、李镜栓、李英杰、李铨、李金泉等，原籍山东历城县（今历城区）鸭旺口村，1904 年出生于济

李敬铨（1904—1931）

南府学文庙西边的奎文街。李敬铨的父亲在他出生前几个月就病逝了，一家人生活贫困，全靠李母勤俭度日。母亲节衣缩食，用省下来的钱供他读书，李敬铨小学毕业后就读于济南师范讲习所。

1923年，李敬铨被招到大康纱厂做粗纱工师。大康纱厂是日本人在青岛开办的工厂，工人遭受着欺压和剥削。李敬铨等学生出身的工人，不堪忍受日本帝国主义的欺凌，酝酿着反抗斗争。第二年，20岁的李敬铨结识了中共青岛党组织负责人邓恩铭，并在其影响下参加了青岛大康纱厂工人运动。根据党的指示，李敬铨学习胶济铁路总工会的经验，积极在厂里工人中间开展组织活动。1925年3月，秘密组建的大康纱厂职工会成立，李敬铨被推为工会的负责干部，很快，工会发展到800余人。

工会的活动引起了日本厂方的注意。4月18日，日本警察趁工人上班之际，强行砸门撬锁搜查，掠去了工会的文件，逮捕了3名工会干部。青岛党组织立即召集大康纱厂的李敬铨等30余名工会干部开会，决定举行全厂大罢工，并即时成立罢工执行委员会，李敬铨被推举为罢工总指挥。4月20日，工人接到工会发布的罢工命令，立刻有秩序地组织起来，手持各种工具戒严，镇守于车间内外，全厂4000余名工人都加入了罢工斗争。罢工执行委员会召开了露天大会，李敬铨作为代表发表《大康纱厂全体工人泣告书》，列举厂主压榨工人的罪行，说明罢工工人的要求。

在大康纱厂罢工的影响下，青岛内外棉、隆兴、钟渊、富士、铃木等厂也都相继罢工，罢工队伍骤增至 1.8 万人。青岛日本纱厂工人联合罢工在全国引起强烈的反响，全国各地的罢工浪潮此起彼伏。

罢工期间，李敬铨、李春荣等工会代表与厂方进行了谈判。大康纱厂要付 9 个月薪资给李敬铨并欲将他逐出青岛，李敬铨不为金钱所动，坚持带领工人进行罢工斗争。经过 22 天的斗争，厂方被迫答应了改善工人待遇等 5 项条件，大罢工取得胜利。

5 月中旬，大康纱厂将李敬铨等 50 名工会代表开除。5 月下旬，李敬铨等人又领导工人举行了第二次罢工。5 月 29 日凌晨，山东督军张宗昌和胶澳督办温树德出动军警 2000 余人，包围大康、内外棉、隆兴 3 家日商纱厂的工会办事处和工人宿舍，对赤手空拳的工人进行血腥镇压，当场死亡 8 人，重伤 17 人，李敬铨等 75 人被捕，数百人被通缉，3000 多名工人被遣送回原籍，这就是震惊中外的“青岛惨案”，五卅运动的导火索之一。慑于压力，军阀当局于 7 月 1 日将李敬铨等 6 名工人代表释放。李敬铨于被释当日，由当时的中共山东省委委员王用章介绍，加入中国共产党。

1925 年秋，李敬铨被党组织派回原籍济南历城鸭旺口搞农民运动。李敬铨深入到贫苦农民中，宣传革命道理，揭露帝国主义的暴行，号召群众起来斗争。其活动范围，从鸭旺口扩展到四周的马家村、达子营、陈家圈、大王家庄等村庄。这年秋后，李敬铨又先后到青岛从事工人运动，赴鲁北指导农民运动，到淄博矿区领导工人运动。

1928 年秋，李敬铨被省委调回济南，担任中央交通员，经常赴天津、北平、上海等地传递党的机密文件。后来，他又协助省委当时的负责人丁君羊工作。省委办公地点就设在普利门外李敬铨的家里。当时李敬铨夫妻有5个子女，日子过得非常拮据。碰到省委在家中开会，李敬铨的妻子就把饭端给开会的同志。为了保证安全，她还经常主动担任放哨任务。

1929年，济南党组织遭到严重破坏。山东省委被破坏后，叛徒王用章曾找李敬铨到大明湖畔谈话，拉李敬铨投敌。在摆脱王用章的纠缠后，李敬铨立即向新组成的山东省委领导汇报，组织上马上采取了应急措施，组织部分同志撤离。此后不久，中共山东省委迁至青岛，李敬铨又回到鸭旺口。

1929年王复元死后，王用章继续带领“捕共队”疯狂地破坏党组织，捕杀共产党员。迫于日益严峻的形势，党组织将李敬铨调离济南去天津北方局工作。李敬铨在天津活动不久，又被北方局派回山东。不久之后，李敬铨又一次前往青岛，与已经迁到青岛的山东省委机关接上关系后，被留在省委工作，并任省委委员。后来，山东省委决定派他返回济南，组建济南特支。

1930年六七月间，李敬铨回到济南。此时，济南正处于一片白色恐怖之中，特务、便衣、“捕共队”遍布全城。李敬铨不畏艰险，日夜奔忙，经过近半年的努力，联系党员30余人，将济南北园乡村师范、鲁丰纱厂、电灯公司、津浦路机务段等单位的党组织恢复起来，并在极端困难的条件下，领导了鲁丰纱厂、电灯公司和津浦线工人反对资本家的斗争。

1931年元旦，李敬铨约地下党员王永周到津浦铁路济南大厂组建党支部。途经三大马路纬五路萃卖场门口时，迎面开来的一辆汽车突然刹车，叛徒王用章从车上跳下，将李敬铨逮捕。李敬铨面对敌人多次严刑拷打，十分坚定，没有暴露任何党的机密。敌人以每月80大洋的俸禄拉拢他，李敬铨不为所动。1931年4月5日，李敬铨和先期被捕的邓恩铭、

1984 年 4 月，李敬铨烈士墓迁建仪式

刘谦初等 22 人被国民党反动派杀害。李敬铨的遗体被悄悄领回，葬于与鸭旺口村相邻的西河北村。1984 年 4 月 1 日，又迁至现鸭旺口村东南角。

中共济南特支遭破坏后，济南党组织再次与省委失掉联系。1931 年 2 月下旬和 3 月初，省委先后派铁委书记彭湘等人来济南恢复党组织，由于大多数党员疏散隐蔽而未能取得联系。3 月上旬，胡允恭受中共山东省委委派，化名秦唯一来济南恢复党组织，于 3 月中旬重新建立了中共济南特别支部。随后，又建立了共青团济南特别支部。6 月初，在中共济南特别支部的基础上，建立了中共济南市委。

赴京请愿，唱响抗日救亡的青春之歌

扫一扫，听故事

1931 年 9 月 18 日，日本帝国主义发动突然袭击，并武装强占沈阳，九一八事变爆发。面对日本的侵略，蒋介石下令东北军队不许抵抗，几十万中国军队含恨退入关内，东北沦陷。全国各界人士无不痛心疾首，各地群众纷纷游行示威、罢工罢课、发表通电，强烈要求政府出兵抗日，一场群众性的抗日救国运动迅速在全国兴起。在此形势下，中共山东省委组织济南、青岛、曲阜、济宁等地学生到南京请愿。济南 14 所学校、2500 多名青年学生，怀着满腔热情南下，谱写了一曲青春之歌。

●●●

1931 年九一八事变爆发后，蒋介石于 9 月 22 日召开南京市国民党党员紧急大会，声称："必须上下一致，先以公理对强权，以和平对野蛮，忍痛含愤，暂取逆来顺受的态度，以待国际公理之判断。"要求一切必须服从中央，任何人不得自由活动。

与此反应不同的是，中共临时中央作出了《关于日本帝国主义强占满洲事变的决议》，号召全国人民武装起来抵抗日本帝国主义的侵略。

9月25日，中共山东省委下达了《鲁省委通告一号》，号召各级党组织建立反对日本帝国主义委员会，动员一切力量反对日本帝国主义的侵略。30日，中共山东省委又制定了反对日本帝国主义侵占东北三省的宣传大纲，号召工农兵及各界民主爱国人士一致行动起来，开展把日本帝国主义驱逐出东北三省、拯救民族危亡的斗争。

10月3日，济南市中等以上学校学生代表在省立高中召开联席会议，决定成立济南市各校国难后援会，通电全国，发表《告山东学生书》。济南各校学生纷纷组织学生军、民众义勇军、救国决死队、战地救护队等，要求政府发给枪支，进行军训。

此时，全国学生已纷纷行动起来。11月下旬至12月初，北平、天津、上海等城市的学生纷纷赴南京向国民政府请愿，要求政府立即出兵抗日。为响应平、津、沪学生的请愿活动，中共山东省委于11月下旬发出紧

济南各界在皇亭体育场举办“九一八国难纪念大会”

急指示，令济南、青岛、曲阜等地的党组织，分别发动学生，到南京进行请愿斗争。省委书记胡允恭由青岛赶赴济南，亲自领导这一运动。遵照省委指示，中共济南市委和团济南市特委以党、团力量较强的省立一乡师、省立高中、省立女师、省立女中和正谊中学等学校为发动的重点，争取掌握运动的主动权，赴京请愿的呼声很快传遍各校。

12月4日，省立高中学生率先集会，决议5日晨乘车赴南京请愿。12月5日晨，省立高中500余名学生自发组成的南下抗日请愿团首先到达津浦铁路济南车站，索要车辆南下。济南站接到铁路部的命令拒绝发车，学生们毅然卧轨截车，津浦铁路为此中断交通。各校陆续串联，纷纷向车站集中。

蒋介石于12月6日发电给山东省政府，劝告请愿学生，“望各安然归校，勿再跋涉”。国民党山东省政府主席韩复榘打电话给在车站的山东省教育厅厅长何思源、济南市市长闻承烈、济南市警备司令雷太平，要求：“6日晚12点前，南北交通均须恢复通车，并派兵保护车站办公处，有阻挠开车者从严惩办。”但学生没有理会，当晚便拦截了一列北来的客车。当晚9时，手枪旅二团团长吴化文奉韩复榘之命，带第二营士兵到车站维持秩序，恢复交通。车站职员也陆续到站，恢复工作。

这天晚上，省立高中的请愿学生仍冒雨露宿车站。省立第一师范、省立女师、省立一乡师、省立一中、省立女中、省立一职、省立二职及正谊中学、育英中学、爱美中学、齐鲁中学和齐鲁大学等12所学校学生代表，在车站大楼上召开联席会议，决议7日晨全体赴南京。同时成立济南市学生抗日救国委员会，领导全市学生的请愿运动，推选省立高中学生柴宗圣和省立一乡师学生张天民任正、副指挥。

12月7日，各校学生陆续冒雨赶到津浦路济南站，与省立高中学生汇合，加入南下请愿学生的洪流。时任中共山东省委书记的胡允恭回忆："那时，车站挤满了南下请愿的学生，加上各校留校生组织的宣传队、慰劳队，共有 4000 多人，声势十分浩大。"

随后，请愿团派代表赴省政府请愿，要求派车，允许学生赴南京。学生还派出 10 多个宣传队奔赴工厂、市区，宣传抗日，揭露日军侵略东北的暴行，诉说省政府和铁路当局阻挠学生南下，造成学生在车站冒雨露宿站台两日两夜的惨状，呼吁社会各界予以声援。学生的请愿活动赢得了社会各界广大群众的同情和支持，大家纷纷奔赴车站为学生送去食品，并鼓励学生坚持到底。

12 月 8 日晨，日本人控制的东鲁中学学生也冲破学校当局的阻拦，奔赴车站，加入请愿行列。至此，参与请愿的学校已达 14 所。当日晚，韩复榘迫于社会舆论和南北交通阻断的压力，无可奈何地下令给学生备车。晚 6 时 5 分，由济南各校学生 2500 余人组成的请愿团终于登车南下。

请愿专列是一趟 30 节的混编列车，加挂了部分没有座位、没有厕所、没有窗户的闷罐车。据请愿学生宋铮回忆："在火车上，我们又冷又渴，由于带的被子少，四五个人才能盖一床；由于水很少，同学们只拿小碗盛一点水轮流沾沾嘴皮。"沿途一些城市的民众很热情，据请愿学生董一博回忆："特别是徐州站，火车一停，学生队伍就有组织地列队欢迎，送上滚热的鸡蛋汤、单饼、馍馍和毛毯子。然后，唱着歌、喊着口号欢送开车。再往南的蚌埠车站等地，情况也与徐州站大致相同。"南京政府也派人上车慰问，但怀有抵触情绪的学生拒不接受。

在列车上，济南学生请愿团宣告成立。团部设委员 21 人，其中包括中共党员张天民、鹿省三、程铭汉、王鸿行等，下设交通、纠察、文书、宣传、交际、通讯等 6 个股，分 25 个大队，每个大队 100 多人。

经过一天两夜的旅行，12月10日午间，列车到达浦口站。国民政府派员前来讲话，企图瓦解学生斗志。10日下午，请愿团抵达南京，国民政府如临大敌，军警夹道站立，只留很窄的路让学生通过。南京中央大学学生代表迎接他们渡江到下关，然后步行到中央大学。当时，中央大学住满了北平、上海等地来的成千上万的学生，整座校园熙熙攘攘。

请愿学生到南京的第二天，省教育厅厅长何思源就带着济南部分学校的校长和训育主任来到南京，准备动员学生回校，瓦解请愿行动。请愿学生耿玉衡回忆道：学生们“马上派了一队学生军带上童子军棍，准备把这些校长和训育主任抓起来。这些人住在下关的旅馆里，他们得了信，没等学生军赶到就溜走了。学生军赶到下关旅馆的时候，这些校长和训育主任早已逃到浦口去了”。

12月12日上午11时，请愿团学生冒着风雪，列队到国民党中央政府请愿。国民政府参军长贺耀祖出面敷衍，学生不干。蒋介石又派邵力子出面应付，学生不从，坚持面见蒋介石。下午1时，蒋介石被迫出面接见学生，请愿团提出迅速出兵东北、放弃妥协外交等10项要求。学生不满蒋介石的答复，接见草草收场。蒋在这天的日记中称“几受侮辱”。12月13、14两日，济南学生把“请愿团”的袖标变成了“示威团”，连续到国民政府外交部、教育部示威。

12月15日，南京突然盛传日本代表正在国民党中央党部同国民党政府进行秘密谈判。学生被激怒了，聚集到国民党中央党部门前游行示威。特种教育委员会委员长蔡元培和京沪卫戍司令陈铭枢出来接见。学生们对二人的讲话不满，双方发生了争执。国民党出动军警，逮捕了10余名学生。

在南京的济南、北平、安徽、上海、南京、苏州、太仓等各地学生请愿团万余人联合起来，决定于12月18日举行总示威。后由于情况变化，总示威提前到17日举行。济南学生不知总示威提前举行，未能参加。总示威队伍走到国民党中央日报社门口时，与前来弹压的军警发生冲突，军警当场打死学生1人、重伤学生30余人、拘捕学生63人。此为震动一时的珍珠桥惨案。

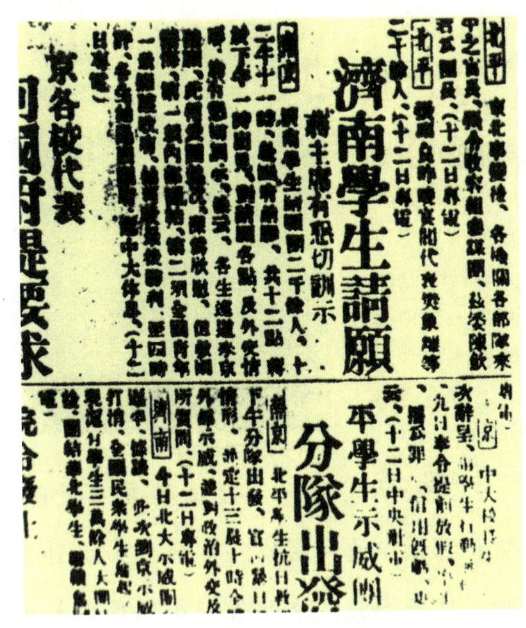
濟南學生請願
蔣主席有懇切訓示
京各校代表向國府提要求
平學生示威團分隊出發

1931年《申报》关于济南学生请愿的报道

随后，京沪卫戍司令部宣布南京全城戒严，随后又发布布告，勒令各地学生限期离京。12月18日晨，荷枪实弹的大批军警包围了请愿学生住所，迫令学生迅速离开南京。19日，济南请愿学生被军警武装押至津口，乘火车返回济南。

12月20日，济南学生回到济南，受到各学校在校教职员工、留校学生及工会代表的热烈欢迎。请愿学生回济后在车站向群众和记者发表慷慨演说：“向当局请愿已无意义，故决回济，尽力唤起民众运动，并普遍宣传抗日救国，此志此心，到底不懈！”

这次抗日救亡运动，参加人数之多、声势之大是空前的。这次请愿斗争，锻炼了济南各校的基层党、团组织的领导能力。受此感召，不少青年走上了革命道路。

五柳闸边，赵健民等共产党人重建济南市委

扫一扫，听故事

1933 年 2 月末，团省特委书记陈衡舟被捕叛党后，勾结敌人将省委书记任作民、团省特委代理书记孙善帅等省委、团省特委主要成员逮捕。时隔不久，临时省委组织部部长宋鸣时叛变投敌，省委、市委领导机关及在学校、工厂的基层组织遭到严重破坏，被捕的党员和积极分子达 300 多人。在失去上级党组织领导的情况下，济南共产党人秉持共产主义信念初心不改，坚持独立开展工作，努力恢复并发展组织，并重建市委，对济南党组织乃至全省党组织的恢复、建立、巩固和发展起到星火燎原的重大作用。

●●●

济南北郊小清河上有一处古老的河闸，名为五柳闸。1934 年 5 月的一天，几位年轻人聚在这里小声说着什么。当他们商议完毕匆匆散去时，中共济南市委已被重新建立起来。而在这之前，济南已很久没有市级党组织了，基层党组织与上级党组织完全失去联系。

20 世纪 30 年代初，济南的党组织遭到了血腥镇压，处于严重的白

五柳闸

色恐怖之中。1933 年，济南的党组织遭受严重破坏。这年初，团省特委书记陈衡舟在上海参加会议时被捕，旋即叛变。陈衡舟于 2 月下旬潜回济南，带领国民党特务破坏了团山东省特委和团济南市委机关。随后，又破坏了省委训练班和省委机关及省立一乡师、省立一师、省立高中、省立一中、齐鲁中学等济南基层党、团组织。省委书记任作民、组织部部长王仲和、团省特委代理书记孙善帅、团济南市委负责人刘特夫及省立一乡师支部负责人李敬先、韩维樒、吴保明等 20 余人被捕。3 月，中共山东临时省委成立，继续领导山东党的工作，中共中央驻北方代表派出刘泽如、宋澄来济南恢复山东的党、团工作。

7 月 2 日，中共山东临时省委组织部部长宋鸣时叛变投敌，中共山东临时省委、团山东省特委及各基层党组织再次被破坏。临时省委书记张北华、组织干事唐玉清、团省特委书记宋澄及蔡泽民、刘泽如等 20 余人被捕。8 月 18 日，国民党反动当局在济南泺口刑场枪杀了中共济南市委书记李春亭、青岛市委书记李伟仁、团山东省特委代理书记孙善帅等 9 名党的重要干部。

此时，只有临时省委宣传部部长曹金言与中央驻北方代表还保持着联系。10 月，临时省委印刷机关遭到破坏，曹金言被捕，山东及济南党组织与中央的联系完全中断。

敌人的疯狂屠杀使山东省、济南市及全省各地的党组织受到重大损失。中共山东省委、团山东省特委机关及许多县、市的党组织被打散，300 余名党、团员和积极分子被捕，仅存下来的少数党组织也与上级党组织失去了联系。济南的党、团组织多被摧垮，幸存下来的只有省立一乡师支部和新城兵工厂支部及个别党、团员。因当时济南市基层党组织由中共山东省委直接领导，没有市级组织，所以省委遭受破坏后幸存的基层组织处于分散状态。

宋鸣时叛变投敌后，国民党便衣特务在全市疯狂地搜查，并常以共产党嫌疑的罪名肆意抓人，团山东省特委组织部部长宋天民暂时转移到山东省立第一乡村师范学校。当时，省立一乡师及附近的新城兵工厂都有党支部。宋天民到省立一乡师后，白天躲在学校里，傍晚常出去打探消息，晚上则睡在菜地窝棚里。在中共山东省委、团省委均遭破坏，与党中央的关系在短期内无法恢复的情况下，宋天民决定回原籍山东省牟平县（今为牟平区），通过胶东党组织寻找与中央及北方代表的联系。

临行前，宋天民将济南基层党、团关系移交给学生党员赵健民。赵健民，山东冠县人，1932 年夏考入省立一乡师。同年 11 月，赵健民由其同学、党员姚仲明介绍加入了中国共产主义青年团，不久后便加入了中国共产党。当时，赵健民是济南北区巡视员，负责济南乡师、第一师范分校、新城兵工厂、鲁丰纱厂等处党的工作。宋天民指示赵健民要恢复发展党、团组织，同时积极寻找与中共中央及北方代表的关系，并把团省委的一架油印机留给了他。赵健民去按察司街裕鲁当铺当了两床被子，又把手头的钱都拿出来，凑了7元多路费，送宋天民去了黄台火车站。

赵健民（1912—2012）

赵健民与姚仲明、王文轩等人一道，先整顿了一乡师支部，又与新城兵工厂党支部取得联系，共同开展工作。他们以一乡师、新城兵工厂为基础，巩固和扩大全市的党组织，发动全体党员，通过同乡、同学、亲友等关系联络进步青年，逐步进行党组织的恢复和发展工作。在不到一年的时间里，他们联系、恢复和建立了省立一乡师党支部、新城兵工厂党支部、省立高中党支部、省立一师党支部、省立一中党支部、惠商职业学校党支部、育英中学党支部、正谊中学党支部、华北中学党支部等9个党支部。较大的党支部如一乡师党支部有党员20人左右，中等的党支部有党员10人左右，小的党支部有党员3至6人不等。在济南基层各支部及党员们的努力下，济南党员数量开始回升。1934年春，济南的共产党员数量约有70人。

由于济南的党组织被打散，一乡师党支部实际承担了领导全市党组织的重担。为更好地领导全市党的工作，1934 年 5 月初，中共济南乡师[①]支部书记赵健民、支部委员王文轩和新城兵工厂支部委员陈太平在小清河五柳闸召开会议，在与上级党组织失掉联系的情况下，自行组建了中共济南市委，赵健民任书记，陈太平任组织部部长，王文轩任宣传部部长，统一领导全市基层组织。

在恢复发展济南党组织的同时，中共济南市委发动全体党员，千方百计地与外地党组织取得联系，并在山东各地发展党员，建立组织，恢复全省党组织。至 1935 年夏，中共济南市委已恢复建立 10 余个支部，有党员 100 余名；中共莱芜县委领导党员 100 余名，并与新泰、淄博矿区的党组织建立了联系；中共鲁西特委领导党、团员 300 余名；鲁东地区的寿光、潍县党组织也恢复了；中共济南市委与鲁北的中共平原中心县委取得了联系。至 1936 年初，全省各地与中共济南市委有联系的党、团员有 500 余名。

济南党组织与中共中央长期失去联系，得不到上级的消息和指令，无法及时了解党的路线、方针、政策，济南共产党人忧心如焚。为尽快恢复与上级党组织的联系，中共济南市委发动党员利用各种关系，历尽千辛万苦，寻找与中共中央的联系。

1934 年夏，中共济南市委派徐运北去北平，试图通过进步学生寻找北平党组织的线索。冬，赵健民委托当时在北平工作的原济南乡师进步教师田佩之寻找与中共中央的联系，但均因党组织处于隐蔽工作状态而未能接上关系。1934 年秋和 1935 年春，赵健民两次去泰安，希望通过原济南乡师进步教师范明枢等人从隐居在普照寺的冯玉祥处得到中共中

① 自 1934 年 1 月起，山东省立第一乡村师范学校改称“山东省立济南乡村师范学校”，简称“济南乡师”。

央的消息。1935年初，全省师范学校学生举行反会考斗争时，赵健民、王文轩等到莱阳等地联络反会考有关事宜，通过胶东党组织寻找与中共中央的联系。莱芜党组织负责人刘仲莹、鹿省三等人3次去上海寻找。几次寻找均无结果。

中共济南市委重建纪念碑

1935年暑假过后，济南乡师学生党员郭崇豪从原籍濮县（今属范县）回校，向组织反映，濮县有共产党员在活动，并与河北省党组织有联系。赵健民随即让郭崇豪去信接洽。这年秋，他们终于接到濮县党组织的回信。赵健民骑着一辆自行车，骑行500余里，赶赴濮县徐庄（今范县古云镇徐庄村），在古云集小学见到了以教师身份做掩护的濮县县委书记王士希，随后又见到了直鲁豫边特委巡视员、濮阳中心县委书记王耀先（刘宴春）。赵健民介绍了山东党的情况，请求直鲁豫边特委帮助转告北方局，期望恢复党与山东的组织关系。不久后，中共河北省委代表、直鲁豫边特委书记黎玉到濮县徐庄蹲点。徐庄党支部向黎玉反映，有一位济南乡师的学生失去了组织关系，想见见他。黎玉随即答应下来。

赵健民回到济南3个月后，收到了濮县王士希的来信，信中用暗语写道："老掌柜已到，请速来洽谈一笔生意。"赵健民骑了两天的自行车，兴致勃勃地再次来到濮县。在徐庄，赵建民向黎玉作了详细汇报，讲述了中共山东地方组织恢复发展的经过，以及多次派人寻找上级党组织的情况。应黎玉要求，赵健民写了一份山东党组织情况报告，由黎玉代转北方局，报告中介绍了山东党组织恢复发展的经过，以及现在的组织状况。1936年初，黎玉回到直鲁豫边特委驻地磁县，将赵健民的情况转告给了河北省委。

与上级党组织失掉联系近3年的山东地方党组织，终于恢复了与上级的联系。中共济南市委也彻底摆脱了在黑暗中摸索前进的迷茫和无助，明确了前进的方向。

扫一扫，听故事

鹁鸽楼村，中共山东省工委在此成立

1933年以后，中共山东省委屡次遭到国民党反动派的重大破坏，山东党组织失去了统一的领导机构。此后近三年间，失掉上级领导的各地党组织，一边分头寻找上级党组织，一边积极发展党员和基层党组织。随着山东各地党组织的恢复和发展，亟须一个省级领导机构来统领全省的党、团活动。1935年11月，中共济南市委书记赵健民到莱芜，与莱芜党组织负责人刘仲莹等人商议，组成中共山东省工作委员会，恢复全省党的工作的统一领导，莱芜一度成为鲁中乃至全省党的活动中心。

●●●

济南市莱芜区牛泉镇鹁鸽楼村是一个偏远的山村，村中有一座青砖灰瓦的二层小楼，这里是中共山东省工委旧址，也是刘仲莹的故居。

1911年，刘仲莹出生在莱芜县鹁鸽楼村一个富裕家庭，其父在口镇经营钱庄。刘仲莹学习成绩优异，17岁考入济南的省立高中。在省立高中，刘仲莹阅读了许多马列主义理论书籍，结识了在省立高中任教的左联作家胡也频。在刘仲莹快要完成高中学业时，胡也频因有通共嫌疑被迫离

中共山东省工委旧址（刘仲莹故居）

校返回上海。刘仲莹毅然决然地放弃了即将到手的高中文凭，追随胡也频前往上海。刘仲莹到上海后，一边在复旦大学当旁听生，一边在闸北区从事革命活动。1930年底，在胡也频的介绍下，刘仲莹加入中国共产党。

1931年初春，刘仲莹从上海返回莱芜，着手建立和发展党组织。他先是在鹁鸽楼村等地发展党员，成立了党小组，后到县农民协会、县师范讲习所等处秘密发展党员。1931年底，刘仲莹与中共济南市委书记胡允恭和泰安特支书记曾宝瑛接上关系。经上级党组织同意，莱芜特别支部建立，刘仲莹任特支书记。中共莱芜特支成立后，通过领导改造国民党县农会和县师学生运动，又发展了一批共产党员。与此同时，一些在外地求学、谋生的中共党员如鹿省三、王培汉、刘伯戈等也先后返回莱芜，分别与刘仲莹建立了组织关系，充实了莱芜党组织的领导力量。

鹿省三，原名鹿效曾，化名孟哲、秋阳、季芳华、张守仁等，济南莱芜人。1929年秋，鹿省三考入济南正谊中学。1930年初，经张子健介绍，鹿省三加入中国共产党，踏上了为无产阶级革命事业而奋斗的征途。1931 年，正谊中学党支部成立后，鹿省三担任支部书记。鹿省三工作干练，善于团结群众，在校内受到进步师生的支持。他在正谊中学发展了程铭汉、柴宝忠、付怀伦、王福绎等为中共党员，发展了邵金榜、史功庸等为共青团员，吸收更多的进步学生建立反帝大同盟，成为党、团外围组织。

1932 年春节过后，正谊中学学生自治委员会常委鹿省三、程铭汉等人掀起罢免校长徐伯璞的运动。徐伯璞盛怒之下亲自书写布告，挂牌开除鹿省三、程铭汉、王福绎、王鸿儒、郑庆拙及一名李姓学生。离开正谊中学后，鹿省三在济南住了一段时间。这一时期，他多次往返于济南、莱芜之间，传达省委指示，上报莱芜情况。此时，中共莱芜特支已在莱芜各地建立 10 余个基层党支部，全县已发展党员 70 多名，成立中共莱芜县委的条件已经成熟。

刘仲莹（1911—1938）

鹿省三（1905—1938）

1932年初，刘仲莹、鹿省三、黄仲华、毕指南等13名党员在云台山北麓的和尚洞召开会议。会议由刘仲莹主持，中共山东省委特派员张天民传达了省委关于建立中共莱芜县委的决定，正式成立中共莱芜县委，归泰安中心县委领导，并选举刘仲莹任县委书记，黄仲华任组织委员，毕指南任宣传委员。

莱芜县委成立后，在积极发展各级党组织的同时，又建立了贫农团、雇工会、短工会、手工业会、妇女会等多个阶层的群众组织，密切了党与群众的联系，拓展了党的群众基础。随着党组织的发展和壮大，1933年春夏之交，刘仲莹着手建立莱芜县委的四个分区委：以鹁鸽楼、牛泉、西上庄等村为中心，成立第一分区委，由黄仲华兼书记；以城区和城南

云台山和尚洞

为中心，成立第二分区委，由刘伯戈兼书记；以鲁西镇为中心，成立第三分区委，由毕指南兼书记；以口镇为中心，成立第四分区委，由韩玉超任书记。短短两年时间，中共莱芜党组织从最初以鹁鸽楼、口镇为中心，逐渐覆盖整个莱芜。

1933 年，中共山东省委遭到破坏后，各地开始大肆抓捕共产党员，莱芜形势急剧恶化。7 月中旬，国民党捕共队直扑莱芜西部山区鹁鸽楼村。当时，刘仲莹等人正在鹁鸽楼小学听取工作汇报，捕共队进校后他们机智逃脱，党组织免遭破坏。7 月底，泰安中心县委书记裴荣印消极脱党，中心县委其他成员被追捕，党的工作陷于停顿。这年底，省委两次被破坏，唯一幸存的省委委员、原泰安中心县委书记曹福广，为搭救被宋鸣时逮捕的胞兄曹随之，主动向宋鸣时投案自首，带领捕共队在泰安搜捕共产党，彻底破坏了泰安中心县委，仅有个别党员在本地坚持斗争。至此，中共莱芜县委与上级党组织彻底失去联系。

1934 年 3 月 16 日，中共莱芜县委在汶河滩召开紧急会议，会议决定由刘仲莹南下上海、鹿省三北上北平，分头寻找上级党组织。1934 年 4 月，经在济南乡师上学的刘莱夫介绍，刘仲莹与济南市委书记赵健民在济南见面，济南党组织与莱芜党组织建立了联系。双方都与党中央没有联系，便商定一面各自独立发展，一面分头寻找中央关系。这时起至 1935 年秋，济南、莱芜两地的党组织先后派鹿省三、刘仲莹、徐运北、赵健民、林浩、王文轩等赴上海、北平等地寻找中共中央和北方局的关系。

为了筹集寻党的活动经费，刘仲莹卖掉了他家在口镇的最后一处产业，一家老小迁回鹁鸽楼村的老家居住。鹿省三牵走了家中的一头骡子准备卖掉，他的父亲无奈，只好带上 20 块大洋才把骡子换了回来。后来，鹿省三和父亲分家。分家后，他就把土地卖了一半，作为党组织的活动经费。

当时，党的工作都在秘密进行，外出找党无异于大海捞针，且非常容易暴露自己。1934年8月，南下寻党的刘仲莹抵达上海，冒着被反动军警层层盘查的危险，寻觅着党组织的线索。为了赚取活动费用，他还到工厂干苦力，在码头背麻袋。在上海寻党未果后，刘仲莹辗转回到济南，不幸又被国民党特务盯上，在省立图书馆被国民党特务逮捕，被关押20多天。后由国民党莱芜县党部常委尚立斋保释才得出狱，返回莱芜。

这年秋天，鹿省三到达北平。他在同学、同乡的帮助下，以电车工人的身份作掩护，四处寻找党组织，却没有任何结果。鹿省三又辗转到上海，打算进入苏区寻找党组织，仍没有成功。他只得返回山东。因为路费已花光，鹿省三一路边乞讨边沿着火车道往回走，千余里的道路，历经磨难，才回到莱芜。

1935年10月，代理中共莱芜县委书记刘伯戈，伙同县委委员周茂森到济南国民党山东省党部自首叛变。他们带领宋鸣时的捕共队，到莱芜大肆逮捕共产党员，使莱芜县党组织受到了前所未有的严重破坏。刘仲莹摆脱叛徒抓捕后，逃进云台山，方躲过此劫。鹿省三因到外地活动，未遭厄难。事后，他们继续暗中联系，整顿恢复了莱芜的党组织。

经过赵健民、刘仲莹、鹿省三等人艰苦卓绝的不懈努力，到1935年秋，济南、莱芜的党组织与淄博、泰安、鲁西等地的党组织相继建立了联系。此时，亟须建立一个领导全省的党的工作机构。

1935年11月，赵健民冒着寒风，骑行200余里来到鹁鸽楼村。此时，党的省级最高领导组织机构已经空缺了两年零五个月。赵健民代表济南市委提议，在尚未与中央取得联系的情况下，有必要成立一个机构，把各地党的力量集中起来，统一领导全省党的工作。赵健民在刘仲莹家住了十几天，与刘仲莹、黄仲华一起分析了当时山东革命的形势，商议成立中共山东省工作委员会代行省委职责的细节。推选刘仲莹任书记，赵健民任组织部部长，鹿省三任宣传部部长，黄仲华任农民部部长，于一川、陈太平为委员。因为当时济南敌人力量比较强大，省委屡遭破坏，他们就将山东省工委驻地设在党员人数多、群众基础好的莱芜。

半年后，中共山东省委成立，山东省工委亦完成了它的历史使命。

此后，刘仲莹离开莱芜前往鲁西北特委，担任特委书记，领导莘县、朝城、观城、范县、濮县等 23 个县的党的工作。1938 年，刘仲莹因肝病逝世，年仅 27 岁。鹿省三后来担任中共鲁东工委书记，组织领导了鲁东地区的抗日武装起义，建立八路军鲁东游击第七支队。1938 年，鹿省三被混入部队内的敌对分子枪杀，年仅 33 岁。

黎玉赴济，重建中共山东省委

扫一扫，听故事

1935年1月，中共中央在遵义召开了政治局扩大会议，结束了王明“左”倾冒险主义在党内的统治，确立了毛泽东在党和红军中的领导地位。这年年底，中共中央派刘少奇到华北，重建遭受严重破坏的华北各地党组织。1936年4月，中共北方局派黎玉到山东恢复与重建山东地方党组织。黎玉来到济南后，一边加紧恢复失联的党员，一边派遣党员到各地重建党组织。随后，中共山东省委重建，结束了山东各地方党组织独立斗争的艰难局面。

●●●

1936年4月下旬，黎玉带着北方局的委托，骑着朋友送的一辆破自行车，经邯郸、成安、大名、濮县，一路沿黄河大堤奔向济南，踏上了重建中共山东省委的征程。

5月1日，黎玉和赵健民、林浩三个人，在济南四里山下的一个小树林里召开会议。黎玉传达了中共中央北方局重建山东省委的决定和中共中央关于建立抗日民族统一战线的方针政策，分析了山东地方党组织当前的关系，总结了济南乡师党组织能够坚持下来的经验。最后决定立即成立中共山东省委，由黎玉任书记，赵健民任组织部部长兼济南市委书记，林浩任宣传部部长。为缩小目标，他们对外以山东工委的名义活动，一般不发布文件，有组织决定一律口头传达。

黎玉（1906—1986）

黎玉，又名李兴唐，山西崞县（今原平市）人。1925 年五卅惨案发生后，黎玉在崞县中学组织领导学生上街游行，下乡宣传，积极参加反帝爱国活动。1926 年 7 月，中共崞县中学地下党支部建立。黎玉于这年 9 月经刘保粹、冯汉瑛介绍加入中国共产党。1929 年，黎玉考入北平大学法政学院，几经周折，终于被中共法政学院党支部接受了组织关系。

1930 年 10 月至 1931 年初，黎玉任中共北平市委市政工作委员会书记、职工部部长。后任中共天津市委代理书记、中共河北省石家庄中心县委书记、直中特委书记。1933 年春，任中共唐山市委书记，负责重建被破坏的唐山党组织。1934 年初，参与领导了开滦五矿总同盟 3 万余人反帝大罢工。后任中共河北省委直中、直南巡视员，直南特委书记，冀鲁豫边特委书记，1936 年被派往山东。

黎玉来到济南后，化名冯寄雨，以教书先生身份为掩护，借住在上新街甲 3 号一户张姓人家里。张家有一个儿子名叫张金铎，张金铎的好友武中奇经常到张家来玩，一来二去便认识了这位名叫冯寄雨的教员。

武中奇，1907 年出生于济南长清崮山镇一个清贫的农民家庭。黎玉知多见广，武中奇常与哥哥武迹沧、弟弟武思平来这里，听冯寄雨讲革命道理。很快，武中奇成为山东省委地下交通员，并于 1936 年入党。因为武中奇一家的职业、住址更便于掩护，黎玉便搬进了南关曹家巷 11 号武中奇家，省委机关也随之设在这里。

武中奇的大哥武迹沧，原名武钟渝，后化名武竹平，从 20 世纪 30 年代中期就开始从事党的地下工作，并加入中国共产党。他以银行职员身份为掩护，担任省委的地下交通员，多次为省委收集传递重要情报。1936 年下半年，冀南党的领导人张霖之从河北来，他秘密安排张住在正觉寺街三元宫警察署对门的一位同事家的房子里，保证了他的安全。在

中共山东省委活动旧址（曹家巷 11 号）

白色恐怖下，他冒着生命危险多次掩护黎玉、林浩等省委负责人。

武中奇的弟弟武思平，又名武中岱。1926年，武思平因生活所迫在高密县旧政府当兵。1932年，在抗日同盟军十三师任副营长，后弃伍赋闲。同年，他在济南认识了孟兆谦，开始参加革命活动。1936年2月，经省委书记黎玉介绍，加入了中国共产党。黎玉与武思平住在同一间屋子里，交情甚深。1936年7月，武思平说要去西安，请武中奇帮忙借一本《福尔摩斯大侦探》，以作途中消遣。武中奇当时不知道的是，武思平已担任政治交通员，他此去是奉省委书记黎玉的指示，经转西安去往延安向党中央汇报山东省委工作。临行前，武思平把中共山东省委向党中央的报告，用淀粉水抄录在《福尔摩斯大侦探》一书中，到延安后用碘酒一擦，字就能显出来。武思平坐火车到达西安后，经董必武、叶剑英安排，秘密由西安到了延安。1937年4月，组织上送武思平进入抗日军政大学学习。7月，因抗日形势紧张和工作需要，未等结业，党组织又将武思平派回济南，继续担任山东省委至延安党中央的政治交通员。武思平化装成商人，多次往返于济南、延安。

武中奇的母亲名叫王桂英，她支持儿子武迹沧、武中奇、武思平从事党的工作。王桂英见黎玉为革命整天早出晚归，便对黎玉照顾有加。当时，省委领导赵健民、姚仲明等经常到她家开会。每当省委秘密开会或找黎玉联络工作，王桂英都很警觉地把门帘放下，自己到外面以做针线、洗衣服、择菜等为掩护，暗中站岗放哨。每当有革命同志被捕，她都千方百计地协助营救。

1936年9月，黎玉要到北方局汇报工作。考虑到黎玉的安全，武中奇找到铁路上的朋友张子健、张述奇帮忙。张子健是列车长，专跑济南至北平这趟车。黎玉坐上了张子健工作的那节车厢，顺利到达天津北方局。此后，黎玉多次外出，大都是靠武中奇协助，才得以安全到达目的地。对于在武家的这段经历，黎玉后来回忆道："我通过武氏兄弟一家这些关系，又交了四五个朋友，有银行的职员，有省政府财政厅和市政府的届员或小职员，如博亚平同志等，这些朋友都非常可靠，他们掩护过省委的人。如林浩、张霖之同志都受到他们的掩护。省委依靠这些朋友的关系开会，接头、出出进进比较安全顺利。"

1936 年 7 月，中共济南乡师支部成员姚仲明在全福庄小学被捕，为防止意外，中共山东省委书记黎玉和组织部部长兼济南市委书记赵健民暂到肥城县（今为肥城市）民众教育馆玉皇山实验区隐蔽。中共济南市委书记改由省委宣传部部长林浩兼任，李敬岩、杨涤生、白子明和赵铭新等为委员。9 月初，黎玉和赵健民从肥城返回济南，安排好省委工作后，黎玉赴中共中央北方局汇报工作。

9 月 27 日，在叛徒房春荣的指认下，赵健民于铜元局后街被捕。赵健民在特务队和军法处拘留所等处多次遭受严刑拷问，叛徒宋鸣时对他软硬兼施、威逼利诱，始终一无所获。最后，赵健民被转入山东省高等法院济南看守所。在看守所，经赵健民提议，建立狱内党支部，赵健民任书记，姚仲明任宣传委员，理琪任组织委员。党支部组织领导了多种形式的对敌斗争。1936 年 11 月下旬，绥远抗战爆发的消息传到狱内，共产党员在赵健民等人的领导下，开展了援绥募捐和要求改善狱中生活条件的斗争。

黎玉等省委同志对赵健民非常关心，一面积极营救，一面派武中奇前往看守所探望。看守所所长王仲诺原是韩复榘的侍卫队长，武中奇在菏泽训练总监部与他共事过，两人关系还不错。武中奇来到看守所找到了王仲诺，说赵健民是张老太太的侄子，是个学生，因为搞抗日活动被捕了，张老太太放心不下，托他来看望一下。王仲诺一口答应，命人将武中奇带到赵健民的监房门口，武中奇将10元钱和一些点心交给赵健民。又隔了一段时间，天气变冷了，黎玉让武中奇再次看望赵健民，以送被子为由，将密信藏于被角送入看守所，并转告赵健民，组织已经在设法营救，叫他耐心等待，不要急躁。

由于来省委机关联系工作的人比较多，为安全考虑，黎玉准备另设一个联络点。此时，正好正觉寺街东头路南的一家小磨香油店刚刚歇业，武家与店主熟悉，就把香油坊盘了下来，取名“开源油店”。根据黎玉的安排，武中奇的父亲武世俊当上了油店掌柜。店开业后，由于香油质量好、价格便宜，生意很是兴隆。在开源油店的掩护下，山东省委成功在济南建立了秘密联络点。来找黎玉或省委其他领导人接头联系工作的同志都要先到开源油店找“武掌柜”，一些重要信息、会议精神都是这样传递的。1937年7月，黎玉赴延安参加苏区代表会议和白区工作会议回来后，也是通过开源油店的武世俊通知地下交通员，再由各地的地下交通员通知参加会议的人到会，传达会议精神。

1937年7月，抗日战争全面爆发，形势逐渐紧张，省委决定留下开源油店这个秘密联络点，省委机关则退出济南迁至泰安。因革命需要，组织上决定把武中奇的大哥武迹沧留下，收集敌人的情报，筹措抗日经费，再通过开源油店送往泰安。以开源油店为掩护，武迹沧冒着生命危险积极收集敌人情报，筹措抗日物资，接待联络工作人员，日夜操劳。然后，武世俊再派人把情报与经费、物资送往泰安省委机关。抗日战争开始后，开源油店仍经营了一段时间，后来武家被抄，油店才被迫关闭。

在黎玉等人的努力下，仅用一年多的时间，山东地区党组织就得到了很好的恢复和发展。截至1937年6月底，济南的中共基层支部就有济南乡师、新城兵工厂、济南师范、济南高中、育英中学、济南女子师范、济南市立中学、济南初级中学、华北中学、惠商职业学校等支部，全市共有党员 150 余名。在中共山东省委的领导下，山东大部分地区的基层党组织均得到进一步恢复、巩固和发展，为迎接抗日高潮的到来，做了很好的思想准备和组织准备。

第三章 抗日救亡

扫一扫，听故事

一致对外，推动建立山东抗日民族统一战线

1931年，日本侵占中国东北后，中国共产党为建立以国共合作为基础的抗日民族统一战线进行了长期不懈的努力。1937年9月22日，国民党中央通讯社发表《中共中央为公布国共合作宣言》。23日，蒋介石发表实际上承认共产党合法地位的谈话。中共中央的宣言和蒋介石谈话的发表，宣告国共两党重新合作和中国抗日民族统一战线的形成。在这期间，济南成为山东抗日救亡运动的中心。许多优秀的共产党员，如彭雪枫、张经武、张友渔来到山东，积极推动全省抗日民族统一战线的建立。

●●●

1936年6月，中共山东省委发表《为抗日救国，反对华北五省“自治”宣言》，揭露日本军国主义的狼子野心和汉奸亲日派的卖国罪行，抨击国民党政府“攘外必先安内”的反动政策，提出“在此抗日则生、不抗日则亡的紧急关头，只有中国共产党中央委员会所主张的组织各党各军各界建成广泛的抗日民族统一战线，组成国防政府与抗日联军，才是救国家救民族的唯一正确的主张”。《宣言》发出，引起社会各界强烈反响。

1936年12月12日，发生了西安事变。蒋介石被迫作出“停止剿共，联红抗日”的承诺。西安事变后，中共山东省委加强了对国民党山东省政府主席兼第三路军总指挥韩复榘及其部下的争取和联络工作。党组织发展了炮兵第二营司书朱晦生为中共党员，争取了第二十师炮兵团团长周遂时、机械处处长杨仲卿，第二十二师团副吴清江，手枪旅第一团第一营营长等30多名中下级军官。

1937年5月，中共中央派北方局华北联络局书记彭雪枫来济南做韩复榘及其部属的统战工作。

彭雪枫，原名彭修道，河南镇平人。1926年9月，进入北京汇文中学读书，同年加入中国共产党。1928年9月，考入北平民国大学文学系，后因经济无援而辍学。1930年2月到上海中央军委工作。5月被派到苏区，1934年10月参加中央红军长征。历任军委第一野战纵队一梯队队长、红三军团五师师长、陕甘支队第二纵队司令员、红一军团四师政治委员。1936年秋，彭雪枫被党中央任命为中共中央北方局华北联络局书记，奔赴山西、北平等地，向这些地方的地下党组织传达中共中央关于建立抗日民族统一战线和开展敌后抗日游击战争的战略方针等指示，并调查华北地区日军、伪军和国民党驻军的政治军事动态。

1936年5月底，彭雪枫通过北平市委联系上了做地下工作的原育德学校的同学，从同学处得知同窗好友张维翰在聊城工作，于是马上写信请张维翰到北平见面。当时，张维翰在聊城任山东省第六专区督察专员、保安司令范筑先的秘书。张维翰到北平后，与彭雪枫在东交民巷的一个旅馆里见了面，他向彭雪枫介绍了原育德中学同学陈占云、冯惊涛、高谊之等人在韩复榘第三路军中任中下级军官，同时在共产党员朱晦生的带领下搞兵运工作的情况。

彭雪枫（左）与张维翰（右）合影

朱晦生，字善初，陕西朝邑（今属大荔县）平罗朱村人。1927 年 7 月加入中国共产党。渭华起义失败后，他失掉组织联系，来到山东，改名晦生，在国民党第三路军第二十师任司书。1936 年 6 月，朱晦生升任该师高炮团书记官。通过陈占云介绍，他结识了在山东省财政厅工作的王志远。此后，朱晦生通过王志远联络到了由彭雪枫组建的育德同学会会员，并以他们为骨干，秘密建立了以“非抗日无以图存，非联共无以抗日”为宗旨的抗日救亡团体，取名“志宏坚拔”。经过王志远、陈占云、路庭训等人的积极联络，组织迅速壮大。后来，该组织改名为“知行学会”。经过不懈努力，第三路军中有六七十名中下级军官团结在他们周围。

1937 年 6 月 7 日，彭雪枫与张维翰乘火车到达济南，住在王志远家中。当天晚上，王志远将知行学会的情况以及他们在第三路军中所做的兵运工作向彭雪枫作了汇报。彭雪枫邀集朱晦生、王志远、陈占云、路庭训、冯惊涛、高谊之等 10 余人，在王志远家开了一个座谈会。彭雪枫充分肯定了知行学会的活动，介绍了共产党目前的方针政策和国内外的政治形势，传达了中共中央关于建立抗日民族统一战线的指示精神。他要求以知行学会的形式继续“团结、争取第三路军中的进步分子，发展壮大抗日力量”，并以此为骨干，大力发展党的组织，同时，还要派一部分人去聊城，协助范筑先专员建立鲁西北抗日根据地。会后，知行学会根据彭雪枫的讲话精神，把学会宗旨中的“非联共无以抗日”改为“非拥共无以抗日”。从此，该会积极配合党组织，开展对韩复榘及其部下的统战工作。

彭雪枫还在历下亭与朱晦生、王志远、张维翰等人开会，筹划了以知行学会为基础、秘密在第三路军中发展党组织的计划。他嘱托王志远安心工作，利用这里的有利条件，同朱晦生共同搞好知行学会，以收将来里应外合之效。6月11日，彭雪枫与张维翰一同乘汽车奔赴聊城。

1937年7月7日夜，日本侵略军在北平西南的宛平城和卢沟桥附近，突然向中国驻军发起进攻，中国官兵奋起抗击，同侵略军展开决死战斗，卢沟桥事变爆发。日本军国主义发动了全面侵华战争，中华民族全面抗战从此开始。

在卢沟桥事变第二天，中国共产党通电全国，高举抗日旗帜，号召“全中国同胞、政府，与军队，团结起来，筑成民族统一战线的坚固长城，抵抗日寇的侵略！”“国共两党亲密合作抵抗日寇的新进攻！”在全国抗日救亡运动迅猛高涨的情况下，蒋介石于7月17日在庐山发表谈话，表示了准备抗日的决心。8月13日，日军大举进攻上海，把战火从华北烧到华东。国民党当局在国共谈判中才表现出较大的合作愿望，国共两党达成了将在陕甘宁地区的红军主力改编为国民革命军第八路军等协议。22日，中共中央在陕北洛川召开政治局扩大会议，通过了《抗日救国十大纲领》，提出了全面抗战的正确路线。25日，中共中央军委发布命令，宣布红军改编为国民革命军第八路军（9月改称第十八集团军）。9月22日，国民党政府正式发表《中共中央为公布国共合作宣言》。23日，蒋介石发表实际上承认中国共产党的合法地位的谈话。至此，以国共合作为主体的抗日民族统一战线正式形成。

早在1937年7月15日，中共中央就曾发出指示，要求各地党组织立即派出适当人员，同各界广泛接洽，组织抗日统一战线。济南地区共产党员遵照中央和省委的指示，改变了土地革命战争时期秘密工作的方式，重新和国民党统治区的各界人士进行广泛接触，组织和领导群众抗日救亡运动，积极推进全省抗日民族统一战线的形成与发展。为推动山东地区的国共合作，中共中央派张经武来到济南。

张经武，又名张仁山，湖南省酃县（今炎陵县）人。1930年加入中国共产党。1931年冬进入中央苏区，先后担任红军学校营长、军委军事教导团团长、军委直辖教导师师长、军委纵队参谋长等职。红军长征时，张经武在保卫党中央的机关——教导师任师长。1936年，他遵照毛泽东的指示，以红军代表的身份会晤了国民党第二十九军军长、河北省主席宋哲元，通过做工作，使其接受了中共“枪口对外、联合抗日”的主张。1938年12月，八路军山东纵队成立，张经武担任总指挥。

张经武（1906—1971）

随后，中共中央北方局派张友渔来济南，与中共山东省委共同开展对韩复榘的统战工作。为了更好地开展统战工作，北方局决定成立中共山东联络局，任命张友渔为书记。

张友渔，山西灵石人，1927年加入中国共产党。受党派遣，1930年、1932年和1934年，三次东渡日本求学和从事革命活动。回国前后，先后担任天津《京津泰晤士报》总编辑、北平《世界日报》总主笔，并任燕京大学、中国大学、民国大学、中法大学、北平大学法商学院教授，讲授宪法学、劳动法学、新闻学和日本问题。同时在党的领导下从事文化统战工作，创办《世界论坛》杂志和《时代文化》杂志。抗日战争胜利后，张友渔还曾任中共代表团顾问，参加国共谈判。

在张经武、张友渔和中共山东省委的努力下，共产党与韩复榘达成了三项协议：释放被关押的“政治犯”，成立第三路军政训处，开办第三路军政治工作人员训练班。三项协议的实施标志着抗日民族统一战线在山东正式形成。1937年9月至11月间，国民党山东政府先后释放了前中共山东省工委和省委负责人张晔、李林、赵健民、张北华、程照轩等约400名中共党员干部。

在济南共产党人对山东抗日民族统一战线的形成作出积极贡献的同时，济南民众的抗日救国情绪也在日益高涨，中共济南地方组织在抗日烽火中发展壮大。

扫一扫，听故事

脱下长衫，共产党员到游击队去

抗日战争全面爆发后，中共山东省委根据中共中央在敌后开展游击战争的方针以及中共中央北方局提出的“每个优秀的共产党员脱下长衫，到游击队去”的号召，派出400多名党员骨干前往泰西、鲁中、鲁东南、胶东等地，帮助当地发展党组织，加强对起义工作的领导。一时间，全省各地均爆发了抗日武装起义，抗日烽火燃遍齐鲁大地。抗战初期，济南走出去的共产党人为恢复建立各地党组织、发动抗日武装起义、创建敌后抗日根据地发挥了极其重要的作用。

●●●

抗日战争全面爆发后，中共中央指示山东党组织，除了要极力争取国民党抗战外，还要迅速动员组织人民群众，建立抗日民族统一战线，积极开展游击战争，创建抗日根据地，把坚持山东抗战的责任独立自主地担当起来。1937年7月中旬，中共山东省委书记黎玉召集会议，传达党的苏区代表会议和白区工作会议精神，研究部署山东的抗战工作，决定组织抗日游击队，发展抗日救国民众团体，并编发不定期刊物《齐鲁

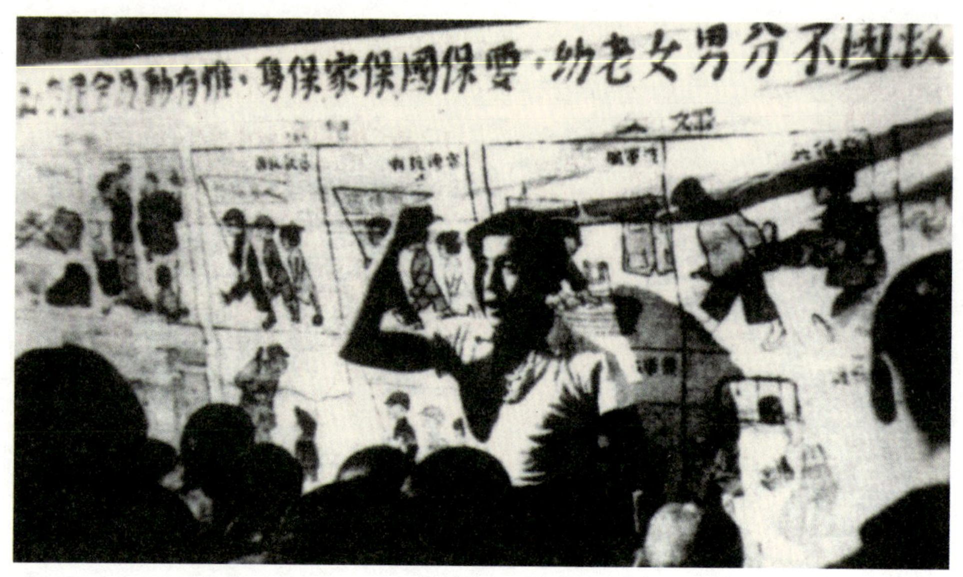

1936 年，爱国学生在街头宣传抗日

文化》，加强抗日宣传。在省委的统一领导下，抗日救亡运动的高潮迅速掀起。一时间，济南成为山东抗日救亡运动的中心。

9 月 25 日，毛泽东致电周恩来并转刘少奇、杨尚昆、朱瑞，指出“整个华北工作，应以游击战争为唯一方向”，“发动全华北党（包括山东在内）动员群众，收编散兵散枪，普遍地但是有计划地组成游击队”。9 月下旬，中共北方局在太原召开山西、河北、山东、绥远等省省委和山西、河北省部分特委及八路军驻太原办事处负责人会议。会议号召“每个优秀的共产党员脱下长衫，到游击队去”。中共山东省委结合山东的实际情况，不失时机地制定了发动抗日武装起义和组织抗日武装的“十条纲领”：“要保卫山东，就要组织山东抗日游击队，共产党员应当模范地脱下长衫到游击队去，每个党员都要发动群众参加或组织队伍；以‘抗日游击队’或‘山东人民抗日救国军’的名义，号召广大群众来参加这个部队；团结一切不愿做亡国奴的人们起来参加部队，扩大抗日民族统一战线；部队组织发动的时间要适当掌握，不能过早，也不能过迟，最好是在韩复榘退却逃跑、日寇正要打进来的时候；接收溃兵的武器，同时也要用说服的方式来动员枪支，号召‘有枪出枪’‘有钱出钱’；部队组织起来后，必须积极地向敌人开展斗争，提高群众对部队的认识；部队组织发动后，必须建立政治工作，要建立党的组织，保证党的领导；部队给养，最初可以实行政治动员募集、没收汉奸财产来充实抗日经费，号召‘有粮出粮’；部队要有严格的政治纪律，实行‘三大纪律、八项注意’，必须做到秋毫无犯；部队组织起来后，必须帮助群众建立抗日民主政权。”

9 月 30 日，沿津浦线南下的日军矶谷廉介第十师团一部占领冀鲁交界的桑园火车站，战火烧到山东的大门口。10 月 2 日，第三集团军第四八六团夜袭桑园火车站，与日军千余人激战 4 小时，一度完全控制了火车站。10 月 3 日，日军绕道桑园包围德州，全力攻城，飞机、大炮狂轰滥炸，德州守军第八十一师二四三旅四八五团奋力反击。4 日，城陷，第四八五团官兵全体为国捐躯，日军也遭受重大伤亡。10 日，日军两次空袭济阳城，炸死炸伤 10 余人，炸毁民房数十间。此后，第三集团军在黄河以北之津浦线上与日军鏖战，历经徒骇河之战、津浦线反击战、临邑之战等战役，伤亡惨重。

在日军大举进犯之际，10 月上旬，中共山东省委在济南召开紧急会议，传达洛川会议精神。根据中共中央洛川会议提出的“在敌后放手发动群众，开展独立自主的游击战争”的要求和北方局的号召，省委在《纲领》基础上，又制定了分区域发动抗日武装起义的计划，部署各地党组织，抓住日军入侵立足未稳，国民党军队、政府溃逃之机，发动群众不失时机地举行抗日武装起义，开辟敌后战场。同时，派中共中央和北方局调来的干部及刚从狱中释放出来的共产党员，作为军事领导骨干到各地组织武装起义。一时间，在济南的共产党人全部动员起来，参与到筹备武装抗日起义的工作中。

根据与韩复榘达成的协议，在共产党人的帮助下，第三路军政治人员训练班于10月1日正式开学，韩复榘任主任，余心清任副主任，共产党员黄松龄任教务长，进步人士齐燕铭、陈北鸥等任教员，共产党员张友渔、许德瑗任教官。政治教育完全由共产党员负责，讲授的基本是延安抗日军政大学的教学内容。培训结束后，学员们陆续被派往德州、聊城、惠民、临清等地，从事敌后抗日宣传和组织发动抗日武装斗争工作，大部分人成为山东抗日武装斗争的骨干力量。政治训练班创办有《救国导报》，报道抗日消息，宣传抗日民族统一战线政策。至济南沦陷，训练班共举办了3期，培训学员1500余人。

在中共山东省委的领导下，以平津流亡学生为主的中华民族解放先锋队山东省队部[①]组织了声势浩大的抗日宣传活动，印刷了《脱下长衫，拿起枪杆，坚持敌后抗日游击战争》等宣传材料，发至各地民先组织，发动青年参与武装抗日，并创办《齐鲁先锋》，在《山东国民日报》创办《冲锋号》副刊，宣传共产党的抗日民族统一战线政策，还动员学生参加抗日救亡工作，举办报告会、座谈会、讨论会等，对学生进行政治形势教育。至济南沦陷前，平津流亡学生大部分去往南京，一部分去往太原，不少民先队员参加了国民党第三路军政训班，100多名进步青年参加了同情抗日的石友三部队。留在山东的民先队员则在创建山东抗日

① 中华民族解放先锋队（简称“民先”）成立于1936年2月，中华民族解放先锋队山东省队部成立于1937年9月下旬。在取消共青团之后，普遍建立青年救国会之前，中华民族解放先锋队是一个带有过渡性质的青年组织，在共产党的领导下，广泛地团结一切不愿做亡国奴的青年，开展了多种形式的抗日救亡运动。

中华民族解放先锋队鲁西北总队部在聊城组织群众抗日游行

根据地中发挥了重要作用。

济南地区广泛深入的抗日救亡运动，激发了山东人民抗日救亡的热情，锻炼了骨干和积极分子，为实现全面抗战做了大量准备工作。就在此时，日军已沿津浦路南下进入山东，直逼济南而来。

11 月 13 日，日军乘百余辆汽车、装甲车向济阳扑来。下午 4 点，日军又从商河调来 30 余辆汽车、装甲车。日军将济阳城内 1800 多名壮丁和 200 多名逃难百姓逼出西门，赶进设好的伏击圈里，然后用机枪疯狂扫射，残忍杀害。不到半小时，2000 余众，百不存一。11 月 14 日，日军侵占禹城。第三集团军急速退守黄河南岸，并于 15 日炸毁黄河铁桥，以迟滞日军的进攻。日军迅速攻至黄河北岸，占领济南的北部门户——鹊山。鹊山村 136 名村民惨死在日寇刀枪之下。

11 月中旬，根据形势的发展，中共山东省委由济南转移到泰安，中共济南市委随省委撤到泰安后即行撤销。济南的大批共产党员及被长期关押在济南国民党监狱中、抗战初期获释的大批党的重要干部响应“脱下长衫，到游击队去”的号召，分赴全省各地，传达省委指示，恢复和发展党的组织，并与各地党组织共同发动和领导抗日武装起义。

11月16日到12月23日，第三集团军撤守黄河南岸以后，与敌对峙一个月零一周。12月22日夜开始，日军强渡黄河，从东、北两个方向进攻济南。12月23日，日军矶谷廉介第十师团两万余人兵分两路，自齐河与济阳渡过黄河包抄济南。26日，日军自泺口渡过黄河。27日，日军炮轰济南竟夜。凌晨，国民政府第三集团军第十二军孙桐萱所部奉韩复榘令撤出济南，不战南逃。日军占领济南城，济南沦陷。

12月27日，中共山东省委和济南市委在泰安城南篦子店召开紧急会议，决定在徂徕山发动抗日武装起义。

1938年1月1日，省委机关、泰安县委、泰安民众自卫团，以及平津、济南流亡学生和民先队员160余人奔赴徂徕山，在山北面的大寺举行抗日武装起义誓师大会，宣布成立八路军山东抗日游击队第四支队。洪涛任司令员，省委书记黎玉任政委，林浩任政治部主任。第四支队在斗争中不断壮大，短短一个多月的时间，部队就发展到近千人，迅速扩编为7个中队，成为山东抗日战场上的主力军。

此后，脱下长衫的共产党员们又先后发动了冀鲁边、鲁西北、天福山、黑铁山、鲁东、徂徕山、莒县、泰西、鲁南、湖西等10余次重大的抗日武装起义，在全省各地开辟了抗日游击根据地。

扫一扫，听故事

铁血锄奸，热血青年舍生取义

铁血锄奸团，是抗日战争期间由民间爱国志士自发组成的抗日组织。铁血锄奸团的组织分布于全国各地，上海、扬州及山东等地均有组织成员。汉奸卖国贼听到这个名字，无不闻风丧胆。1938年夏，山东的一群热血青年自发组建了抗日铁血锄奸救国团，在济南、青岛等地执行清除汉奸的任务。他们冒着生命危险，威慑伪鲁北道道尹①成逸庵，行刺伪教育厅厅长郝书暄，刺杀伪高院院长张超骥，枪击伪山东省省长唐仰杜，令日伪汉奸惶惶不可终日。

●●●

济南沦陷后，日本华北支那派遣军第十二军进驻济南。济南成为日本侵略者在山东政治、军事、经济统治的中心，是日伪在华北重点控制和重兵驻守的城市。

为了推行“以华治华”政策，日本统治者选用汉奸出面建立维持会

① 道尹，民国时期官名，大致相当于后来的地区专员。当时全省划分为鲁东、鲁西、鲁南、鲁北4个道公署和济南、烟台2个市公署，鲁北道道尹驻德州。

伪山东省公署

等伪组织。1938 年元旦，济南治安维持会成立，马良为会长，朱桂山、成逸庵为副会长。维持会代行政府职权，直属于伪中华民国临时政府，听命于日本军部济南特务机关长中野英光大佐指挥，警察局接受日军济南警备司令部及宪兵队的指挥。3 月 5 日，伪山东省公署（1943 年 8 月改称“山东省政府”）和伪济南市公署成立，马良任伪省长，朱桂山任伪市长。伪山东省公署直属于伪中华民国临时政府，为山东全省日伪统治区最高行政机关。

就在伪山东省政权开始运作，马良等汉奸就任伪职后不久，济南及外地来济南寻找工作的毕复生、李景禹、赵敬之、潘炳玉、于文甲、曹梅村等一群热血青年，自发组建了山东抗日铁血锄奸救国团（简称“锄奸团”）。流亡鲁南的国民党山东省政府主席沈鸿烈闻讯召见了负责人毕复生、李景禹，给予鼓励、资助，并委任毕复生为济南地区锄奸团主任。锄奸团陆续发展至100多人，开展了大规模的惩治汉奸活动，通过锄奸来打击日寇。

1939年5月的一天夜里，毕复生、李景禹、康有三、梁鸣一等锄奸团骨干化装潜入伪鲁北道道尹公署。道尹成逸庵曾任国民政府青岛市警察厅厅长，1937年12月走上汉奸之路，先是出任济南维持会副会长，1938年3月又出任伪鲁北道道尹。锄奸团一行人挟持了成逸庵，命他辞掉汉奸职务，并交出赃款作为抗日活动经费。成逸庵受此惊吓，随即称病辞去伪职，回到济南任红十字会副会长直至日本投降。

毕复生，名宗畿，字复生，山东淄川县（今属临淄区）人，早年就读于济南正谊中学，毕业后考入山东省立第一师范。他昔日的老师郝书暄曾任山东省立第三中学、山东省立第二师范的校长，他仇视和反对中国共产党，威吓驱逐进步师生。郝书暄还是济南一贯道教仁坛的坛主，以点传师的身份发展道徒，编写反动书册进行欺骗宣传。抗日战争爆发后，经伪省长马良推荐，他投靠日军，于1938年5月代理伪教育厅厅长。他在学校推行奴化教育，竭力宣扬日中亲善、东亚共荣，为人所憎恨。郝书暄还利用他一贯道坛主的身份，把山东各地道坛作为他的情报站，破坏抗日活动。

有一天，毕复生与王一湖以拜见老师为名，闯入郝书暄的卧室行刺。郝书暄大声呼救，引来警卫。毕复生中弹负伤逃出，王一湖被抓至日本宪兵队，受尽酷刑后壮烈牺牲。郝书暄逃过一劫，于当年11月正式就任伪教育厅厅长，1942年10月又出任伪济南道道尹。日本投降后，郝书暄以汉奸罪被逮捕入狱，羁押数月后在狱中服毒自杀。

1939 年，伪山东高等法院成立，锄奸团成员范奇成为伪高等法院书记官。伪法院院长张超骥经常迫害抗日志士、无辜同胞，罪大恶极，迅速被锄奸团列为锄奸对象。范奇利用工作之便，将李景禹、王夷民带进张超骥家中。当张超骥走进客厅时，李景禹一刀将张刺成重伤。警卫闻讯一拥而入，与锄奸团成员展开搏斗。三人夺路而逃，李景禹、王夷民顺利逃走，范奇爬墙时被击中，在日本宪兵队受尽酷刑而死。

伪山东省省长唐仰杜是铁杆汉奸，先后任国民政府山东省财政厅科长、山东统税局秘书主任、山东省市政厅总办、省参议会参议员等职。日军侵占济南后，他丧失民族气节，出任伪山东省公署财政厅厅长。当时的伪山东省省长马良虽然忠心为日军效劳，但仍不为日军所满意，当省长不及半年，日军就想将其撤掉代之以更合适的人选。1939 年 2 月 1 日，唐仰杜继马良之后任伪山东省省长。在任伪省长期间，唐仰杜积极为日本军国主义侵华组建伪军和各级伪政权，筹组新民会山东省总会，并任会长。他先后成立警备研究会、警官训练所等机构，组建警备队、保安队、自卫团等，并兼任山东省警备总队队长、山东省剿共委员会会长、山东省保安司令等职，配合日军在山东省境内开展了 5 次“治安强化运动”，“清剿”“扫荡”上百次，死心塌地地为日本军国主义侵华政策效劳。唐仰杜强化了伪政权的统治，很快被锄奸团列入锄奸名单。

1940 年 11 月，锄奸团获悉唐仰杜将在伪省公署接待华北日军指挥官，决定趁机进行刺杀。锄奸团成员李景禹、卢化西利用从日商那里劫来的大烟，买通了伪省公署专员潘兴福和常驻济南的伪嘉祥县县长周某，弄到了两枚省公署人员佩戴的证章，先后六次进入省公署侦察地形。

行刺当日，李景禹、卢化西身穿西装，戴上假胡须，化装成参加会

1939年4月6日，唐仰杜（中左侧穿长袍大褂者）等一众汉奸与山东日军特务机关长河野悦次郎（唐右侧）等日本侵略者

议的日本要员，乘坐租来的汽车进入伪省公署。他们来到集会厅后，伺机掏出手枪向唐仰杜射击，但未射中。卢化西又扔出一颗手榴弹，手榴弹因受潮没有爆炸，现场乱成一团。二人趁乱从后院西北角越墙而出，院外负责接应的刘百川早已备好自行车，二人骑上车子，飞驰而去。卢化西逃到估衣市街其族叔开设的德聚昌成衣店，换上便衣逃出济南。

唐仰杜侥幸未死。日本投降后，唐仰杜被国民党北平行营督察处以汉奸罪拘捕，后解送南京高等法院审理。1949年后，被山东省高级人民法院判处死刑，1951年4月29日在济南被枪毙。

除了刺杀活动外，锄奸团还暗杀只身外出的日军，并组织参与爆破铁路、军事仓库的抗日活动。

济南锄奸团的秘密据点设在芙蓉街潘炳玉开的一家服装店内，此处距离西北侧的伪山东省公署及南侧的日本城内宪兵队非常近。潘炳玉有位好友叫颜果夫，在日伪同盟社担任报务员。因锄奸团团部离日伪特务机构较近，不便设立电台，潘炳玉就请他代收发密电、传递情报。颜果夫欣然应允，并加入了锄奸团，截获了许多有价值的情报。

锄奸团的频繁活动引起了日伪统治者的高度重视，他们开始全城搜捕。芙蓉街服装店人员进进出出，很快就引起了怀疑。在一次突然搜查中，日本宪兵队在店内抄出了锄奸团花名册，4 名成员当即被捕，店主潘炳玉侥幸逃走。日本宪兵队根据花名册展开抓捕，100 余名成员相继被捕，济南地区和青岛地区主要负责人毕复生、李景禹都被抓获。

锄奸团遭到严重破坏后，梁鸣一继任主任，赵敬之任副主任。后来，梁鸣一、赵敬之、潘炳玉、张芹香等锄奸团成员分别在益都、济南等地被捕。此后，锄奸团活动无以为继，渐至销声匿迹。

扫一扫，听故事

石峪寺中，
章丘第一支抗日武装成立

七七事变后，面对国民党、蒋介石的“不抵抗”政策，日军如入无人之境，长驱直入，成千上万的无辜百姓惨遭杀戮。随着平津的失守，战火很快烧到山东。1937 年 10 月，日寇的铁蹄踏进德州，12 月底，日军攻陷济南。忠义山东，自古有名；首府济南，勇于争锋。在民族危亡的生死关头，济南民众在中国共产党的领导下，不怕牺牲，奋起抗争，英勇杀敌，抗日的熊熊烈火在济南周边越烧越旺。1938 年 2 月，章丘人民在三山峪村北山腰的石峪寺举行起义，章丘人民抗日救国军宣告成立。

●●●

说到章丘的抗日，离不开一座山——长白山。

长白山是济南、淄博和滨州三市的天然分界线，山南侧是济南的章丘，山北侧是滨州的邹平，山东侧是淄博的周村。长白山是道教名山，据说因山巅常有白云缭绕而得名。长白山山势险峻，重峦叠嶂，绵延数十公里。由于此山是华北大平原南来所遇第一高峰，又与泰山山脉遥相呼应，晋代葛洪称之为“泰山副岳”，遂名传天下。抗日战争时期，长白山更是一座英雄之山。山北的邹平出了“一马三司令”马耀南兄弟，山南的三山峪村被誉为“章丘的井冈山”，抗日烽火由此点燃。

在长白山脉的最高峰——摩诃山南麓的半山腰上，有一座建于明朝永乐年间的石峪寺，章丘第一支抗日武装——章丘人民抗日救国军就诞生在这里。这支武装的诞生，离不开一对挚友——李曼村和宋怡翔（后改名为宋乐生）。

李曼村，章丘普集万山村人；宋乐生，章丘普集祖营坞村人。两村相距不到两公里，两人年龄相仿、志趣相合，自小便是好友，上学后都爱看进步书籍，接受了革命思想启蒙，对时局怀有深切的兴亡之责。七七事变后，日军令人发指的暴行随着战火迅速蔓延，国家存亡只在一线。时年20岁正在普集天尊院小学当教师的李曼村，找到在普集小学当老师的好友宋乐生，及同为爱国志士的方子成、张洪超等人秘密商议，反复寻求出路。他们决心誓死抗敌，并联诗一首以明志：“国破家何在，城陷焉安身？中华热血儿，岂惧东洋人。”他们分头秘密联络失学失业的同学同人、进步教师、退伍军人和失业回乡的工人，动员他们参加抗日救亡运动。随着队伍的

李曼村（1917—1996）

不断扩充，通过秘密集会学习中国共产党通电发表的《抗日救国十大纲领》和有关抗日救亡的进步书刊后，他们决心成立组织，加强抗日领导。

1937年12月，李曼村、宋乐生、方子成、张洪超等人在祖营坞村宋乐生家中秘密开会，成立了章丘人民抗日救国会，积极准备武装抗日活动。组织成立后，他们继续发动群众。1938年1月，李曼村、宋乐生等人又分别到万山、祖营坞、龙华、三山峪等村联络抗日进步力量，动员各村群众，号召乡亲们有人出人，有钱出钱，有枪出枪，脱下长衫，上山打游击，抗击日寇。就这样，很快组织起抗日积极分子60余人。为便于隐蔽和机动，队伍暂时到石峪寺下的三山峪村分散活动，等待时机，发动起义。

正当他们在为如何起义、起义后何去何从而踌躇难定的时候，消息传来，中国共产党领导的山东人民抗日救国军第五军进入长白山区，在山对面的长山县（现已撤销，属邹平）一带开展活动。一刹那，如乌云现日，如迷雾见光，得知消息的李曼村、宋乐生连夜翻山赶到长山县由家河滩村打听游击队驻地。一位名叫王子明的游击队侦察员仔细盘查了他们的来意后，把他们直接带到了司令部。廖容标、马耀南等热情接待了他们，令人惊喜的是，李曼村在济南乡师读书时的同学姚仲明也是当时参加接见的游击队领导之一。游击队领导听了他们的情况后，在大力鼓励和肯定的基础上，一点一滴地教他们下一步如何去做。共产党的鼓励和教导，犹如一盏明灯，让他们在漫漫长夜中找到了前行的目标。

为策应李曼村等人的行动，1938年2月8日，廖容标率部分兵力前进到万山村，驻扎在净土寺。当晚，廖司令组织召开村民大会，宣讲党的抗日民族统一战线方针和政策，发动群众抗战，之后，游击队将押解来的汉奸——长山县维持会会长李胜玺枪毙在万山村北头。这一行动对群众的影响很大，更加坚定了当地群众抗日救国的信心和决心，对章丘抗日武装的建立起了很大的促进作用。

在三山峪村等待时机的李曼村、宋乐生、方子成、张洪超等人，听到万山村传来的消息后，认为武装起义的条件已经成熟，便决定在三山峪村北山腰的石峪寺举行起义。1938 年 2 月 16 日晚，李曼村带领陈明英、张元楷等 7 人到达石峪寺。第二天，宋乐生、方子成、张洪超、张聘三等带领 50 余人到达石峪寺。部队集结后，章丘人民抗日救国军宣告成立，李曼村任司令，顿时，寂静的山村响彻“打倒日本帝国主义”“抗战必胜，日本必败”的口号声。

章丘人民抗日救国军成立后，战士分头到各村，一面宣讲抗日救国

章丘第一支抗日武装成立旧址——石峪寺

的道理，一面搜集武器。各村劳苦大众也积极拥护抗日救国军，主动为部队送枪、筹粮、筹款，队伍不断壮大。1938 年 4 月，政治条件、军事素质已基本成熟的章丘人民抗日救国军加入廖容标的第五军，改编为六支队二十一中队，李曼村任中队长，仍在章丘一带活动。6 月上旬，二十一中队奉命调往邹平，随第五军一并被改编为八路军山东人民抗日游击队第三支队，二十一中队被改编为支队特务营第三连，直属司令部领导。从此，二十一中队离开章丘，开始奋战在邹平、长山、桓台、淄川、博山等地，他们英勇杀敌，屡建奇功，最终迎来了抗战的胜利。

旗帜就是方向，旗帜就是力量。有了第一支抗日武装，就会有第二支、第三支……就在章丘第一支抗日武装浴血奋战之时，长白山西端的梭庄一带，又有一支抗日武装力量点燃了抗日的烽火。

梭庄，据清康熙《章丘县志》记载："去邑十里而近，有梭山焉，山形如梭，民依山成村曰'梭庄'。"在长白山的佑护下，自唐以后，梭庄人才辈出，尤其到了明末清初，已璀璨一方，村中大姓李氏更有"满门三代五进士、七举人、四秀才、八庠生"之赞誉。如此水土，养育的儿女自然不会甘当亡国奴。在村里当石匠的刘鸣岐和在县教育局当督察员的刘雨辰决心抗击日军，保卫家乡。他们分别利用走村串巷打石头的机会和四处督察教学的便利，在梭庄、郝庄、王庄、窦家辛庄、姜家套、孙家庄、李三官庄、蔡庄等十几个村庄积极宣传抗日救国，秘密动员群众拿起武器抗击日本侵略者。

1938 年 3 月的一天早晨，刘鸣岐、刘雨辰带领本村的几个青年在梭庄的戏台前集合。随后，窦家辛庄的窦传森和王庄的冯玉昌、冯玉恭、孙维东、孙立昌、王恩喜也来到梭庄，蔡庄的高守礼也偕十几人和四五支枪到达。随即，章丘抗日民众义勇军成立，刘鸣岐任队长，"打鬼子、保家乡”的口号声穿透了整个村子。

由于对敌斗争经验不足，加之当地国民党土顽打压排挤，义勇军危机四伏，处境艰难。这时，回家乡梭庄养伤的地下党员韩兆杰，利用同乡关系，积极指导刘鸣岐、刘雨辰进行抗日工作，并帮他们与廖容标领导的第五军建立了联系。于是，这支队伍也走进了长白山，汇入了党领导的革命洪流。后来，这支队伍被第五军收编为六支队二十三中队，刘鸣岐任队长。整编后的二十三中队随六支队一直奋战在一线，在章丘党的历史上谱写了光辉的一页。不幸的是，1939 年 6 月，刘鸣岐在邹平刘家井对日作战中壮烈牺牲。

山上旌旗在望，山下鼓角相闻。在章丘愈燃愈旺的革命烈火中，以教书为掩护的地下党员王心崇，在历城任家庄（今属章丘区）一带积极活动，加快了发展队伍的步伐。1938 年初，王心崇在任家庄介绍苏道智、方振宝加入中国共产党，后又在武家庄、刘家庄发展尹天佑、刘化忠入党。经过一段时间的紧张筹备，王心崇组织起一支有 70 余人、50 余支枪的抗日队伍，宣布武装起义，这是章丘的第三支抗日武装。这支队伍很快就加入到革命大家庭中，成为第五军直属三十七中队。

如今，长白山顶山风猎猎，峰峦如聚，松涛如诉，似乎在向后人讲述：曾经有一群爱国儿郎，在这里走向光明，迎来新生。

扫一扫，听故事

大峰山下，
抗日武装击毙日军少将

随着正面战场的失利，共产党创建的敌后根据地开始独当一面，最终成为抗日的重要战场。敌后根据地的建立和发展，为中国革命保存和扩大了力量，增强了中国人民抵抗侵略的信心，为抗战的胜利奠定了基础，也给后来的新中国建设积累了政治、经济经验。长清开辟的大峰山抗日根据地就是其中的佼佼者。长清军民在党的领导下创造了济南抗战史上一个又一个传奇，其中最著名的当数“三个一”：建立一个党支部、开辟一个根据地、击毙一个日军少将。

●●●

今长清区归德街道办事处阎楼村，是济南第一个县级党支部的诞生地。村子中央小广场西侧有一个小院子，这座院子有三间正房、两间东偏房，都是石头房，正房门口东侧有一个地窖，入口很小，虽有台阶，但下地窖比较困难。地窖为穹窿型，大约 7 平方米，顶和四壁均用石头砌成，最高处约有 2 米。窖顶上垂下几根铁丝，下端弯成了圆圈，这是挂馍篮子用的，可以防止老鼠啃咬。地窖南面和北面石壁上各有一个方

大峰山峰云观建筑群，抗日战争时期中共长清县委曾在峰云观无极殿二楼办公

形的石孔，是放灯烛用的。当年，长清第一个党支部就在这座地窖中成立。

长清党支部的创始人魏金三是阎楼村人。魏金三出生于1913年，又名魏晋，初中毕业后先后在城北匡李庄、河西索庄当小学老师。1936年初，魏金三考入济南警察学校，在校学习期间接触到校内外许多进步青年和共产党员。1936年下半年，魏金三加入济南抗日救国会。1937年初，他和几位青年共同发起成立抗日救亡团体“文化友联社”，宣传中国共产党的抗日主张，揭露国民党镇压抗日救亡运动的罪行。1937年4月，魏金三加入中国共产党。不久，他于警察学校结业，被编入专门进行反共活动的侦缉队。上级党组织经过研究，决定让他在侦缉队长期隐蔽，密切注意敌情，及时向党组织汇报，以保护党组织的安全。七七事变后，魏金三曾多次回到长清指导抗日救亡工作。1937年12月30日，日军攻占长清，根据上级指示，魏金三等共产党员把长清的抗日活动中心由县城转移到阎楼村。

1938年1月初，魏金三、万晓塘等在村里一户村民家的地窖内举行会议，成立了中共长清临时支部。2月，长清党支部在马湾举行抗日武装起义，公开打出了长清县抗日游击队的旗帜。不久，这支游击队被编入山东西区（泰山西部地区）人民抗敌自卫团第四大队，魏金三任三中队队长。6月，中共长清县委建立，魏金三任县委委员，不久接任县委书记，并兼任长清独立营政委兼军事委员，领导大峰山革命根据地的抗日游击战争，粉碎了日伪军的多次“扫荡”。1939年11月，泰西地委召开会议，肯定了长清县党的建设、武装斗争和执行抗日民族统一战线的工作，授予长清“抗日模范县”称号。1942年9月27日，日伪军数千人对以张秋镇古柳村一带为中心的第八军分区驻地进行“铁壁合围”，魏金三在掩护部队机关及群众的突围战中负伤，因流血过多于9月30日牺牲，年仅29岁。现在，阎楼村中央的小广场即以烈士的别名命名为“魏晋广场”，永志怀念。

大峰山位于长清、平阴、肥城三地交界处，因山势围合，三面峭立，顶峰高而大，故得名大峰山。为便于隐蔽和机动，1938年5月初，王晋亭、袁振、汪毅（延安派来的干部）、李文甫、徐麟村等带领抗敌自卫团的第四、十一、十七大队进驻大峰山区，开始了大峰山抗日根据地的创建。

险要的山势、绵延的群峰和茂盛的植被，给游击队提供了进退裕如的良好环境。但部队初到大峰山地区并不顺利：一方面，群众有误解，粮食和物资无来源；另一方面，处在敌人重兵占据的省会济南近郊，坚持斗争困难重重。为了加强对党政军干部的培养训练，部队选派部分人员到八路军一二九师东进纵队开办的抗日军政干部训练班学习。训练班结业后，参训人员返回大峰山根据地，成为抗日斗争的领导骨干。1938年8月初，大峰山独立营伏击日军一部，毙伤日军90余人，首战告捷，打出了威望。10月，长清成立了半政权性质的民众抗日动员委员会（简称“动委会”），张耀南任主任。在上级领导下，动委会积极动员组织各阶层人士参加抗战，同时在乡村筹备建立青年、妇女、农民、工人等群众组织，并组织和发展乡、村自卫队。1938 年底，大峰山抗日根据地初步建立，同泰（安）肥（城）山区、平（阴）（东）阿山区的抗日根据地相呼应，是泰西抗日根据地的重要组成部分。

南黄崖村是大峰山根据地党政领导指挥中心和武装力量驻扎中心之一，从这个村走上革命道路及在这个村从事过革命斗争的先辈们，仅革命英烈和英雄民兵就有 180 余人，26 人成为我党我军高级干部。1938 年 11 月，在村里一座石头房四合院里成立的八路军山东纵队第六支队（新中国成立后改编为解放军第十三集团军一四九师），掀开了泰西抗战史上光辉的一页。1941 年 9 月 13 日，大峰山独立营在南黄崖用机枪击落一架日军战机，创造了军史奇迹。1949 年解放南京冲进总统府的 26 位勇士中，有 16 位是大峰山抗战时期参军的战士。

大峰山抗日根据地处在敌占大城市济南的西南前沿，日军一直将其视为眼中钉，频繁出动兵力进行“扫荡”。自 1939 年春季之后，八路军山东纵队第五支队、一一五师东进支队先后进驻长清。魏金三率领的县独立营升级为八路军山东纵队第六支队三营后，也常在县内活动，主力部队和区、乡、村自卫队，自上而下组成了强大的抗日武装力量，运用游击战争的战略战术，灵活机动，出奇制胜，巧妙地打击日伪军。

1941 年 3 月至 1942 年 12 月，日军在华北地区对中国共产党领导的敌后抗日根据地连续进行了 5 次“治安强化运动”，对抗日军民实行残暴的“三光”政策和军事、政治、经济、文化“总力战”，妄图缩小、摧毁抗日根据地，消灭抗日力量。敌后抗日战争进入最困难的时期。1941 年上半年起，日伪开始集结大量兵力对大峰山抗日根据地进行大规模“扫荡”，全县党政军民英勇顽强地进行了反“扫荡”斗争。

中华民国三十年七月十九日 星期六 第一版

DAZHUNG RNBAO

大众日报

中华民国二十八年一月一日创刊 第二七五期

今日一大张 零售一角 每月六角

各地分社 分处 派销处 经售

只有主力军的扩大巩固才能夺取抗战胜利！

动员与教育广大群众爱护主力军 严格重视动员逃亡战士归队 切实优待抗属 正确安置残废军人与抚恤牺牲战士家属等工作来发展巩固主力军

社论 爱护主力军

本报紧要启事

展开建设巩固根据地热潮

全省民众热烈拥戴中共山东分局十项号召

省各救总会致函山东分局 愿与党政军各界共同努力

泰西游击队以寡胜众 击毙敌少将大尉各一

朱彭总副司令特电嘉奖

“得道者多助失道者寡助”

中苏人民密切团结 东西策应消灭法西强盗

省中苏文协等十一团体电苏联政府人民恳切致意

德国削弱即日本孤立 打击日本即打击德国

头可断血可流志不可屈 十八勇士威名显扬

八路军光荣传统 抗战军人模范表率

泰山区地方武装战斗再战斗 敌寇坐队不安

《大众日报》1941 年 7 月 19 日一版《泰西游击队以寡胜众 击毙敌少将大尉各一》

1941年5月下旬，驻长清县城及潘店、津浦铁路沿线日伪军800余人，在日军独立第六混成旅少将旅团长土屋兵驻的指挥下，对长清县黄河西部地区进行“扫荡”。6月25日，十区队移驻十里雾村时，被土屋兵驻率部包围。十区队采取麻雀战术袭扰敌人，经激烈战斗，日军死伤数人，土屋兵驻被击毙。他是长清抗战史上被我军击毙的日军最高指挥官，是山东抗日战场上被击毙的4名日本将军之一，也是最早被击毙的一个将级军官，更是唯一被县级抗日武装击毙的日军将官。

朱德、彭德怀获悉后，特地对十区队予以通令嘉奖。《解放日报》《大众日报》也分别报道了这一消息。

抗战反击，两支游击队一度攻入济南

济南沦陷后，中国共产党领导人民先后在全省各地举行了武装起义，组成了一支又一支抗日游击武装部队。1938 年 8 月 13 日，中国民众抗日义勇军与八路军山东人民抗日游击队第三支队数千人，在没有正规部队参战的情况下，发起济南攻击战，同装备精良的日本侵略军在济南激战三昼夜，歼灭日军 500 余人、伪军 500 余人，使津浦、胶济铁路陷于瘫痪状态，日军的补给运输受到严重影响。此战是八年全面抗战中，中国军队唯一一次打进济南市区，开创了抗日战争初期地方游击部队攻打大城市的先例，虽鲜为人知，却意义重大。

●●●

《新华日报》1938 年 8 月 15 日头版刊登了一则题为《我游击队攻入济南》的报道："（中央社讯）消息，我方游击队某部两大队，于十二日[①]拂晓攻入济南。敌方兵力甚薄，戒备松懈，未几即攻入东南两门。

① 结合其他资料，此处报道有误，实为 13 日。

旋与敌发生激烈巷战，嗣以敌拨兵增多，我游击队乃安全撤至城外。当时敌未敢出城再战，敌死伤极多，恐慌异常。”由于国民党山东省政府主席韩复榘消极抗日，日军不费吹灰之力占领了济南城。不到 1 年后，两支武装起义的地方游击队率军攻入济南城，一雪前耻。

1938 年 6 月中旬，武汉会战开始。8 月初，为配合保卫武汉，武汉行营电令国民党第六十九军军长、第十军团司令石友三，于“八一三”上海抗战纪念日，集中力量发动进攻，全国抗日军民应一体实行总动员；责令第十军团所部，袭击济南驻守之敌，破坏境内铁路交通，制止日军南下增援。

石友三是西北军冯玉祥的部下，与蒋介石矛盾很大。1938 年 7 月，石友三率 3 个正规师进驻新泰、蒙阴一带，奉命留在敌后进行游击战。为保存实力，他转而与中国共产党合作。接到电令后，石友三来到聊城，同国民党山东省第六行政公署督查专员、鲁西北抗日游击总司令部司令范筑先召开了一次联合军事会议。在会上，石友三并不想派出自己的正规军参与行动，而是推荐孟昭进领导的中国民众抗日义勇军（六十九军先遣第二梯队）担任攻击任务。会后，范筑先立刻在其本部进行了相关战斗部署，而石友三只是给孟昭进发去一封电报，就不再理会。

8 月 8 日，石友三以第十军团司令部的名义向济南附近及铁路沿线的抗日武装下达命令。孟昭进领导的中国民众抗日义勇军与马耀南领导的八路军山东人民抗日游击队第三支队，由东线向济南进攻，同时完成破坏胶济线由周村至龙山一线铁路、桥梁之任务，孟昭进任东线战地总指挥。各部于 8 月 13 日拂晓前，一同发起攻击。

孟昭进，山东省邹平市魏桥镇麻姑堂村人。齐东第一高小毕业后，考入济南正谊中学。半年后，转入山东省立第一中学。1925 年考入冯玉祥创办的西北陆军干部学校，毕业后曾任西北军第五军排长、连长、参谋团副，中央军二十四师营长、十三路军独立团团长、十五路军总部参谋处处长，宁夏保安司令部参谋长及国民党南京军事委员会咨议参谋等职。1937年11月，孟昭进回到家乡组织抗日队伍。1938年1月，与老同学、共产党员王次方在麻姑堂村召开会议，成立中国民众抗日义勇军，孟昭进被推举为总司令，王次方被推举为政治部主任。义勇军成立不久就攻占了日伪军盘踞的齐东、青城等几座县城，扩大了抗日声势。到1938年5月，义勇军发展到1万余人，是当时山东最大的一支地方抗日武装力量。孟昭进拥护共产党的统一战线政策，与马耀南率领的八路军山东人民抗日游击第三支队关系密切。

马耀南，原名马方晟，山东省长山县（今属周村）人，曾就读于山东省立第一中学，与孟昭进同一个年级，马耀南在一班，孟昭进在二班。七七事变后，任长山中学校长的马耀南经共产党员林一山介绍，加入了

孟昭进（1904—1985）

马耀南（1902—1939）

共产党领导的中华民族解放先锋队。1937 年 10 月初，马耀南到济南找到民先组织的领导者孙传文，表达了愿意尽一切力量在长山中学师生中发动组织抗日力量的决心，并邀请党组织派遣有斗争经验的人去领导。中共省委派姚仲明、廖容标、赵明新等人前往长山，并在长山中学建立了特别党小组。

1937 年 12 月 26 日，长山中学 60 多名师生前往黑铁山西麓太平庄举行抗日武装起义，宣布成立山东抗日救国军第五军，廖容标任司令员，姚仲明任政委，马耀南任参谋长，赵明新任政治部主任。此后，起义部队克邹平、攻长山、打周村，震慑日伪敌人。至 1938 年 4 月，第五军扩大到 7 个支队，共 5000 人之众。1938 年 6 月 16 日，第五军和李人凤指挥的三大队被整编为八路军山东人民抗日游击第三支队，辖第七、八、九团和一个营。马耀南任司令员，霍士廉任政委，杨国夫任副司令员，郑兴任参谋长，鲍辉任政治部主任。

孟昭进接到袭击济南的命令后，连夜开始部署，并派人与马耀南部联系。最后确定，义勇军以 3 个团和 4 个独立营的兵力担任主攻，分 4 路向城东、南、西和商埠发动进攻，另设一预备队机动灵活随时支援各路。这之外，再留下 4 个支队负责破坏铁路。第三支队派出一个加强营参与作战，负责牵制济南东北翼，作战区域在城东北的黄台桥、板桥一带。

8 月 11 日，义勇军 5000 余人秘密向济南方向运动，12 日晚，进入济南以南山岳地区和锦绣川一带，指挥部安置在兴隆山南。与此同时，第三支队到达平陵城以西地区。13 日一早，两路大军均抵达城外作战位置。义勇军一部 400 余人负责攻东关，一部 400 余人负责攻南关，一部 1400 余人奔商埠，一部 2000 余人负责截击可能由飞机场向济南市区增援的敌人。孟昭进则亲自率领工兵营、警卫一营、警卫二营近千人，进驻千佛山一带，作为预备队。上午10时，第三支队在黄台桥一带率先与敌伪发生了激烈战斗。11时，孟昭进向义勇军下达了攻城命令。

战斗首先在东关打响，营长江兆明率义勇军攻入东圩门，消灭了20多名守敌后，顺利地打开了东门，杀入城内。同时，营长王德五指挥义勇军歼灭南关敌人后，从南门杀进城内，在院东大街与赶来支援南门的日军主力遭遇，双方展开了激烈交火。数辆日军坦克从西门大街增援南门，被在千佛山上指挥作战的孟昭进发现。他立即令预备队警卫二营下山，分别从南门、西关发起进攻，支援王德五部。下午2时，在西路进攻的张复乾团、宋京山团也在杆石桥附近与敌人展开激战。

城外，第三支队加强营在营长林青的率领下，于王舍人庄冷水沟、郭店一带与敌人激战一下午，一度占领了卧牛山、板桥、黄台车站，并破坏了部分路段的铁路，使济南日伪交通运输陷于瘫痪。

战斗一直持续到夜晚。入城的义勇军一面固守阵地，凭黑夜掩护扩大战果，一面抓紧撤出伤员。义勇军的一个营到段店北封锁了机场，切断了机场与城内的交通联系。孟昭进也从千佛山指挥部进入前沿阵地，并派参谋王明德等来往穿梭于各部之间，随时掌握战斗情况。

由于缺乏攻城经验，义勇军第一天的战斗就付出了不小的伤亡代价，营长王凤昆等百余名战士牺牲。同时，由于在济南城内大多是巷战，义勇军发挥人多和熟悉地形的优势，大量歼灭日军。战斗中，部队得到了城内居民的支援，群众从家里将木料、石块等运出来，堆放在道路上截断交通。

在西线，年近六旬的鲁西北抗日游击总司令部司令范筑先亲率7个支队参与战斗。其中，3个支队沿黄河北岸布防，以防敌人袭击六区。其余支队动员万余名民工，负责破坏济南至德州段铁路。部队发起攻击后，范筑先所部的第三支队攻占济南西郊张庄机场，烧毁敌机数架，毙敌一部。刘致远率领第十支队一团和机枪营攻占济南西郊大槐树村一带，破坏了日军军车一列。同时，聊城抗日军民对津浦铁路济南至德州段进行了大破袭，使日军的交通陷于瘫痪，对日寇在济南外围的据点也给予重大打击，使其不敢出击。

范筑先（1882—1938）

14 日，南线部队遭到日伪军的反扑，孟昭进命令义勇军缩短战线，集中主力于城关、商埠一带与敌周旋。上午 10 时左右，日军飞机开始进行低空侦察，并对板桥、东关、千佛山附近扫射轰炸。中午，日军的坦克、汽车兵分两路，从商埠向普利门、西门发起进攻。到了晚上，战斗部队已十分疲劳，孟昭进决定将部队撤到橛山以南休息，并通知第三支队撤离。

15 日，日军从济宁、兖州等地调集的增援部队陆续赶到济南，孟昭进命令部队撤出战斗，后撤至东西彩石和大小龙堂。发现孟部后撤后，日伪军利用机械化优势尾随追击，在龙山追上了孟部的后卫部队并发起猛攻。撤至龙山一带的第三支队恰好与之相遇，对尾追之敌予以突然打击，掩护了大部队安全转移。至此，济南攻击战胜利完成。

此次战斗中，中国民众抗日义勇军与八路军山东人民抗日游击队第三支队密切合作，与日军血战三昼夜，予敌以重大杀伤。同时，八路军后方各部队还破坏了胶济铁路的龙山车站至大临池 100 多公里的铁路线，炸毁了大小桥梁 20 余座，铁路沿线电线被剪，线杆被拉倒，使胶济铁路陷入瘫痪状态。此役拖住了济南之敌，使之无暇南顾，为保卫武汉的全局撤出作出了一定贡献，受到国民党大本营的通令嘉奖及各大报的赞誉。

虎穴喋血，中共济南工委开展地下抗日斗争

济南沦陷后，日伪特务机构残酷地打击抗日活动，频繁破坏党的组织，逮捕并杀害共产党人，济南城如同龙潭虎穴。陈隐仙、徐连城、王见新等共产党员不退反进，勇闯虎穴，遵照党的指示来到济南，组建中共济南工委，领导济南的地下抗日活动，积蓄力量，以待时机，准备将来的反攻。在沦陷的八年中，济南共产党人立足长期埋伏、积蓄力量的方针，带领爱国群众与日本侵略者展开了艰苦卓绝的地下斗争。

●●●

1938 年 10 月，中共扩大的六届六中全会提出，敌占城市党的工作要“保存实力，积蓄力量，以待时机，准备将来的反攻”。根据鲁西区委的指示，陈隐仙带领一部分原济南市内的共产党员重新打入济南，建立了中共济南工作委员会，陈隐仙任书记，蔡之程负责组织工作，何道枢负责宣传工作。

陈隐仙，又名陈逸仙，云南省昆明人，少年时代在广州求学，目睹灾难深重的中国在帝国主义、封建主义和军阀的压迫下满目疮痍，常叹

息而发奋，蓄志以振兴中华为己任。后报考国民党军事学校，毕业后毅然投身北伐军行列，血战沙场。“四一二”反革命政变后，陈隐仙脱离国民党军队，立志寻找一条真正的革命道路。1930 年，陈隐仙来到济南，任济南化育小学音体美教员。九一八事变后，陈隐仙加入了中国共产党。

化育小学旧址

1937 年 10 月，济南地区的大部分共产党员分赴山东各地，发动武装起义，中共地下党员陈隐仙等赴鲁西东昌，组织了中华民族解放先锋队的外围组织——抗日联合大同盟，成员大多为平津流亡学生和当地爱国青年。经过一段时间的培训，抗日联合大同盟成员作为党的工作力量被派往济南、青岛、徐州等地开展党的地下工作。一年后，陈隐仙又回到济南，领导济南的地下抗日活动。

陈隐仙以化育小学教师的身份为掩护，利用化育小学的印刷机印制标语、传单，发动群众参加抗日活动。同时，潜入济南的中共地下党员徐连城打入铁路工厂，从事宣传和发动工人的工作。中共济南工委在极其困难的条件下，顽强地开辟地下工作，使党组织有了一定的发展，在市内建立了徐家花园支部、北大槐树支部，共有党员 11 人。

此时，日军济南宪兵分队城内分遣队正千方百计搜寻中共济南地下组织的踪迹。抗日联合大同盟成员边九龄的哥哥边松甫吸毒成性，他知道弟弟参加了抗日大同盟后，认为发财的时机到了，便主动接近城内分遣队特高班特务头子王铁民。在王铁民的指导下，边松甫通过边九龄接近抗日大同盟负责人，并很快受到重视，被发展为成员。经过一段时间的侦察，边松甫掌握了抗日大同盟全部成员名单，并侦知了陈隐仙、徐连城的住址和身份。

1939 年 2 月 25 日，日军济南宪兵分队城内分遣队按照边松甫提供的名单进行了大搜捕。陈隐仙被捕于化育小学，徐连城被捕于家中，抗日大同盟成员无一幸免。陈隐仙被捕后遭受多种酷刑，被折磨致死。从陈隐仙处一无所获，日特又对徐连城进行了残酷的刑讯。为了得到他们所需要的中共济南工委的秘密，特务头子武山英一命人逮捕了徐连城全家，通过折磨徐连城的母亲、妻子、弟弟来威胁徐连城。当时，徐连城的妻子已怀孕 7 个月，三弟才 13 岁。手段用尽，日特依然一无所获。后经过日军军法会议审判，徐连城被判处死刑。1939 年 4 月 25 日早晨，日军将徐连城等 7 人押至腊山杀害。

陈隐仙、徐连城坚贞不屈，誓死严守党的机密，使马次塘、蔡之程等支部其他成员得以安全地组织党员撤出济南。在日本侵略军“扫荡”鲁西北的紧急时刻，马次塘、蔡之程等历尽千辛万苦，辗转找到中共鲁西区委驻地，汇报了中共济南工委被破坏的经过。党组织在泰山脚下召开了陈隐仙烈士追悼会。在追悼会上，蔡之程报告了陈隐仙被捕经过和壮烈殉国的事迹，党组织号召全体共产党员向烈士学习。中共鲁西区委认为开展济南工作十分重要，指示蔡之程、马次塘等再次打入济南，继续开展济南的城市地下工作。

中共山东分局在得到济南工委被破坏的情报后，决定成立新的济南工委，继续领导济南城市地下工作。任命山东分局敌占区工作科科长王见新为济南工委书记，黄在任组织委员，韩文一任宣传委员。黄在是王见新的爱人，其大舅在济南当火车司机，可作为打入济南的落脚点。韩文一在济南、青岛都有亲戚，并在济南有个任鲁麟洋行（复兴印刷局）经理的朋友，可以利用这些关系作掩护。1939 年 4 月，王见新先行到达济南。5 月，韩文一从青岛来到济南。

鲁麟洋行位于经三路小纬十路，经理毛晓亭有强烈的爱国精神，对积极抗日的共产党人颇有好感，对韩文一等人在鲁麟洋行落脚给予了积极的配合。中共济南工委从洋行的印刷工人入手，深入到工人中间，以交朋友的方式进行抗日宣传，还把从根据地带来的《论持久战》《论新阶段》等书送给工人们传阅。经过一段时间的工作，工委先后在鲁麟洋

王见新（1911—1999）

韩文一（1895—1969）

行发展了刘瑞庆等 4 人加入党的组织，这是工委进入济南后发展的第一批党员。不久，又发展了于寿亭、王继曾、唐守松、李健吾、徐子常、马鹏九等人入党。

王见新等人建立了新生印刷公司，开展石印业务，由王见新任经理，以作职业掩护。在毛晓亭的帮助下，新生印刷公司很快运转起来，对外印刷商标，对内印刷宣传品。由此，中共济南工委在日伪心脏中立住了脚跟。

1939 年 7 月，中共山东分局派统战部秘书周兰田打入济南，将中共鲁西区委所属的蔡之程建立的工委以支部的名义移交中共济南工委领导，该支部共有党员 12 名，蔡之程随后回根据地工作。到 1940 年，中共济南工委共辖党员 28 名。济南工委带领地下党员深入群众进行抗日宣传，并引导进城探亲的农村客人讲述根据地的情况，增强市民抗日必胜的信心。工委还在火车站、个别日本洋行及国民党华北办事处等处建立工作关系，扩大收集情报的渠道。随着工作的开展，又相继发展王云程、陈吉伦、王鹤等人入党。

党的地下活动逐渐引起日本人的注意，他们采取分化瓦解、顺藤摸瓜的手段，企图破坏济南工委。1939 年 9 月，韩文一的身份被日伪怀疑，为避免暴露，他被调回根据地。1940 年 6、7 月份，由于敌特分子宋阴培的破坏，王见新的身份几近暴露。经中共山东分局同意，王见新、黄在于 9 月撤出济南。王见新回到山东分局后，历任山东分局城市工作科科长、一一五师敌工部副部长、华东局城工部副部长、渤海区行署副主任、中共枣庄矿区党委书记等职。

扫一扫，听故事

三战三捷，山东纵队三战杨家横

杨家横村位于杨家横水库南约 1 千米处，本是一个名不见经传的小山村。抗日战争时期，在此发生的三次杨家横战斗沉重打击了日寇的嚣张气焰，使这个小山村成为一个红色地标。在这三次杨家横战斗中，抗日军民不畏强暴，勇于斗争，给日寇以沉重打击。杨家横战斗以其重要地位入选《中国军事百科全书》，在中国抗战史上写下了光辉的一页。三次杨家横战斗的三位主要指挥员——廖容标、胡奇才、吴瑞林，在 1955 年被授予中将军衔。

●●●

1940年夏初，日本侵略者更加疯狂地“扫荡”“蚕食”鲁中抗日根据地，企图用“三光”政策把根据地一口吞掉。八路军主力部队、地方部队和民兵三位一体的武装力量愈战愈强，连续粉碎了日伪的多次“扫荡”，拔除敌据点 10 余座。部队扩大到近万人，进一步巩固了泰山区根据地。

5 月中旬，八路军山东纵队第四支队与第一军分区主力部队除留一部分继续坚守莱芜西北山区外，其余的进至莱芜城东北的第六区常庄、文字现（今南、北文字村）一带，配合山东其他根据地部队进行夏秋季反“扫荡”斗争。为钳制济南和胶济线之敌，决定先拿一个团的兵力攻打博山城。

一天上午，第四支队司令部突然接到博山城地方情报站报告：近日，日军由济南开出1000余人赶往博山城。同时又接到莱芜城地方情报站报告：日军由泰安城出动100余人进犯莱芜。面对这一新情况，支队长廖容标、政委胡奇才在常庄召开紧急会议，并邀请泰山地委书记刘莱夫和军分区领导同志参加，共商对敌之策。支队长廖容标在听取大家意见后决定，暂时放弃攻打博山城的计划，部队转移到有利地点，准备歼灭来犯之敌。

“杨家横战斗发生在1940年旧历四月十一（公历5月17日）。”高镇如当时是高上坡村的党支部委员兼村长。他回忆说，日伪军500多

杨家横水库

人于凌晨5时许到达高上坡村。高镇如和村里的党员干部积极组织疏散群众，为八路军送情报，准备给养。

上午10时左右，司令部接到二团报告：日伪军已向杨家横村方向运动。司令部命令二团准备战斗。二团团长吴瑞林、政委李伯秋率部作了紧急战斗部署。吴瑞林回忆：17日拂晓，我团主力进到杨家横后，二营隐蔽地占领了杨家横村西山，利用原有的山寨围墙，加修工事；一营占领杨家横西侧山岭，利用复杂的山沟，修筑隐蔽工事，准备迎击可能迂回杨家横的日伪军；三营随后由旅部部署，也以一个连控制了杨家横的东山，有民兵配合策应作战。

日伪军的行动特点是稳扎稳进，集中兵力寻求八路军主力作战。二团决定各营把日伪军放进30米以内，再集中火力给日伪军以突然杀伤。当日伪军的密集队形爬上杨家横西山山坡时，二营的机步枪突然开火，几分钟内毙伤日伪军数十人，还打死三条军犬。接着，日伪军用九二式步兵炮、迫击炮向我方阵地打了将近半个小时，又分两路仰攻。八路军再次在近距离上突然开火，日伪军又伤亡数十人，再次溃退下去。第三次，日伪军炮轰后，又分两路攻击，这一次只上前几步，就被八路军火力压住。由于八路军占据了山顶围墙工事，处于易守难攻的位置，战斗打了一个上午，二营只有轻微的伤亡，而日伪军却伤亡了一二百人。

同时，二团三营的一个连占领了杨家横的东山，附近各个山头也都被民兵控制，以牵制、迷惑敌人。日伪军指挥官经过一番观察后，调动部队改向二团一营方向进攻，企图从西侧迂回八路军杨家横阵地。一营阵地是在一溜1000多米长的山梁前坡上，利用大小山沟、雨裂构筑防御工事，部队隐蔽在里面休息，待机迎敌。正午以后，日伪军步兵发起进攻，在近距离被八路军埋伏部队集中火力打了下去，日军三四个佩戴战刀的指挥官被打死、打伤，总计伤亡五六十人。接着，日伪军又投入第二梯队发起进攻，又一次被八路军火力压住。傍晚，日伪军停止了攻击。夜间，日伪军拉着大批伤兵并胁迫群众退回莱芜城。八路军分两路追击，一路骑马从三山岔道响水湾一带追击，另一路从苗山、石湾至文字岭北追击。追击中，不仅打得日伪军鼠窜，也解救了被胁迫的群众。

第一次杨家横战斗前前后后打了10多个小时，以八路军的全面胜利而宣告结束。共毙敌百余人，击伤150多名，缴获的战利品有小炮2门、机枪5挺、步枪若干、战马3匹、子弹3驮、电台1部、望远镜6个及洋刀、钢盔、服装等。这次战斗的胜利是英雄们用鲜血和生命换来的。二团一营二连一排，打到最后只剩下一名战士陈都。有“钢八连”之称的二团三营八连在杨家横战斗中打得英勇顽强。一排长赵秀芳率突击队与敌人拼死搏斗，他一人就杀死敌人十几个，最后壮烈牺牲。

第一次杨家横战斗后不久，山东纵队一旅（由原一、四支队合编）二团于11月4日在莱芜城以东地理沟一带对“联欢”的日伪军一部发

杨家横战斗庆功大会

动袭击，歼灭伪军 100 多人，极大地震慑了敌人。日军原本就对第一次杨家横战斗的失利耿耿于怀，这次又遭袭击，更是恼羞成怒，咆哮着要对我军进行报复。

11 月 11 日，日军长岛旅团从泰安、新泰调集 4 个中队 700 余人、伪军 2 个大队 1000 余人，气势汹汹地向杨家横扑来，扬言要与八路军决一死战。一旅二团在团长吴瑞林的率领及莱芜、博山县区武装配合下，修筑工事、严阵以待。旅首长指示二团要“掩护群众，多杀敌人，打退敌人对莱芜抗日根据地的进攻和蚕食，而重点在保卫莱东根据地”。

八路军高明的战略部署、高超的战术设计起到了积极效果。第一天，日伪军行进遇阻，死伤 20 余人，夜晚进驻徐家店时，又遭掷弹筒轰击，一夜未眠。第二天，日伪军在行进途中丧失斗志，漫无目的地打枪、放炮，借以壮胆。日伪军到达杨家横之后，日军指挥官龟熊用望远镜观察了一二十分钟后，命令日军向一旅二团主阵地发动正面冲锋。在九二式步兵炮、八二式迫击炮、掷弹筒连番轰击的掩护下，龟熊部队向二团阵地发动了 3 次冲锋，均被严阵以待的八路军击退，日伪军损失 200 余人。

暴跳如雷的日军指挥官改变战术，企图向八路军侧背迂回包围。在八路军主阵地的左侧，八路军与民兵伪装了假机枪、假迫击炮等武器装备，因隔着一条小河距离较远，成功迷惑了敌人，敌人误以为是八路军主力所在，未敢轻举妄动。而在八路军主阵地右后侧，八路军设置了部分草人，日军误认为八路军兵力薄弱，便决定在此发起攻击。在对草人炮击一阵后，日军蜂拥而上，结果遭到同样的反击。

敌我双方在杨家横一带几经拼杀，战斗持续了两天两夜，日伪军损失惨重，死伤近 700 人，八路军亦有百余名指战员伤亡，团长吴瑞林、一营营长岳进在激战中不幸身受重伤，教导员钟民壮烈牺牲。余敌在一个大队增援掩护下败回莱芜城。此战即为第二次杨家横战斗。

两次受到重创的日军不甘心失败，在博山、莱芜大量增兵，准备冬季大“扫荡”，妄图围歼山东纵队一旅主力，摧毁莱东根据地。1940年12月25日，日军又从张店、周村调集日伪军2000余人，在炮兵和两架飞机的配合下，兵分三路向杨家横地区进发，企图合击八路军一旅旅部，并掠夺根据地的粮食、物资，抓壮丁，牵耕牛，破坏根据地的生产，对前两次的作战失利进行报复。山东纵队得到情报后，仍然命令二团反击敌人的这次“扫荡”。二团面对老对手的第三次挑衅，做了周密的安排、部署。伤病在身的团长吴瑞林坚持指挥作战，命令一、二、三营副营长各率一个小分队，分三路迂回到日伪军背后，给敌以措手不及的杀伤，主力部队则从龙崮、望夫山转移到杨家横东面的三山，把日伪军装进三山山沟的“口袋”里，然后以7个连的兵力，向日伪军发起冲锋。

1941年元旦，日军指挥官池田大佐率部长途奔袭，于晚饭时分与八路军接触。北路的日伪军走山沟、抄小路，想来个突然袭击，谁知正好碰上在古德范北山沟设伏的副营长胡念林分队，5个特等射手专打骑马的指挥官，3名日军中队长和2名伪军中队长先后被打死，吓得日伪军官纷纷下马，混在队伍中。八路军其余小分队也均以机枪、手榴弹对敌人发起攻击。吴瑞林则带着主力转移到杓山一带，并在杓山北面的山上用石头做衬垫，扣上旧军帽伪装主力迷惑敌人。日军发现八路军“主力”后，集中炮火轰击了一个多小时，攻上山头才发现上当。这时八路军已转移到望夫山一带，稍作休整又来到杨家横，占领了各个山头。第二天上午10点左右，日伪军尾随至杨家横，战斗打响。池田指挥日伪军向各山头猛冲，均被八路军打得落花流水。战斗中，二团三营八连一个排坚守磨石峪阵地一天，打退敌飞机掩护下的多次冲锋。担任掩护的一个班的战士在与敌近战肉搏、完成了掩护一旅旅部转移的任务后全部壮烈牺牲。继之，二团在旅首长提出的“不让敌人抓走一个人、抢走一头牛”的战斗口号鼓舞下，组织多股精干小分队频频出击，先后在黑石涧、三山等地大量杀伤敌人。在一旅一团的配合下，二团于杨家横地区坚持战斗一周，共毙伤日军400多人、伪军500多人。此战被誉为“模范的攻防战”。战斗中，八路军亦付出了伤亡100余人的代价。此役是为第三次杨家横战斗。

三战杨家横，共消灭上千日伪军，缴获了大量武器装备，彻底粉碎了日军“蚕食”、分割山东根据地的企图，确保了山东根据地内部以及与延安党中央之间的战略联系畅通无阻，成为莱芜人民坚持抗战的战斗典范。

沙窝突围，八路军阻击数倍敌军

抗日战争相持阶段，在商河与惠民县交界处的沙窝、翟家一带，八路军一一五师东进抗日挺进纵队五支队二营和商河支队，被惠民、济阳、商河等县集结的3000余名日伪军包围。八路军与数倍于己的日伪军进行了一次殊死搏斗，歼敌500多名，击毁敌坦克、装甲车、汽车27辆，八路军伤亡60余人。特别是守卫沙窝村的七连以200余人的兵力拖住了3000多敌人，掩护了主力部队突围。这在平原游击战中是十分罕见的战例。

●●●

1940年2月8日，八路军一一五师东进抗日挺进纵队五支队二营和商河支队在纵队政治部主任符竹庭、除奸部部长匡根山、营长齐丁根和支队长王权五的率领下，在紧靠徒骇河的陈、罗二庄伏击了渡边中佐率领的日军阅兵团40余人。此时，四周全是敌人，而且随行有商河、乐陵、惠民等县委、县政府工作人员千余人，必须主动转移。指挥员决定先在徒骇河附近兜几个圈子迷惑敌人，然后再转回到济阳县的尹家村、楼杨村隐蔽起来。

符竹庭（1912—1943）

由南向北追击八路军的敌人分乘92辆汽车和装甲车，追到郑路区和展家区一线，没有发现八路军，又返回到徒骇河边，西面潘桥区、白桥区、郑路区有60辆汽车的敌人在集结待命；东面展家区、联五区有32辆汽车的敌人正严密布防。东边淄角区、皂户李区的敌人和在商惠公路龙桑寺、沙河、常庄、石庙等村进行“扫荡”的敌人又联合进行封锁。这股敌人乘坐100多辆汽车和装甲车，并配备坦克1辆，由日军司令官水野靖夫在淄角坐镇指挥。

八路军准备趁夜向北转移，撤回根据地。原计划通过褚集，走到常庄北面的解家村一带隐蔽起来，第二天夜间再穿过商惠公路封锁线，继续向北转移。但是刚走到沙窝村一带，八路军行踪暴露。这时，八路军指挥部、七连及商河支队已进入沙窝村，五连到了王家寨村，八连和各县支队在翟家、曹家、张家等村。敌人迅速调集兵力，对八路军实行分割包围。淄角的敌人向沙窝集结，郑路的100多辆汽车和装甲车向王家寨开进，北面“扫荡”的鬼子和400多骑兵向翟家村急速赶来，很快，日伪9000余人将八路军千余人团团围住。村外已响起零星枪声，一场残酷的阵地战已不可避免。

面对这突如其来的情况，符竹庭、匡根山、齐丁根立即通知各连连长来指挥部研究作战方案，并命令部队立即占领村庄，抢修工事，准备战斗。同时命令任何人不准离村，要以村庄为依托，与敌决战。匡根山把七连的两个排和主要火力放在沙窝村的东边，各种武器一齐开火，造成部队向东突围的架势。符竹庭、王权五等趁机带着二营的两个连及地方武装秘密转移到沙窝村西头的翟家村，然后悄悄地向村外摸去，等离敌人近了，各种枪支一齐开火。敌人原以为八路军要从沙窝村突围，所以对翟家村防守不严，意外的打击使他们乱作一团，八路军以猛烈的火力，打开了突破口，冲出村外，如离弦的箭向宁（津）乐（陵）边一带奔去，与大部队会合。

八路军大部队胜利突围，使敌人恼羞成怒，他们把愤恨全部倾泻在八路军阻击部队身上。从沙窝村响起的歪把子机枪声分析，敌人断定阻击部队主力在沙窝村。因此，汽车、装甲车等机械化部队蜂拥而至，把沙窝村围了个水泄不通。敌人首先集中平射炮等各种火力向八路军前沿阵地和后梯部队猛烈轰击，然后在炮火和机枪的掩护下，坦克和装甲车在前开路，步兵尾随，向八路军攻击。

八路军采用近战防守，打了敌人一个措手不及，敌人的第一次冲锋被打退。大约过了半个小时，敌人又重新组织反扑。这次，敌人改变了战术，用猛烈的炮火向沙窝村的东、南、西三面轰击，炮弹像雨点似的向八路军阵地上倾泻，妄图迫使八路军从村北突围。村北是一片开阔地，敌人企图在这里诱杀八路军。八路军没有上当，始终坚持白天不离村的作战原则。敌人的阴谋没有得逞，随即又向村内攻击。八路军火力组、突击队待敌接近，又一阵猛打，敌人在八路军阵地的前沿留下大片尸体，又败下阵去。从早上到中午，敌人组织了多次进攻，都没有冲破我方阵地前沿。

在八路军的沉重打击下，敌人的战斗力受到很大削弱，八路军也受到一定损失。为了迷惑敌人，匡根山和七连连长在交通沟内跑来跑去，指挥突击队、火力组和防守组不断变换位置，灵活机动地打击敌人，使敌人摸不清八路军虚实，同时把敌情和战果传达给指战员，要求大家坚守阵地，严防敌人增援部队的突然袭击。

敌人虽然装备优良，但是由于沟、壕、陷阱的阻拦，装甲车和坦克失去了掩护作用，敌步兵在坦克和装甲车后面挤成人团，无法发挥火力。七连连长和保卫干部石权率领突击队在距敌几米内，把成捆的手榴弹向暴露在坦克、装甲车后面的敌人堆里猛投。那些没被炸死的敌人就急忙往装甲车底下钻，突击队又往车底下投手榴弹。瞬间，十几辆装甲车被炸毁、炸翻，车下的敌人被炸得血肉横飞。

敌人向八路军施放毒气，八路军早有准备，战斗没有受到影响。三排排长王先锋率领全排同志在村北围墙后面英勇地阻击敌人。围墙被敌人的炮火炸倒了，他和几位战士被砸晕过去，敌人冲了上来。当他们苏醒过来，发现周围站的全是敌人时，就毫不犹豫地拉响了身上的手榴弹，与敌人同归于尽。这一次反击，歼敌150多人，炸毁装甲车5辆、坦克1辆，敌人再不敢贸然进攻。

八路军把突围的方向选定在村北，因为这里虽是开阔地，但是离村400米处有一座土窑和一些土堆可以利用。

下午，敌人从济南、德州、东光和惠民等地又调来大批援军，在驻济日军司令青松太堡的指挥下，对八路军阵地轮番攻击。阵地前硝烟弥漫，弹坑累累，夹杂着敌尸的腥臭气令人透不过气来。由于敌人攻击太猛，至下午2点，八路军防线先后被敌攻破，被迫退进村围墙内的第二道防线。为了麻痹敌人，八路军在村内迅速进行了隐蔽，不露面，不打枪，村内鸦雀无声。敌人可能认为八路军已撤离，在打了一阵炮后，便一窝蜂似的涌入村内，进入各街道、胡同、宅院进行搜索，仍不见八路军踪影。

八路军指挥员看时机已到，立刻发出攻击信号。顿时，战士们从沟内、宅院、房屋里冲出，从四面八方涌向敌群，各种武器一齐开火，打得敌人蒙头转向，挤成一团，互相残杀，有的掉到陷阱里被三角尖扎死，有的被踩死，有的被手榴弹炸死，因敌我交叉，敌人的炮火和机枪失去了作用，双方展开肉搏战。战士们以战斗小组为单位，以宅院、房屋、壕沟为依托，各自为战，誓死与敌人血战到底。从下午 1 点到 5 点，八路军共歼敌 250 多人，缴获了大批枪支弹药，而八路军无一阵亡，只有几个同志负轻伤。

沙窝村的群众也对八路军进行了有力的支援。时值正月初三，春节刚过，群众在农会的组织下给部队端水送饭。他们把过年的年糕、包子、饺子都拿出来送上阵地；妇女们则忙着照料伤员，绷带用完了，她们就把织布机上没有织完的布剪下来给伤员包扎。敌人进村后，人们又把家里的大车、农具、板凳全搬出来，把胡同两头堵得严严实实。

天傍黑时，八路军乘势发起反击，把敌人撵出村外。经过一天激战，敌人知道八路军战斗力很强，便抢修工事，防止八路军突围，待到第二天再战。天渐渐黑下来，夜静悄悄的，敌人已不敢再发起攻击，只有远处敌人点燃的一堆堆高粱秆，把四周照得通红。指挥员根据中午侦察的敌情，具体安排了突围计划：连长王皓民带领部分会日语的战士穿上从日军尸体上扒下来的军装和缴获的太阳旗，伪装成日军巡逻队，掩护主力突围；其余人员分两路，分别由副连长孟广选和惠民县委书记李毓芬负责把队伍带出村外。

凌晨 1 点半，八路军假扮的巡逻队摸到村北围墙附近的沟里隐蔽好。2 点后，又巧妙地出现在敌军阵地上进行“巡逻”。尔后，迅速占领了村北的土窑和土堆，掩护后续部队通过。50 多名战士在李毓芬和房东王成的带领下，悄悄摸出村外。另外 30 多名战士干掉了敌人的哨兵，也很快突出了敌人的重围。由于布置严密，行动神速，突围时，未遇到敌人大的阻击，至此，被围官兵全部脱险。王家寨和翟家村的留守部队也巧妙地出了村，顺利到达乐陵根据地。

抗日捐躯，姊妹剧团团长辛锐血洒大青山

扫一扫，听故事

济南大明湖南岸过去曾有一座别墅，是开明士绅辛铸九的家，人称辛公馆。辛锐和她的兄弟姊妹就曾生活在这里，辛锐在这里居住了近十年。日本侵略者逼近济南后，辛锐从这个“安乐窝”里走了出来，积极投身革命，加入八路军，并担任姊妹剧团团长。在大青山大“扫荡”中，辛锐在山中与敌人周旋，最后壮烈牺牲。2014 年，民政部公布了第一批在抗日战争中顽强奋战、为国捐躯的著名抗日英烈和英雄群体名录，辛锐名列其中。

•••

辛锐，原名辛树荷，1918 年生于济南。

辛锐的祖父辛铸九是济南开明士绅，原名辛葆升，铸九是他的字。辛铸九早年从政，先后任省议员、峄县县长、清平县县长。后来涉足商海，曾入股丰年、惠丰面粉公司，做过裕兴化工厂、仁丰纱厂董事长，创办了经文绸缎店，1930 年出任济南商会会长，在商界声望很高。辛锐的父亲名叫辛葭舟，历任江苏淮安关分关主任，山东建设厅及财政厅科员、

视察员，山东官钱局潍县、滕县分局局长。辛锐的母亲出身于章丘旧军镇赵氏名门。1928 年辛锐小学毕业时，辛铸九从清平调任回济南，在大明湖南岸建起了一座别墅，人称辛公馆，辛锐就居住在这里。

辛锐（1918—1941）

辛锐对绘画极有天赋。辛铸九是书法家，又是文物鉴赏家，看她作画有了一定基础，便聘请了济南名画家黄固源做家庭教师，专门指导辛锐学画，她的绘画水平得以迅速提高。长城抗战打响之后，二十九军爱国将领同仇敌忾，奋勇杀敌，各界人士掀起了救亡捐献活动。辛铸九凭借自己在社会上的声望，在济南民众教育馆为辛锐举办了一场画展，将义卖所得之款全部捐给了抗日将士和东北的流亡同胞。

七七事变后，日寇直驱黄河北岸逼近济南。辛铸九权衡形势，决断地让子女离开济南，自己留守，以应急变。1938 年春，辛葭舟将母亲送回济南，只将二女儿辛锐、二子辛曙明（原名辛树铭）、小女儿辛颖（原名辛树莹）留在身边，去留难定。这时，山东省委书记郭洪涛和后来任八路军山东纵队参谋长的王彬率领的中共山东省委机关及八路军四支队的一部分，在滕县的八里沟村遭顽军孙鹤龄和秦启荣的伏击，突围后进驻长城村。这期间，郭洪涛、郭子化（省委统战部部长）、赵笃生（统战科科长，辛曙明在育英中学读书时的老师）经常找辛葭舟谈话，进行统战。辛葭舟很受教育，决心率子女参加八路军抗日救国。同时，他慷慨捐资，将处于困境的省委机关及其所属部队的一切经费，暂时全部包了下来。

辛葭舟买了一头骡子，驮着一家四口人的行李，带着辛锐等儿女，开始了艰苦的军旅生涯。8月底，部队到达沂水县岸堤镇。时值山东抗日军政干校第二期招生，辛锐、辛颖、辛曙明奉命进干校学习。辛锐在妇女队，辛颖进青年队，辛曙明学历较高被分配到政治队。辛锐所在的妇女队有黎玉的爱人谢青和她的妹妹谢林，赵笃生的两个女儿，还有邹锐、邹键姐妹。辛锐、辛颖也是姐妹俩，同志们叫辛锐大辛，叫辛颖小辛。

辛锐除了按时完成学习任务外，还挤出时间画画。10月，辛锐从干校毕业，适逢中共山东省委机关报《大众日报》创刊，省妇联推荐辛锐参加该报的筹建工作。1939年1月1日，《大众日报》创刊印发，创刊号报头上的毛主席木刻像就出自辛锐之手。

辛锐出色的表现赢得了党组织的信任，她被吸收入党。1939年1月，辛锐奉命去党校学习。中共山东分局党校设在11里外的夏蔚村，辛锐在党校结识了她的终身伴侣陈明。陈明是福建龙岩人，1928年被派赴苏联学习，1931年回国，1934年参加长征。他为人谦虚淳朴，平易近人。共同的理想和信念，使他俩产生了超乎同志的感情。分局领导认为他俩相爱已经成熟，朱瑞书记亲自出面动员他们结婚。1940年秋，辛锐和陈明在沂南县青驼寺举行了结婚典礼，朱瑞、黎玉、陈若克、甄磊等同志前往祝贺。新婚后第三天，陈明回到省战工会，辛锐去了姊妹剧团。

姊妹剧团筹建于1940年10月，由中共山东分局书记朱瑞倡导，省妇联具体组织领导。1940底，剧团人员已基本调齐，大都是从抗大女生队应届毕业生中挑选出来的爱好文艺、有一定演出经验或从事过文艺宣传工作的同志，共21人。省妇联任命辛锐为团长，甄磊为指导员。

辛锐和陈明在根据地

1941年3月8日，中共山东分局和省妇联决定在莒南县板泉区沙岭子村隆重召开庆祝“三八”国际劳动妇女节暨姊妹剧团成立大会。朱瑞讲话，向姊妹剧团提出了“积极培养妇女干部，发动妇女、争取男女平等，妇女彻底解放”的三项任务。会上，辛锐团长代表姊妹剧团接受省妇联授予的锦旗并致谢词。辛锐任团长期间，亲自编写剧本，既当导演，又当演员。她领导剧团演出的《雷雨》《李秀成之死》《血泪》等大型话剧，深受部队和群众欢迎，鼓舞了抗日军民的士气。

1941年11月，日军调集其第十军团主力和第二十二师团的三个混成旅团以及伪军53000余人，由日军侵华总司令畑俊六坐镇临沂督战，日军山东管区司令土桥中将指挥，对沂蒙抗日根据地发动了铁壁合围式的大“扫荡”，妄图采用所谓铁壁合围、拉网战术、搜山抉剔等办法，消灭八路军指挥机关，荡平根据地。中共山东分局、一一五师、山东纵队和省战工会领导机关多次跳出敌人的合围圈。

此时，纪念俄国十月革命节的活动刚结束，山东分局立即通知党、政、军各领导机关和团体，迅速转移人员，坚壁清野，做好准备，粉碎敌人的大“扫荡”。老弱病残的同志全部分散隐蔽到有基础的农民家里，年轻力壮者跟随分局机关行动。辛锐因怀孕，与其他体弱的领导隐蔽在大青山的大崮一带。陈明奉命率60余名机关人员突破敌人防线插入敌后。

11月29日，一一五师、山东纵队发起绿云山战斗，抗大一分校移驻费东县大青山西侧的胡家庄、大古台一带。为免受损失，中共山东分局、山东省战工会、八路军一一五师、山东纵队等后方机关也相继转移到大青山地区。敌人得知这一情报后，连夜调集重兵，以一个混成旅团的兵力合围大青山。30日拂晓，分局和省战工会在大青山被围。陷入敌人包围圈的大都是非战斗人员，所配武器数量较少，只有抗大一分校第五大队是有武装的学员队。激战一昼夜后，虽大部分人员突出重围，但伤亡惨重。其中率部突围北上的省战工会副主任兼秘书长陈明、国际友人希伯（战地记者）和一一五师敌工部副部长王立人、抗大一分校二大队政委刘惠东、蒙山支队政委刘涛等近千人壮烈牺牲。

为了便于隐蔽和转移，辛锐受命率20多位女同志组成的分队进驻费县辛庄一位叫王进秋的村民家里隐蔽，然后迅速将7位外籍同志和体弱的女同志交托给地下交通员刘献厚。辛锐腰插两支驳壳枪，带领身体较好的同志，频繁变换隐蔽地点，与敌周旋。11月底，辛锐等人在猫头山与敌遭遇，因寡不敌众，战斗十分激烈，辛锐小腹部中弹，右膝盖骨全部被打掉，左膝盖骨被打掉一半，经抢救包扎，于当日傍晚，被送至山东纵队第二卫生所驻地火红峪村，转移至鹁鸽棚洞。12月16日，又转至火红峪村聂凤举家治疗。

12月17日清晨，日本兵向火红峪一带搜索而来，并迅速包围了第二卫生所驻地。卫生所同志马上闪入聂凤举家中，抬出怀孕五个月并重伤在身的辛锐，往外突围。由于山路崎岖，敌人很快追了上来。辛锐为掩护抬担架的同志，强烈要求断后。同志们忍痛将她置于三块巨石中间的一个隐蔽处，向东南方向突围。敌人又蜂拥而上，一梭子子弹飞来，射中辛锐胸部。她强忍着剧痛站起来，靠在一块石头边，用力拉响最后一颗手榴弹。辛锐为国捐躯，年仅 23 岁。翌日，聂凤举和卫生所同志含泪悲痛地将辛锐的遗体掩埋。

辛锐壮烈牺牲前后，她的二哥辛曙明因叛徒告密而与前来抓捕的日军展开交战，最后也壮烈牺牲。

1950 年，人民政府在费县西梭庄村（今沂南县双堠乡）建立梭庄烈士陵园（今大青山烈士陵园），陈明、辛锐两位烈士被葬入陵园。1986 年，又迁葬于临沂华东革命烈士陵园。

血战吉山，
汪洋政委殉国“汪洋台”

1942 年 10 月，日伪军集结 6000 余人，将驻扎在莱芜白杨村的中共泰山地委和鲁中军区第一分区机关包围。政治委员兼地委书记汪洋率地委、军分区机关和特务连约 300 人突围，行至茶叶口时遭敌人伏击，激战半小时未能突围，遂东移至吉山西岭。汪洋率一排在原地掩护，计划完成阻击任务后撤出阵地追赶部队。激战数小时后，大部分战士牺牲。汪洋在弹药用尽、白刃肉搏的惨烈战斗中壮烈牺牲，时年 29 岁。1945 年 8 月，莱芜县抗日民主政府将吉山钓鱼台改称为“汪洋台”，并建造汪洋亭和烈士碑。

●●●

汪洋，原名汪之正，字诚齐，号洪波，曾用名汪大海。1913 年 5 月 10 日出生于今河南省台前县夹河乡顾庄村（原属山东省东阿县）一个农民家庭。汪洋的父亲汪敬铭思想开明，支持子女求学上进。汪洋 5 兄弟先后加入中国共产党，3 人在抗日战争时期参加革命工作，1 人在解放战争时期参军入伍。

1931 年秋，汪洋考入山东省立济南简易乡村师范学校。当时的济南乡师政治空气十分活跃。在校期间，汪洋先后阅读了鲁迅、高尔基、李大钊、瞿秋白等人的著作和一些进步刊物，接受了革命思想的熏陶，同时，深受学校创办的进步杂志《前冲》的影响，并在上面发表了不少进步诗词和文章。时值九一八事变，他在《感愤》诗中写道：“大好河山，拼死保卫，与时弊可决裂不可迁就，可奋斗不可妥协。使欧美政策不能侵入，日本大陆主义不能实行。以鲜血浇列强之恶绝，以骨髓填世界之不平。人人痛心，共赴国难，能以一死不苟幸生。”从此，汪洋积极投入中共地下党领导的救亡运动，在学校创建读书会、学生会等青年学生进步组织，带领同学们散发传单、上街讲演、编演抗日救国戏剧。

汪洋（1913—1942）

1935 年 7 月，汪洋从山东省立济南简易乡村师范学校毕业，到山东肥城县城关镇高小任教。当时的肥城地方当局克扣教师薪水，迫害进步教师。汪洋一到肥城就组织发动全县 240 余名教师进行增资罢教斗争。在他的带领下，教师们游行示威、静坐绝食、谈判斗争，迫使反动当局答应提高教师的经济待遇和政治待遇，并改善教学条件，补发克扣的教师工资。罢教斗争胜利后，地方当局借故将汪洋开除。1936 年春节前，汪洋回到故乡夹河乡顾庄村。

不久后，汪洋在同学的帮助下与中共济南地下组织取得联系，并被中共山东工委派往东北军学兵队，对张学良的下层官兵开展兵运活动。在此，他亲身经历了有伟大历史意义的西安事变。不久，他在西安加入了中华民族解放先锋队，任指导员。由于他工作积极，精明能干，立场坚定，革命性强，每次都能出色地完成上级党组织交给的任务。1936 年 12 月，中共山东省工委批准汪洋加入中国共产党。西安事变后，汪洋随谷牧一起回到延安。

1937 年七七事变后，根据党中央的指示，汪洋和谷牧一起回到山东，建立抗日民族统一战线，发动群众组织抗日武装，开辟抗日根据地。这年冬天，他只身来到国民党山东第五战区第八游击司令张里元部的独立营，找到中共地下党员谢辉、赵昭，研究确定做该营的兵运工作。汪洋由谢辉、赵昭二人介绍，加入了独立营一连当文化兵，伺机做行动准备。

1938 年春节后，张里元命令该营北上博山防守。汪洋认为行军路上是策动部队暴动的良好机会，便连夜召集谢辉、赵昭、张岗、崔介商量。他们分析，当时的兵力情况为二比二：该营共四个连，原益都县公安局警察编为一连，由原公安局局长、现任营长戴星三掌握，属于最顽固的力量，也是主要打击目标；宋炜率领的二连成员是益都县壮丁队，大都是农民出身，连长宋炜原是青年学生，思想比较进步，是团结争取的对象；三连归谢辉，四连归赵昭，是主攻力量。他们最后商定，由汪洋做宋炜的思想工作，谢辉、张岗等四人做兵暴组织准备。

部队行进到博山鲁村时，汪洋感到时机成熟，便把兵暴的打算告诉宋炜，宋炜欣然同意。汪洋便在部队开到博山下庄时，策动该营二、三、四连一起举行兵暴，当即缴了一连及营部手枪队的枪，驱逐了反动营长戴星三，率部队进入沂蒙山区，树起鲁南抗日独立营的大旗，在临沂、泰山、潍坊、淄博一带开展抗日游击战争。

1938 年 2 月，中共山东省委及八路军山东抗日纵队第四支队到达淄川马棚一带。汪洋、张岗和崔介率领部队转移到莱芜常庄，加入第四支队，被编为第三团，汪洋担任团长兼政委。

这年 5 月，正率领三团战士在莱芜县城进行训练的汪洋突然接到四支队命令：急率三团到鹿鸣山，配合八路军第四支队去袭击投降日军的山东“反共司令”秦启荣。汪洋立即率领部队去莱芜矿山，消灭了秦启荣伪军主力 300 多人。战后，受到鼓舞的群众纷纷要求参加汪洋的队伍，三团很快发展到 500 多人。接着，汪洋又率领部队转战滕县，解放了滕县，严厉打击了国民党顽军申从周等部和八里沟的地方反动武装。

1939 年 4 月，八路军山东纵队对四支队进行了改编，汪洋任政治部主任。5 月上旬，根据山东纵队电令，四支队基干一营组成南下挺进支队，赵杰任司令员，汪洋任政委， 南下曲（阜）泗（水）邹（县）东部一带开辟尼山区根据地。1940 年 9 月，部队改编，汪洋任八路军山东纵队第一旅政治部主任。1941 年 8 月， 汪洋任山东纵队第四旅政治委员。1942 年 3 月，为贯彻中央军委“精兵简政”“主力地方化”的指示精神，山东省军区决定由四旅兼泰山军分区，旅长廖容标兼军分区司令员，旅政委汪洋兼军分区政委。5 月，为了加强党的领导，汪洋兼任泰山地委书记。

时值太平洋战争爆发不久，日本军国主义者的扩张野心越来越大，抗日战争进入最艰难的岁月。日军在山东增兵 10 万，对抗日根据地进行大规模惨无人道的“扫荡”，实行杀光、抢光、烧光的“三光”政策。汪洋、廖荣标和欧阳平采取“集中”“分散”的机动战术，在各县农村建立农救会、妇救会、青救会、儿童团和民兵队等抗日群众组织，配合主力部队严厉打击日伪军。

1942年10月，为了进一步扩大抗日根据地，廖荣标司令员率领军分区主力部队挺进鲁东南淄河流域，政委汪洋和专员赵笃生带领地委、专署机关干部、军分区教导营和十团一营，在刘白杨村集中培训县区领导干部。10月16日，由于叛徒告密，日军从莱芜、口镇、新泰、淄博等地调集日伪军6000余人，于当夜分6路向刘白杨村袭来。

10月17日拂晓，汪洋得到情报后，立即派出四个小组四边侦察，西、北、南三个小组迅速返回，都说发现敌人，只有派向东面的小组未归。汪洋与赵笃生、石新、赵钧商量后决定，马上组织部队顺吉山河北岸向东突围。专员赵笃生率部分人员向淄川方向转移，从南王庄通过敌人的薄弱环节，安全转移了出去。地委副书记刘莱夫率机关一部向北突围，遇敌后隐蔽转移了出去。军分区政委兼地委书记汪洋则率主力一营和教导队，向吉山村方向突围，准备控制吉山制高点，吸引敌人，掩护机关转移。

营长赵钧率一个连顺吉山向东开路，机关干部居中，教导营营长石

吉山战斗旧址

新及军事队队长田光林率领所部断后，途中与东边来的日军遭遇。汪洋带领十团两个连、机枪排和教导营军事部一边与日军激战，佯作进攻，一边指挥部队转战吉山南岭，在抢渡溪河时，又遇东、北、西三方日军夹击，部队伤亡沉重。在此极端危急的情势下，汪洋对准在山上指挥的日军军官射击，趁日军混乱，带领部队迅速杀至南岭山腰，欲抢夺山顶制高点，不料遇到山顶埋伏日军的疯狂阻击。汪洋决定将部队化整为零，分头突围。

汪洋率领部分人马冲杀到吉山主峰脚下时，天色阴沉，又遭到从雪野村来的日军的疯狂攻击。子弹很快就打光了，汪洋身边只剩下几十名带伤的干部战士。汪洋抱定了必死的决心，大声喊道："同志们，拼刺刀！"随后便端起刺刀冲向敌群，战士们紧跟在他的身后，同敌人展开了肉搏战。终因寡不敌众，教导营营长石新身中数弹，壮烈牺牲，数十名英雄战士与日军同归于尽。汪洋身负重伤，自戕殉国，年仅 29 岁。

汪洋壮烈殉国的消息传到延安，八路军总部电告全军将士致哀。中共中央机关报《解放日报》、八路军《军政杂志》、山东《大众日报》、鲁中《泰山日报》分别发表了悼念文章。山东省党、政、军、民各界数万人召开追悼大会，沉痛悼念汪洋及 200 余名牺牲的将士。泰山地区军民怀着悲痛的心情，将汪洋烈士的遗体安葬于莱芜县（今莱芜区）吉山钓鱼台。1945 年 8 月，泰山区党政军民共议，将吉山村的钓鱼台改称"汪洋台"，并在台上修建抗日烈士纪念碑，永为纪念。

1954 年，山东省人民政府将汪洋烈士墓迁至济南英雄山烈士陵园。

弹尽援绝，
县委书记熊善隆壮烈牺牲

1939年，28岁的熊善隆以候补党员的身份成为平阴县第一任县委书记。从此，这位思想进步的青年担负起领导全县人民抗战的重担，成为平阿山区抗日根据地的创建者之一。1942年10月，在开展秘密斗争时，在弹尽援绝的情况下壮烈殉国。他的生命虽然短暂，但他的光辉业绩和崇高品格却在人民心中筑起一座永恒的丰碑。在他牺牲50周年之际，全国人大常委会委员长万里为他题写了墓碑铭文，原宁夏回族自治区政府主席黑伯里为其题词“壮烈牺牲，永铸国魂”。

●●●

1911年，熊善隆出生在平阴县胡坡村一个普通家庭，父亲熊宝哲、母亲朱名莲均是小学教师。1929年冬，熊善隆考入平阴云门高等学堂。1930年底，升入山东省聊城第二中学。1934年夏，考入山东省立第二师范（曲阜）。九一八事变后，熊善隆与其他同学一起，参加宣传抗日救国、收复东北失地等抗日活动。在当时形势的影响和各种进步书刊的宣传教育下，他思想进步，努力寻求革命真理，越发敬佩共产党

熊善隆故居

和红军，向往革命根据地，具有强烈的革命要求。1937年，刚从师范毕业的熊善隆到黄河北岸的牛角店高等小学任教。同年12月27日，日军占领济南。济南沦陷后，城乡秩序混乱，熊善隆所在的学校被迫解散，他只得回老家。

1938年6月28日，日军侵入平阴。国民党平阴政府官员弃城逃跑。日伪到处杀人放火，平阴人民处于水深火热之中。

1938年12月初，中共泰西特委、八路军山东纵队第六支队为开辟平阿山区抗日革命根据地，来到平阴县开展工作。他们进入平阿山区，先后在罗圈崖、薄庄和东平二区的西柿子园举办了两期训练班。当时，平阴还没有共产党员，泰西特委书记段君毅便同泰西特委宣传部部长万里商量，必须尽快发展党员，建立中共平阴县委。经万里介绍，熊善隆进入农民自卫队训练班学习。在这里，熊善隆学习了党的抗日方针和政

熊善隆（1911—1942）

策、国家时事政治以及自卫队的工作任务等，思想进步很快，经万里、袁振介绍成为中共候补党员，候补期半年。入党后，熊善隆到黄河北毕庄一带开展活动，先后介绍张常试、赵玉庆、孙泽生等人入党。

因形势所需，泰西特委立即着手建立平阴县委。1939 年 2 月 1 日，中共平阴县委在李沟乡王楼村正式建立，熊善隆担任县委书记。县委的建立，给平阴县及平阿山区的人民树起了抗日的旗帜，指明了方向，带来了希望。

1939 年 3 月，泰西地委在常庄召开泰西活动分子扩大会议。罗荣桓在会议上传达了中共中央六届六中全会决议，对开展建党、建军、建政、民运、统战等项工作作了具体部署。在常庄开会的七八天时间里，熊善隆与平阴县委的同志受到了一次深刻的马列主义教育，明确了党的路线方针政策。回来后，熊善隆和县委几位同志跋山涉水奔波在黄河南北及平阿山区，深入群众，发展党员，建立党组织和抗日群众团体。到 1940 年底，全县已建成 90 多个党支部或党小组，党员发展到近 300 人，并先后在所辖 6 个区建立了区委。各区的农协会、青救会、妇救会、儿童团等群众组织如雨后春笋般迅猛发展。

1939年10月，平阴县第一届抗日民主政府成立，熊善隆被选为县长。不久，县政府在孝直村召开庆祝大会，熊善隆以人民县长的名义发表讲话。熊善隆讲道：新成立的政府是抗日民主政府，是人民的政府，与旧政府不同，它是人民选举产生，又是为人民服务的。他号召全县人民坚决抗战，不当亡国奴，坚持长期抗战，反对投降，努力争取抗日战争的最后胜利。他号召群众支援人民子弟兵——八路军，拥护抗日民主政府。1940年元旦出版的《大众日报》以《平阴旧县长破坏抗日勾结日寇　民众自动选举新县长》为题，对此事进行了报道。抗日民主政府的成立，标志着平阿抗日根据地的形成。

熊善隆带领平阴人民与八路军山东纵队第六支队紧密配合，组建平阴基干大队，在各区建立武装队，在各村建立自卫队和游击小组，配合八路军打击日伪势力。基干大队组建初期，战士多赤手空拳，急需武器来武装。县政府决定：可用钱收买地主的护院枪支，要多做工作，不准强迫。但地主们害怕日伪保安队的报复，尽管再三动员，还是不敢把枪卖给抗日政府。有的同志弄枪心切，采取了逼迫买枪的办法。有一次，县大队几个队员到白云峪村将一个不同意卖枪的地主抓起来吊打，逼他交出枪支。熊善隆闻讯赶到，严肃批评了这种违反政策的行为，亲自为地主解缚释放。

熊善隆处处严格要求自己，关心群众疾苦，时刻想着群众的利益，从不搞特殊。抗日根据地初创时期，生活十分困难，缺吃少穿。一次，有个战士因鞋子破了，跟抗日村长吵着要鞋。熊善隆知道后，抬起自己的脚让战士看，他脚上的鞋子早就“张嘴”了。看到县长的鞋子破得比自己的还厉害，那个战士羞愧地低下了头。为了培养抗日干部，熊善隆积极选派干部到上级党委学习，对派去的同志谆谆教导，提出殷切希望。

待他们学习归来，他总是热情询问情况，介绍斗争形势，鼓励他们到群众中去做好工作。每当夜晚行军或转移时，他都亲自深入到战士中，检查准备情况，帮助照顾体弱的同志。行军中从不惊动和干扰群众，都是在村外露营，拂晓之后才进村。

1941 年，日伪军数次对平阿山区抗日根据地发动大规模的“清剿”，熊善隆带领全县军民，与之进行顽强斗争。6 月 18 日，日伪军纠集泰安、肥城、长清、平阴、东阿、东平、汶上 7 县之敌 5000 余人，“清剿”平阿山区，妄图一举消灭抗日武装力量和党政机关。此时，平阴、东平两县机关、部队在湿口山、罗圈崖、陈庄一带。按照部署，熊善隆带领县大队、政府机关，在兄弟部队的配合下，顺利地冲出了包围圈，保存了抗日力量。8 月，熊善隆带领人员转移到毛铺村一带，筹集粮款，被敌

平阴县抗日民主政府旧址

人发觉。10月5日凌晨，日寇纠集了肥城、长清、平阴等县3000余名敌人，合围毛铺村。面对强敌，部队、机关分三路突围，被迫撤离平阿山区，转移到黄河西进行整训。此次突围损失很大，平阿山区抗日根据地进入抗日战争最艰苦的时期。

1942年3月，日军推行第四次“治安强化运动”，抗日根据地的形势不断恶化。为粉碎敌人“围剿”，建立联络站点，开展对敌斗争，10月7日，熊善隆夜渡黄河，开展锄奸行动。熊善隆带领一区区长朱大全等6人先将罪恶累累的安城乡伪乡长处决，然后准备到与肥城接壤的三台山隐藏。由于在夜晚行军，数小时奔波十几公里，又累又乏的小分队决定到大官村借宿。因坏人告密，夜里，他们被毛铺据点的伪军和平阴城的日本特务包围。熊善隆率众奋起抵抗，激战两小时，终因寡不敌众，弹尽援绝，以身殉国，年仅31岁。

熊善隆等人的牺牲给平阴县党的工作和整个抗日运动带来了难以弥补的损失，平阿山区军民十分悲痛。抗日战争胜利后的1946年，泰西地委、专署在平阴召开了隆重的追悼大会，熊善隆烈士遗骨被送回胡坡村安葬。

如今，中共平阴县委旧址、熊善隆烈士墓、熊善隆烈士故居、平阴县抗日民主政府诞生地和平阴县第一个党支部纪念馆（大峰山八区兴隆镇党支部旧址）均被公布为济南市第一批不可移动革命文物，成为党史教育基地。

“泰山”“黄河”，两支武工队机动制敌

武工队是由既能打仗，又能宣传和组织群众对敌开展政治攻势的少数精干人员组成的队伍。全民族抗日战争时期，山东抗日民主根据地普遍开展起分散性、地方性、群众性的游击战争。武工队的主要任务是在根据地的边沿区、游击区、敌占区，团结广大群众，扶持、率领群众开展武装斗争。黄河沿岸的泰山区第一武工队和黄河大队名冠山东。

●●●

武工队全称“武装工作队”，成员都受过特别的军事训练和政治教育，能将政治攻势和武装活动相结合、公开工作和秘密工作相结合，有力地打击敌人，团结群众。因活动区域主要在敌后，又称“敌后武工队”。

泰山武工队，是“泰山区第一武工队”的简称，隶属于八路军山东军区鲁中军区第一军分区（亦称“泰山军分区”）政治部。

1941 年 9 月，日伪军对泰山区根据地发动了残酷的大“扫荡”，之后又反复进行“蚕食”“清剿”，致使泰山区的抗日形势急剧恶化。1941 年 12 月 15 日，山东纵队四旅由旅政治部、十团和泰山专署公安处

侦察班负责组建调集党员50余人，组成泰山区第一武工队，四旅政治部协理员罗俊任队长，十团三营副教导员刁愈之任指导员，李烈炎等任副指导员，下设3个分队。这支武工队的指战员全部是精明能干、有勇有谋、能单独执行任务的连排干部，每人都配备步枪、短枪和手榴弹3种武器。1942年1月，武工队进入莱芜口镇，像一把尖刀插入敌人的重点防守地区，一方面铲除作恶多端的叛徒汉奸，一方面宣传中共的政策和抗战必胜的道理。

1943年3月，泰山区第一武工队奉命赴敌后泰（安）莱（芜）边的“川村实验区”开展斗争。济南日特机关鲁仁公馆派特务川村与之雄伪装成反战人士，利用泰莱地方封建势力赵新民、徐树民等“硬拳道”反动头目，诡称“中国要走‘三民主义’的中间道路”，以“不‘扫荡’、不交粮”

泰山区第一武工队到历城后的合影，前排中为罗俊

等为诱饵，欺骗麻痹群众，鼓吹“地方自治”。日特机关依托日伪中心据点范镇，策划成立“泰莱特别自治实验区”（亦称“川村实验区”）。实验区一度扩至泰安角峪以北、山口以东、莱芜水北以西数十个村庄。敌人这一“以华制华”的险恶阴谋，对开展该地区抗日活动造成了极大困难。武工队进入这一地区后，采取以政治攻势为主、军事斗争为后盾的策略，打开了抗日工作的局面，继而改造了部分伪政权伪革命的两面政权，争取了大部分群众，摧毁了“川村实验区”。

1943 年 11 月，以罗俊为队长、刁玉芝为指导员、李烈言为副指导员的武工队进驻历城南部山区。武工队打击瓦解敌伪军和反动会道门，配合主力部队摧毁伪据点，并协助地方党组织建立起部分抗日民主政权，对开辟南部山区根据地和保证市内交通发挥了积极作用。1944 年前后，历城县政府成立，同时建立了历城县大队，负责南部山区的对敌斗争。这支武工队完成任务后，奉命调回根据地。

1945 年 1 月，八路军山东军区通令嘉奖泰山区第一武工队，称赞它是“山东成立最早的武工队……三年来经严酷斗争，开展与坚持了敌占区及游击区 14 个区的抗日工作，建立了历城抗日政权，恢复了淄川抗日政权，坚持了莱北反‘蚕食’斗争，摧毁了川村实验区，瓦解了泰山区硬拳道，改造了很多无极道会门，使我军活动直迫济南”。

黄河沿岸还有一支名为“黄河大队”的武工队，同样赫赫有名，它隶属于中共渤海区委济南工委。抗日战争时期，党领导的敌后抗日武装在河北省东南部和山东省北部交界处创建了一个东临渤海、西枕津浦铁路、北至天津、南跨胶济铁路的敌后抗日根据地——渤海区抗日根据地。渤海区战略地位十分重要，是抗日战争时期山东的五大战略区之一。

1945 年 5 月，中共渤海区委济南工作委员会（简称“渤海济南工委”）正式成立，彭瑞林任书记，李萍、马冲任委员。工委机关设在济阳县孙耿镇太平庄一带，以济阳、齐河、临邑3县根据地为依托，统一领导渤海区委对济南的城市工作。同时，将二地委城工部所属武工队划归渤海济南工委领导，张茂珍任队长兼政委。6月15日，济南铁路工厂党支部在中大槐树街开设“义记自行车行”，作为党支部联络团结工人的基地和渤海济南工委在市内的地下联络站，支部委员司有义任经理，由支部书记宗泽管账。

渤海区党委济南工委工作联络点义记自行车行旧址（原济南中大槐树街）

苏联对日宣战后，根据中共中央的指示，山东分局、山东军区决定将八路军山东部队组编成5路大军，向敌占城市和交通要道进军，实行战略反攻。1945年8月11日，山东分局发出《关于调集干部确保城市及交通要道之占领的紧急指示》，要求各级党委立即调集大量能够支持各种工作的干部，组织工作委员会随同部队行动，确保迅速占领城市和交通要道，并在军事占领后迅速开展各项工作。渤海区党委对渤海济南工委进行了调整，工委由彭瑞林、崔戎、李玉如、韩豁、吕洗尘组成，彭瑞林任书记，崔戎任组织部部长，李玉如任宣传部部长。吕洗尘打入市内，以义记自行车行为掩护，领导铁路系统党的工作。同时，武工队扩编为营的建制，代号为“黄河大队”，路有水任队长，彭瑞林兼政委，

1945 年 9 月，八路军渤海军区主力部队解放商河县后军民举行祝捷大会

负责保卫工委机关，接送出入市内的工作人员。

1945 年 9 月，根据中共山东分局和山东省政府的决定，渤海行署在济阳县孙耿镇一带建立了济南办事处，彭瑞林兼主任，李玉如、王佐青任副主任。渤海济南工委增设国军部，彭瑞林兼部长，王佐青任副部长。工委和办事处又分别设立了招待所和救济站。招待所的主要任务是招待出入市内的工作人员和培训从市内来工委参加工作的青年学生，救济站的主要任务是向市内失业工人和贫苦市民发放救济粮款。渤海济南工委黄河大队在齐河、济阳两县地方武装的配合下，发起鹊山战斗，全歼驻地伪军，拔掉了设在山上的伪镇公所，扫除了地下工作人员出入市内的一大障碍。

派遣武工队深入敌占区和接敌区进行斗争，不仅使敌后游击战争得到广泛开展，打击了敌人，保卫了抗日民主根据地，而且在敌占区组织了群众，减少了人民损失，保存了民族元气，特别是扩大了共产党、八路军的影响，为将来的反攻积聚了力量，准备了条件。

扫一扫，听故事

济南受降，定在一个特殊的日子

1945 年 8 月 15 日，日本正式宣布无条件投降，抗日战争胜利。9 月 2 日，日本代表在东京湾美国密苏里号战列舰签署投降书。此后，驻扎在中国的日本侵略军各部陆续投降。中国受降范围划分为 16 个地区，山东境内日军分别向济南、青岛、德州集中，准备听命缴械。1945 年 12 月 27 日，适逢济南沦陷八周年。这一天，济南、青岛、德州地区受降典礼在十一战区副司令长官司令部大礼堂举行。日本无条件投降后，国民党山东省政府进驻济南接管伪政权，济南成为国民党在华北重点控制和重兵驻守的城市。

●●●

抗日战争中，共产党人在全省各地举行起义，建立抗日武装，开展了艰苦卓绝的斗争，共产党领导的抗日武装力量不断壮大。日本宣布投降的当天，中共山东分局撤销济南市抗日民主政府办事处，建立济南市政府，并于 3 天后设立中共济南市委员会，进驻济南的南部山区。为适应局势变化，渤海区党委也对渤海济南工委进行了调整，并从渤海区第

受降仪式举办地——山东省立图书馆奎虚书藏楼

二地委、第三地委选调了近百名干部，作为接管济南的骨干力量。同时，冀鲁豫边区党委组建了泰运地委城市工作部[①]，派专人负责对济南的城市工作。泰运地委城工部把峰山、河西、东阿、平阴等县城工干部集中起来进行培训，待机打入济南。

国民党政府在抗战中实行片面抗战路线，在山东的力量日益衰落。而在抗战胜利的形势下，国民党山东省政府却全力抢占抗战胜利果实，与共产党争夺山东这一战略要地。1945 年 8 月间，国民党方面控制了 54 个县市，占全省行政区的半数，同时大举向山东调集正规部队。

国民党山东省政府主席何思源昼夜兼程，赶赴山东，与抗日军民

① 1946 年 1 月改称“冀鲁豫区党委济南工委”。

抢夺抗战胜利果实。同时，国民党政府招降纳叛，任命伪山东省省长杨毓珣为山东先遣军司令，伪和平建国军第三方面军司令吴化文为先遣军第五路军军长（后改为第九十二军军长），以维持治安，等待国民党政府的接收。

何思源于8月中旬到达寿光，与伪军第三方面军留鲁部队首领张景月勾结在一起，并由张景月护送，于8月19日到达青州。何思源在青州接见了驻山东日军代表藤田大佐，并商谈受降之事。8月下旬，何思源到达章丘龙山镇，经汉奸朱经古与驻鲁日军善后联络部长、原第四十三军军团长细川中康取得联系。9月2日，何思源在日军护送下进入济南市内，随即宣布由日军暂时维持社会治安，并大量收编伪军，蒋、日、伪合流局面初步形成。

9月9日，中国战区的受降仪式在南京举行。当日，何应钦对投降后的日军派遣军总司令冈村宁次下达了《中国战区中国陆军总司令部命令（军字第一号）》，宣布自9日起，取消冈村宁次中国派遣军总司令官名义，从10日开始，改称“中国战区日本官兵善后总联络部长官”。从10日起，中国派遣军总司令部改称“中国战区日本官兵善后总联络部”，原所划分的各地区代表日军投降的司令部，统改为该地区日本官兵善后联络部，并一律取消代表投降长官的原有名义，改称该地区联络部长。命令还规定将中国受降范围划分为16个地区。其中，第十一战区副司令长官李延年受降日本青岛、济南地区善后联络部，日方联络部长为细川中康。日军投降部队为第四十三军、第四十七师团、第九独立骑兵团、第十一独立骑兵团（集中地点在济南），以及第五独立旅团、第十二独立骑兵旅团、第1独立旅团及海军陆战队（集中地点在青岛）。

李延年，山东广饶人，黄埔军校第一期毕业生。曾先后担任第九师师长、第二军军长、第三十八集团军副总司令及总司令等职，1945年初，转任第十一战区副司令长官兼山东挺进军总司令。李延年受命为济南、青岛、德州地区受降主官后，即派其副司令杨业孔赴济南，设置前进指挥所。9月16日上午9时半，杨业孔等一行26人飞抵济南。当日，杨业孔在山东省立图书馆设立了前进指挥所。下午3时，细川中康率高级幕僚14人，赴指挥所晋谒杨业孔，并指定寒川吉溢每日与指挥所联络。从17日起，日军遵令将各项表册呈送指挥所，并派主管人员到指挥所，分别报告各项情况及准备缴械事宜。山东境内日军分别向济南、青岛、德州集中，准备听命缴械。

10月10日，李延年率骑二军、第十二军、第七十三军等部抵达济南，国民党在济南的军事力量迅速加强。国民党军政大员进入济南后，进行了劫掠式的接收工作，省政府、省党部、挺进军前进指挥所及其他各机关部门纷纷出动，能占则占，能要则要，能抢则抢。10月25日，李延年在济南接受细川中康代表其司令部、第四十七师团等共70500人投降。

鉴于1937年12月27日是济南沦陷之日，为一雪前耻，李延年特意决定将受降典礼推迟至此日举行。12月27日，济南沦陷八周年之日，济南、青岛、德州地区受降典礼在十一战区副司令长官司令部大礼堂举行。礼堂门前悬挂红底金字匾额，上书“正义重申”四个大字。礼堂内四周悬挂着青红白三色布幕，礼堂正面高悬孙中山遗像，像前交叉着中国国民党党旗和中华民国国旗，左右分悬“永奠和平”四个金字。左壁悬挂蒋介石和斯大林像，右壁悬挂杜鲁门和丘吉尔像。礼堂正中为受降主官席，左为武官观礼席，右为文官观礼席，受降主官对面为签降代表席，左右观礼席之两边均为新闻记者席。整个礼堂内的布置简单朴素，庄严肃穆。

上午10时整，受降仪式开始。参加观礼的军政首长按次入座，武官一律着军常服佩勋章，文官一律着黑色中山服。随后，李延年身着军服，胸佩勋章，率领副总司令杨业孔、参谋长梁栋新、军长霍守义、军长廖运泽，步入礼堂。引导官少校参谋张通引导日军签降代表细川中康、渡边洋、寒川吉溢、神保信彦、铃木一郎，从图书馆的海岳楼进入奎虚书藏楼受降仪式会场。5人并肩站立，向李延年及各受降主官敬礼，然后入座。签字仪式开始。

签字命令书共4份，2份为正本，2份为副本。李延年先在命令书上签字，签毕即由参谋长梁栋新交给日军代表细川中康，并说："此为副司令长官交予贵官之第一号命令，希贵官贯彻了解，彻底奉行，

日军签降代表寒川吉溢呈献受领证书

并以最迅速之方法，转达所属部队，一体奉行。”细川中康等起立将签字命令书接过，梁栋新随即回席。细川中康将命令书捧读一遍，即在上面签字并加盖官章。之后，留副本两份，将正本两份由寒川吉溢送还受降主官。寒川走至受降主官李延年前，行一鞠躬礼，双手将命令书递上，即回原位。

李延年检阅签字和官章后，向签降代表发问：“对命令是否完全了解？”签降代表全体起立，细川中康答称：“完全了解，并绝对服从。”然后，日军签降代表全体起立，摘下佩刀，齐赴受降主官席前行礼，将佩刀献上，表示解甲投降。最后，引导官张通引导签降代表 5 人退席。受降典礼结束后，李延年带领全体观礼官员，鼓掌庆祝胜利，并由李延年发表胜利演说。

就在国民党加强对济南统治的同时，中共济南市委根据济南形势的变化，于 11 月撤销市内工委。根据中央战略方针的转变，华东中央局作出指示：由于蒋、日、伪合流，济南已成为国民党在华北重点控制和重兵驻守的城市，我军决定暂不攻占济南，并停止对济南等地的军事行动，将主力部队撤离。

12 月 8 日，中共济南市委书记杨一辰组织市委委员讨论中共山东分局相关指示后，作了题为《目前济南形势及我们的任务》的报告。报告指出，“目前全国正处在反内战的激烈斗争中，是一个紧张的激烈变化的以军事斗争为主争取和平建设的过渡时期”，在济南“尚非军事斗争的主要方向”，“需要我党加紧团结与积蓄济南人民的内在力量，以加速胜利条件的成熟，并需要作一定期间的长期准备”。济南的共产党已经做好应对内战、长期斗争的思想准备。

第四章 走向光明

扫一扫，听故事

红色特工，孤胆英雄屡立奇功

解放战争时期，各地党组织派出精干力量，纷纷潜入济南，开展城市工作，探听国民党军队的军事信息。他们在极其艰苦和危险的环境中，前赴后继地与敌人作不懈的斗争。当时，中共泰运地委在济南发展成立了两个党支部，济南第一支部由雷紫屏任支部书记，济南第二支部由王馨华任书记。第一支部成员傅健行打入国民党军第二十集团军书记室，得到了许多情报，其中有不少是重要军事情报，为我军掌握敌情、进行军事斗争发挥了重要作用。

●●●

日本无条件投降后，国民党为抢夺胜利果实，调 10 万大军进攻山东解放区。1945 年 9 月初，在济南从事地下工作的雷紫屏接到冀鲁豫边区泰运地委城市工作部的命令，要求迅速组织力量搜集情报，掌握敌情，以供我军领导机关研究对敌斗争。

雷紫屏，原名雷广，又名雷迅，济南人。1930 年考入山东省建设厅举办的长途电话训练班，结业后被分配到齐河县，任长途电话局局长。

雷紫屏（1910—1949）

1937 年冬，雷紫屏与昔日同学、中共地下党员丁梦荪等人商定，奔赴抗日前线，参加抗日救亡斗争。途中历尽艰辛，终于在 1938 年 10 月到达延安，先后在抗日军政大学、马列学院、敌后城市干部训练班学习。1939 年，加入中国共产党。1942 年，雷紫屏受党组织委派，到济南从事党的地下工作。他到达济南后，在老同学的引荐下，打入伪山东省行政人员训练所。经过长时间的教育、培养、考察，他先后发展了袁清华、崔云超、许宝笃、傅健行等 9 名中共党员，并将几十名青年积极分子输送到根据地。

1945 年 8 月，中共泰运地委组织部派交通员张洁泉来济南，召集有关同志宣布党委决定：在济南成立两个党支部，济南第一支部由雷紫屏任书记，许宝笃、崔云超任支委；济南第二支部由王馨华任书记，胡福海、王中午任支委。

1945 年 10 月，雷紫屏以记者身份为掩护，打入国民党山东省党部主办的大华日报社。《大华日报》是国民党山东省党部主办的报纸，雷紫屏利用记者身份，将敌人宣传阵地为我所用，巧妙地揭露国民党政府统治下的黑暗，并从一些剿共败迹中透露人民解放战争的胜利消息。

面对地委搜集掌握敌情的要求，雷紫屏决定派年轻党员傅健行打入敌军首脑机关，伺机搜集情报。

傅健行，又名傅钦昌，陕西省勉县人，青年时期参加过东北抗日队伍。1941年冬，他在鲁南山区养伤时，遇日军“扫荡”同部队失散，后来辗转到济南投靠亲友。1945年，傅健行被雷紫屏发展成为中共党员。

傅健行（1917—1946）

傅健行接受任务后，多方打探，终于在一个熟人处得知，他以前在东北军结识的唐本吉最近刚调来济南，正在参与筹组国民党第二十集团军总司令部。

傅健行很快就找到了唐本吉。唐本吉在第二十集团军总司令部参谋处书记室担任书记官。通过他的介绍，又经历了一番周折，傅健行于11月下旬如愿进入书记室工作，任准尉司书。书记室是第二十集团军的机要部门，掌管机密材料的收发，傅健行打入书记室后迅速接触到许多军事情报。

傅健行每天早晨上班以后，不等唐本吉到来，就把抄印任务分配下去，接着尽快把自己的文稿办完，余下的时间就帮助文书们抄印。所以几个文书对傅健行都很尊重。11月底，傅健行向组织汇报工作时提出，希望再派一位同志进入书记室协同工作，抄写更多的机密情报。党支部接受了他的建议，派党员袁清华潜入第二十集团军。通过唐本吉的介绍，袁清华在书记室成为上士文书。

傅健行、袁清华在打入书记室后的短短一个多月内就搞到不少军事情报，如全国各部队番号及代号表、空降地面联络布板信号、所属部队调防命令等。为此，鲁西济南工委给傅健行记大功一次，并专门派政治交通员进城，当面向雷紫屏传达工委的决定。

此后，他们搞到的重要军事机密越来越多，如二十集团军所属各军、师、团的人员、军械、弹药、装备定期统计报表，全国军用电报密码，全国防御工事构筑标准设计图册，济南市城防腹案等。这些军事情报对我军战斗起了很大作用，工委向傅健行宣布第二次记大功的决定。

很快，傅健行的活动引起了敌人的注意。总司令部不断收到下属组织报告，说时有不明番号的部队夜间按照国民党军规定的口令通过封锁线，也时有国民党军调防时，中途遇到八路军的伏击，伤亡惨重。国民党军进攻解放区时，甚至捡到我军丢失的一份胶济线国民党军配置实力图。二十集团军司令部发现出现失密，立即着手追查。为了安全，党支部决定让傅健行立即撤出二十集团军司令部，迅速转移。

就在准备转移时，傅健行得到一个重要消息，总司令部刚刚开过一次高级军官会议，决定调动大量兵力，打通胶济铁路，接通海运补给线。这是一份极为重要的战略情报，经组织同意，傅健行决定将这份情报搞到手后再撤出。几天后，在国民党军总司令部向下属各军发出打通胶济线命令的第一时间，傅健行就把详细计划抄件转交给了组织。然而，就在第二天，傅健行突然被捕。面对敌人的反复刑逼利诱，傅健行坚强不屈，严守党的机密，捍卫党组织的安全。最后，傅健行被交付军事法庭审判，被判处死刑。1946 年 8 月 2 日，傅健行在周村火车站就义，时年 29 岁。崔云超混在群众之中，代表支部收殓了傅健行的遗体。

中共泰运地委济南第二支部书记王馨华，也是一名优秀的地下工作者。

王馨华，原名王淑田，化名若萍，祖籍山东济阳。幼时，她随外祖

王馨华（1913—1948）

父去了东北，就读于奉天女子师范。1932年随父来到济南，先后在历城县立第一中学、太平街小学、正谊小学和黑虎泉小学任教。1942年，地下党员赵正阳来到黑虎泉小学，王馨华在他的启发帮助下开始接受党的教育，接受革命思想。1944年3月，她如愿加入中国共产党。

1944年秋天，由于叛徒出卖，王馨华被捕，被带到了日本的特务机关泺源公馆。特务头子乌山亲自审问王馨华，用尽了软硬办法，但王馨华严守党的机密，机智地和敌人进行斗争。王馨华被捕后，党组织想方设法进行营救，学校、家长联名保她出狱，经过斗争，终于把她救出了虎口。赵正阳牺牲后，中共泰运地委任命王馨华为济南第二支部书记。她利用自己的合法身份，积极开展抗战烈士抚恤活动和各种隐蔽斗争。

此后不久，王馨华刚从工委汇报完工作返回济南，在途中遭到叛徒出卖，又一次被捕入狱。国民党特务对她进行威逼利诱和酷刑拷问，但她始终没有透露半句党的信息。学生家长、街坊邻居再次联名要求释放这位老师，敌人无可奈何，只好把她放了。

1948年9月10日深夜，交通员向王馨华传达了上级党委关于紧急行动起来，做好一切工作，配合我军解放济南的指示。接到指示后，王馨华立即召集党支部开会，研究如何做好瓦解敌军、争取敌军起义，保护好工厂、学校和敌伪档案，查清国民党党、政、军、特主要头目名单和住址，摸清地形，为我军当好向导等工作。

1948 年，解放战争进入第三个年头，人民解放军经过浴血奋战，已由战略防御转入战略大反攻，党中央指示在八九月间解放济南，王馨华听到这一振奋人心的消息，高兴极了，积极做好战斗前的一切准备工作，迎接济南解放。

解放济南战役打响后，部分溃军退到十亩园七家村一带，强住在民房内。敌杂牌军徐振东部下的一个副团长，带领一部分残兵住在王馨华院里，王馨华便抓紧时机，对他们进行攻心瓦解工作。在兵临城下的形势下，这名副团长很快被说服，表示愿意起义。9 月 23 日，此事被蒋介石军安插在该团的特务识破，就在我军攻城取得胜利的前夕，王馨华惨遭特务杀害，时年 35 岁。

扫一扫，听故事

瓦屋脊上，夜袭国民党精英部队

瓦屋脊战斗是解放战争初期发生在瓦屋脊山上的一次战斗。1946年6月26日，国民党政府悍然撕毁停战协定，以30万兵力围攻我中原野战军，全面内战爆发。不久，国民党军大肆“清剿”济南南部山区的解放区和边沿区。鲁中警备一团副团长王法山①率一营兵力进攻瓦屋脊，夜袭临时驻扎在山上的一个国民党军美式装备加强连，仅用两个多小时就取得了胜利，破坏了国民党军原定的攻击计划。2008年清明节，附近村民将山下的一处无名泉命名为“英雄泉”，以铭记这次战斗，纪念牺牲的革命先烈。

1946年，国民党六届二中全会推翻政治协商会议决议，内战危险急剧增加。5月下旬，山东解放区周围的形势骤然紧张。国民党军队不仅

---

① 王法山，山东省新泰县（今新泰市）人。1938年2月参加八路军山东人民抗日游击队第四支队，5月加入中国共产党，历任四支队班长、排长、连长、营长、团参谋主任等职，参加过滕县战役和高庄、山亭、东汪等一系列战斗。

康井孟村中的英雄泉

屡屡挑衅，还唆使伪军违反停战协定进攻解放区。6月7日至13日，山东野战军同时对胶县、高密、即墨、德州、张店、周村、枣庄等城镇的伪军出击，解除4万余伪军武装。6月7日，渤海军区十三团在章丘县区武装配合下，发起攻打明水的战斗。次日，鲁中警备一团在副团长王法山的带领下增援，经两昼夜激战，歼灭国民党胶济铁路警备总队2000余人。数日后，国民党出动飞机轰炸扫射泰安、明水、普集、枣园等车站。

6月23日，国民党徐州绥靖公署第二绥靖区司令王耀武指挥驻济南、昌潍、青岛的5个军约10万人，向胶济路沿线解放区大举进犯，试图打通胶济铁路，以铁路为依托，向各解放区发起进攻。6月25日下午3时，驻济南国民党七十三军三十六师及九十六军十四师、十五师，在飞机掩护下沿胶济线东犯。与此同时，驻潍坊国民党第八军沿胶济线西犯。7月1日，西路之敌先后占领枣园、明水、埠村、普集车站及其以南43个解放区村庄。7月5日，东西两路之敌打通胶济线，会合于张店，又继续南犯淄川、博山。济南之敌大举进攻胶济路的同时，也对历城南部解放区发动袭击，一度占领邵而、泉泸、东梧三个边沿区。在占领历城南部、章丘胶济路以南大片地区后，国民党军还支持伪军、汉奸、恶霸等组成的还乡团，大肆捕杀村干部及农会、民兵积极分子。

7月4日，中共中央军委根据全国战局的变化，适时调整了“敌进我进，外线出击”的作战部署，要求山东部队“先在内线打几个胜仗再转至外线”，实施内线歼敌的“积极防御”作战方针。华东局和山东军区按照中央军委的要求，立即调整了作战部署，向沿胶济路东西对进的国民党军发起胶济路阻击战。为迟滞国民党军的进攻速度，给军事部署争取时间，鲁中警备旅一团奉命在自历城二十里铺至王村胶济路西段南侧，抗击敌人进攻10余天。这期间，我军在瓦屋脊首次包围全歼国民党军美械装备的一个加强连。

被歼灭的国军隶属于国民革命军第七十三军。1946年6月，国民党军向解放区发动全面进攻后，七十三军驻防淄川，主要担任胶济路西段守备任务和在局部地区机动作战。七十三军在东进的路上，除遇到小股地方革命武装外，一直未见我军主力。为此，七十三军抽调了一批有侦察经验的老兵，装备全套的美军武器，组成100多人的加强连，搜索我军行迹。1946年7月上旬某日，这一加强连从王舍人出发，经章灵丘、西邢村直插东南，一路走走停停，盘查审问沿途居民，侦察我军踪迹。到了神武以南，抓到我军一个扮作农民的侦察员，强逼他做向导，继续南进。他们行至瓦屋脊时，仍一无所获。此时天已渐黑，敌军又累又饿，连长便下令在山中夜宿，计划第二天前往龙湾村破坏粮仓。吃过晚饭后，全队直奔瓦屋脊山顶，构筑简易工事，准备依托山顶宿营。我军侦察员趁敌不备之时，悄然逃离。国民党军费尽心思没找到我军主力，刚逃出的侦察员却不经意间遇到了鲁中警备一团的侦察部队。

在此之前，鲁中警备一旅一团副团长王法山，以及警一团一营营长王新民、副营长田明惠、教导员宋光奎、副教导员夏祥才，率一团一营活动于历城、章丘境内，组织军民抗击国民党军对解放区的进攻。鲁中警备一团的前身是泰山区警备一旅，该旅撤销后，其所辖一、三两团合编为鲁中警备一团，团长张明三，副团长王法山，政委多普照。此后不久，原鲁中警备一团、军区警卫团和警备七团在泰安整编为鲁中警备一旅，原鲁中警备一团成为警备一旅一团，仍由张明三任团长，王法山任副团长。

这天也巧，王法山、王新民率部队从拔槊泉出发，经老树峪、南泉北上侦察敌情，途中正遇到从瓦屋脊山仓皇逃脱的侦察员。听到敌情汇报后，王法山与营干部当即决定趁夜围歼瓦屋脊之敌。

瓦屋脊位于今历城区港沟街道东南 8.5 千米处，东邻彩石乡井子路，

瓦屋脊

南连黑山顶，西为寨而头，北接黑峪山，海拔554.6米，面积约6平方千米。瓦屋脊由三个耸立的小山峰组成，岩壁陡峭，主峰顶部由一块块巨石堆砌而成，每块巨石大小不一、高低不等，突兀地耸立在山脊之上，形似屋脊，只有一条小道可通山顶。

此战的战斗主力是警备一团一营的一连、二连，附近的民兵大队也协同参战。部队摸黑上山，分南北两路攻击。开始尚能轻轻向山上运动，但随着山势陡起，脚下乱石发出响声，更有石块滚落山沟，发出巨响。当部队上到约300米处时，敌人的手电向山下照射，我军见已经暴露，便在夜幕掩护下向有手电光的方向射击，一场激烈的攻坚战就此打响。

枪声一响，敌人便都隐蔽在巨石之后，凭借居高临下的有利地形，对我方战士发射枪炮。我军毫无畏惧，勇猛地向山上冲，将敌人重重包围。接近山顶时，我军被敌人的炮火压制。指挥部命令一个突击排冲向敌人阵地。在遭到敌人的疯狂射击，无法前进时，担任突击排第一班战斗组长的李长法一跃而起，提着手榴弹，带领战士们冒着炮火，冲向敌人阵地。战后，李长法荣获三等战斗模范称号。而连长王仲信、排长谷有禧等则在战斗中壮烈牺牲，战后葬于瓦屋脊。如此反复几次冲杀后，两路突击部队终于会合于山顶，与敌军展开了肉搏。在激战两个多小时后，终于取得了胜利。

在简单打扫战场后，我军主力连夜南撤。第二天一早，民兵大队组织村民到山上寻找解放军伤员，将伤员转运至附近几个村中治疗，同时搜索牺牲的战士，搬运遗体下山。烈士一部分安葬在瓦屋脊东麓，一部分由民兵协助运回老家安葬。

瓦屋脊山激战这夜，附近的孙村区中队正在顿丘一带打击还乡团。当听到宅科村方向有激烈枪声时，区中队就向枪响处奔去，到宅科村已

附近村民自发修建的烈士纪念碑

是早晨4点，向附近村民打听，得知枪声在黄歇村以南。赶到黄歇村时，天已渐亮，战斗已结束，黄歇村的村民正在忙着转送我军伤员。区中队又急奔瓦屋脊山，进行战后搜查，搜到1支美式步枪和部分子弹，以及一些零星物资，随后下山，动员村民运回敌军尸体。

瓦屋脊战斗共击毙敌军80余人，跳崖摔死7人，俘敌40人。缴获六〇迫击炮1门，轻机枪9挺，卡宾枪、步枪等美式枪械50余支。我军也付出了不小的代价，伤亡110余人。

半年后，国民党七十三军在莱芜战役中被华东人民解放军全歼，军长、副军长、参谋长尽数被俘。莱芜战役后，国民党又以淄博特务旅为基础，在济南重建七十三军，后改编为整编第七十三师。1948年9月，七十三师在济南战役中被人民解放军全歼。

扫一扫，听故事

莱芜战役，陈毅、粟裕大摆“迷魂阵”

抗战胜利后，国民党反动派背信弃义，以进攻中原解放区为起点，悍然发动全面内战。在军事进攻失利的情况下，蒋介石改变全面进攻策略，华东解放区成为其进攻的主要目标之一。中共中央及时调整策略，发起鲁南战役，并取得大胜。接着，整编成立华东野战军，实行统一指挥。不甘失败的蒋介石随即组织鲁南会战，华东主战场开始转移到山东解放区境内。莱芜战役就是在这样的背景下爆发的。莱芜战役是华东野战军第一场大规模歼灭战，彻底粉碎了国民党企图在山东歼灭我军主力的阴谋。

●●●

1947 年初，解放战争的主战场转入山东解放区境内。在鲁南战役取得胜利后，国民党军又制定“鲁南会战计划”，以 31 万余兵力组成南北两个兵团，以临沂、蒙阴为目标，南北对进、两面夹击，妄图消灭华东野战军主力，占领山东解放区。为实施这一计划，蒋介石亲自到徐州部署，并派参谋总长陈诚坐镇徐州指挥。陈诚依恃兵力上的优势，扬言：

“即使全是豆腐渣，也能撑死共军！”

面对蒋介石的“鲁南会战计划”，毛泽东以中央军委名义令华野“集中全力歼灭东进之敌”。根据中央军委指示精神，华东野战军司令员陈毅、副司令员粟裕、副政委谭震林，于1月26日报中央军委，拟集中50个团的兵力，先打南线之敌，诱敌北进到临沂外围，再予以各个歼灭。1月31日，南线国民党军分三路开始进犯。但敌人接受之前鲁南战役中被分割歼灭的教训，不敢大踏步进犯，而是采取了乌龟爬行的战术，你连着我，我连着你，稳扎稳打，齐头并进，平均每天前进不到6公里。我军一时很难找到良好的战机对敌进行分割歼灭，预定的作战计划难以实现。直到2月4日，北线李仙洲部孤军深入莱芜地区。陈毅适时提出“舍南取北”的作战构想，粟裕也认为北线之敌好打。两人一琢磨，既

陈毅（右）、粟裕（左）

然敌人不敢大踏步来犯，我军就大踏步进击，主动迎敌。经过充分讨论，华野制订出北上歼敌的作战方案，报军委同意后，莱芜战役作战方案正式形成。为了迷惑和调动敌人，陈、粟摆起了连环“迷魂阵”，采取了一系列“示形于南，击敌于北”的策略，令敌人眼花缭乱。

华野北上歼敌的作战意图确定之后，并未急于北上，而是于2月6日先攻打负责国民党军南线右翼掩护的郝鹏举部，作出进攻南线之敌的态势。至7日黄昏，全歼郝部6000余人，并生擒郝鹏举。打完郝鹏举部之后，为了让一有风吹草动就龟缩的敌军放心前进，我军又按兵不动，迷惑敌人大胆北进。

郝鹏举先后投靠过冯玉祥、胡宗南、日本人、蒋介石，后在我方的政治争取、军事压力下，于1946年1月在台儿庄发表反内战通电，自立番号。这期间，陈毅曾多次到该部做工作，想将其改造为人民武装。然而郝面对诱惑，于1947年1月再次投靠蒋介石。郝鹏举被俘后觍颜求见陈毅司令员。陈毅当面写下一首脍炙人口的诗赠他：“教尔作人不作人，教尔不苟竟狗苟。而今俯首尔就擒，仍自教尔分人狗。”后来，郝鹏举在押解途中企图逃跑，被当场击毙。

临沂是山东解放区首府，又是当时最大的解放区之一，蒋介石绝不相信华野主力会放弃临沂而去。为达南线钳制敌人、北线歼灭敌人的双重目的，我军以“我要决战”的姿态，示“必保临沂”之形。以部分兵力扮成主力，成立南线指挥所，防御上采取控制要点与宽正面防御相结合的方法，战术上用小分队的顽强阻击与机动反击相结合迟滞敌人前进，并让各部队与群众配合，打着各纵队的番号，展开侦察、设营、筹粮、架桥等各种活动，欺骗敌人。这一策略，一方面牢牢钳制住了南线欧震集团8个整编师，另一方面又使北线李仙洲部肆无忌惮地孤军深入，更重要的是为华野金蝉脱壳、秘密挥师北上赢得战机，一举多得。

面对我军“决战之势”，蒋介石、陈诚果然中计，且犯了战术教条主义错误，如战后总结大会上所言，“实行了仅对工业国家战争适合采用的战略轰炸。他们在临沂足足轰炸了一个星期，然而炸毁我们的只是几辆汽车和几间茅棚”。2月10日，陈、粟发出北上歼敌的行军命令。我南线主力部队，冒着雨雪风寒兵分三路向北急进，为了隐蔽，部队每日行军从不宣布目的地，总是黄昏出发，黎明宿营，战士们形象地称之为从“日落村”出发，到“天亮庄”宿营。与部队并肩前进的，还有当地数十万支前的民工。从临沂到蒙阴150公里的地区内，白天一片宁静，夜晚人流涌动；山上山下，村前庄后，大小道路，千军万马在夜色的掩护下，浩浩荡荡却又悄无声息。2月15日，在我北上主力已逼近集结地点，对李仙洲部几近完成包围之势时，陈、粟令南线部队对进攻之敌顽强抗击后，实行逐步退却，造成“失利”之形撤出临沂，让敌人占领了临沂这座空城。陈诚果然中计，15日当天即向南京报捷：“陈毅残部已无力与国军作战，欲与刘邓会合，国军正在追剿中，山东之大局指日可定。”国民党中央宣传部部长彭学沛闻讯后更是在南京叫嚣：攻占临沂为国军在鲁南决战的空前大胜。

国民党上上下下被“攻占临沂”冲昏头脑，这正是陈、粟所期望的。为配合“跑路”姿态，在“失利”临沂的同时，粟裕再设南北两路疑兵计，以地方武装佯装正规部队大张旗鼓地向西行进，示“华野主力放弃山东，西渡黄河”之形。南路先是由鲁南部分地方武装自费县向西北运动，同时派出一支人马在黄河沿岸公开搜集船只，并声言西出与刘邓大军会合，再动用大量人力物力在兖州以西的运河上架设浮桥，使敌深信不疑。北路是派鲁中军区第二军分区司令员封振武率3个团沿泰（安）

新（泰）公路昼夜不停地向泰安方向挺进。陈诚得悉情报后，立即电示在济南指挥战事的第二绥靖区司令官王耀武，要求增强黄河防务，在黄河以南地区歼灭我军。被“西出”假象迷惑的蒋介石也是同样想法，即与陈诚密定了进驻莱芜、新泰两城的新作战方案，由陈诚电令王耀武执行。吃过我军苦头的王耀武接到电令后，认为蒋、陈所料与事实不符，担心李仙洲部被歼，不同意分散兵力进驻莱芜、新泰，但蒋、陈执意不从。2 月 13 日，蒋介石又以亲笔信形式催逼王耀武，2 月 16 日，陈诚再次致电王耀武且严令李仙洲部进驻莱芜，王耀武只得遵照执行。这样一来，本就孤军深入的李仙洲部就彻底陷入了华野主力部队的包围圈中。

在北路，为彻底完成对李仙洲部的分割包围，并在兵力上形成绝对优势，封振武遵照陈、粟布置，与李仙洲侧翼的四十六军灵活周旋，给其以严重杀伤后立即转移，如行云般飘忽不定。同时，部队每天晚上到村子里宿营时都多搞一些草铺，第二天转移时保持草铺原样，用“增灶”之计迷惑敌人。四十六军搞不清解放军到底有多少兵力，始终不敢轻举妄动，前进十分迟缓。在一个星期的周旋中，鲁中军区第二军分区只以

我参战部队向莱芜挺近

莱芜战役纪念馆前的烈士纪念塔和陈毅塑像

轻伤20人、无一阵亡的代价，便使拥有2万余众的四十六军始终未敢冒进，为我主力部队调整部署，彻底完成对李仙洲部的包围赢得了时间。

2月19日，王耀武判明华野攻击莱芜的意图后，急令七十七师迅速南下增援，但为时已晚。20日上午10时左右，“关门打狗”的和庄突击战，打响了莱芜战役第一枪，七十七师被全歼，师长田君健被当场击毙。20日晚，华野主力部队对李仙洲部展开全线攻击。为达全歼目的，我军采取围三缺一的经典战法，调虎离山，纵敌出城，然后四面包围，收网捉鱼。2月21日，华野部队全部展开，以绝对优势完成了对李仙洲部的战役合围。到2月23日中午，李仙洲部5万多人被团团包围在东西三四公里、南北十一二公里的袋形阵地里，进退不得，乱作一团，下午5时被全歼。

莱芜战役只用了3天时间，我军以伤亡6000余人的代价，歼敌7个师6万人左右，生俘第二绥靖区中将副司令官李仙洲、第七十三军中将军长韩浚和少将17名，击毙少将师长、副师长2名，使鲁中、渤海、胶东、滨海4个解放区连成一片，华东战场的形势从此转入一个新阶段。

小洼壮烈，钢铁一连演绎《集结号》

艺术源于生活，但生活的真实很多时候让艺术也黯然无光。电影《集结号》中阻击战的惨烈场景令人印象深刻，但其原型——莱芜战役中最惨烈的小洼阻击战，战斗场面之震撼和悲壮，远非电影所能表现。莱芜战役能取得大胜，离不开整个战役进程中每一次战斗的浴血荣光。在残酷的战争中，我军各级指战员发扬一不怕苦、二不怕死的革命英雄主义精神，排除万难，勇往直前，敢打敢拼，不怕牺牲，以血肉之躯铸就钢铁长城，用鲜活生命创造了以少胜多、以弱胜强的奇迹。

●●●

小洼、小洼，村小地洼，意义重大。

小洼村位于莱芜城北 2 里处，因地势低洼而得名，村北有一条小沟直通不远处的北铺庄，西边是矿山，东面有一个高坡，与四周构成一个锅体状的地形，小洼村就在“锅底”处，有一条公路将其与莱芜城和吐丝口紧紧相连。《孙子兵法》云“高陵勿向，背丘勿逆”，从作战角度讲，小洼这种四周高、中间低的地势易攻难守，谁也不愿守在这里被动挨打。

但在当时的情形下，坚守小洼却意义重大。对被困莱芜城中的国民党军一方而言，小洼是保障其与矿山、吐丝口联络畅通无阻的支点，守住了小洼，矿山、吐丝口、莱芜城三方就形成互相倚靠的犄角之势，很难被彻底分割围歼。对我军而言，若要攻克莱芜城，就必须控制城北的矿山制高点，只有守住矿山左侧的小洼才能保证华野攻占矿山部队的侧翼安全。特别是随着战事的发展，在矿山未能被我军及时攻占的情况下，与小洼紧邻的北铺庄一带高地的重要性越发凸显，作为北铺庄前哨阵地的小洼，更会成为必守之地。因此，对双方而言，小洼虽不是最后的固守阵地，却是杀伤敌人、牵制敌人的重要阵地。小洼的独特地理位置和国共双方的重视，使惨烈的集结号在此响起。

最艰巨的任务当然由最过硬的部队来完成。在我军有个传统，凡是建制序列排在第一个的，就是这支部队中作风最硬、战斗力最强、各级领导最放心的部队。1947 年 2 月 20 日夜，作为华野部队尖刀中的尖刀、拳头中的拳头的一纵一师一团一营一连，共 140 多人，向小洼村发动夜袭，并占领了该地。21 日清晨，李仙洲发觉小洼已被攻占后，立刻组织其精锐七十三军十五师四十四团加上总部特务营，由十五师代师长杨明指挥，分城里和矿山两路，同时向小洼发起反攻。8 时半，小洼阻击战打响。这一仗，双方都没想到，会是何等惨烈。

当杨明率四十四团 1500 余人沿公路排着 4 路纵队气势汹汹地向小洼扑来时，面对十倍于己的敌人，我一连官兵并不打怵，而是沉着应战。敌人刚到城边松树林前，就遇到一连强有力的阻击。一时间，阵地上重机枪、掷弹筒、六〇迫击炮和排子枪同时开火，枪炮声响成一片。四十四团毕竟是国军精锐部队，遇袭后处变不乱，立刻改变队形，兔跃式向一连阵地发起猛攻。猛烈的炮火后，杨明又指挥各路以密集的重机枪狂扫一连阵地，掩护步兵攻击，到达冲锋地点后又仗着武器优势进行火力压制和纵深打击，切断一连前沿部队与后续梯队的联系后，其步兵则利用火力优势迅速前进。这一战术颇为奏效，面对装备精良、火力凶猛的敌军，一连一时无法找到破敌良方。但再大的难题也难不住英勇的一连官兵，片刻过后，他们就找到了对策，将重机炮火分散配备在各支撑点后面，区分各种火器任务组成交叉火力，对敌军火器进行集中压制；用掷弹筒、枪弹筒、特等射手打击运动中的敌军，用前沿的轻机火力、排子榴弹专门对付敌军的集团冲锋。在这一有效阻击下，从城里出动的国民党军很快被击退了。

与此同时，居高临下的矿山李仙洲总部特务营也兵分三路，倾巢而出，与四十四团遥相呼应，连续不断地向扼守阵地的一连二排轮番发起冲锋。二排排长王开先指挥战士们不畏强敌，迎头出击。八班班长施宝林用轻机枪扫射时突然中弹倒地，王开先立即补上，但刚打两下，机枪就出故障卡住了。五班班长钱光则马上抢过机枪伏身在地，迅速排除了故障，但是只打出一梭子弹，钱光则便负伤倒在了地上。看着战友们一个个倒下，老机枪手王纪华怒火冲天，端起机枪，挺起身子向敌群狂扫。突然，一串子弹射中了只顾杀敌而置自身安全于不顾的王纪华，他也倒在了鲜血染红的阵地上。八班弹药手姚林福见状，又立刻拣起机枪……就这样，一挺轻机枪在勇士们手里流转着，片刻不停地向敌群怒吼着。在遭到痛击后，敌人丢下几箱子弹和数十具尸体，仓皇退回山上。

面对两路进攻的失败，为尽快夺取小洼这个重要战略据点，李仙洲不惜血本，调集了 9 架飞机前来助战。空中，飞机不时地在阵地上空盘旋、俯冲、扫射、投弹；城中，密集的排炮疯狂地倾泻而出；村中，炮声、枪声响彻云霄，烟雾、尘土弥漫在小洼村上空。炮火轰击之后，敌四十四团又以潮水般的优势兵力，运用梯队配备、轮番冲锋模式，后浪涌着前浪，一波推着一波，向一连阵地杀来。面对兵力占优、装备占优、火力占优的敌人，一连官兵抖落头上的泥土、碎石、弹片，不顾或大或小、或重或轻的伤口疼痛，再次举起手中的各种武器，瞄准进攻之敌扣动了扳机……三排排长缪明清牺牲了，二排排长和七班班长、十一班班长等也都负了重伤。后来，政治指导员徐磊、连长李金山也相继牺牲。排以上干部只剩下带伤坚持的一排排长王国栋，他便自动担负起指挥全连战斗的任务，他实在坚持不住了，又将指挥权委托给机枪排副排长李锦国。

时间一分一秒地过去了，从早上打到下午，尽管敌人的火力越来越猛，但阵地仍被一连固守着。一连的伤亡越来越大，战士们就自动编组、并班，组织再战，没有子弹了，就插上刺刀拼。战士陈瑞友刺杀了六七个敌人，力气用完了就等一批敌人冲上来后拉响了最后一颗手榴弹。受伤的贾敖其等敌人冲上来要缴他的枪时，也拉响手榴弹与敌人同归于尽。还有一名姓彭的战士，敌人攻上来时他的刺刀还没装上枪，就一手抓着刺刀，一手持枪朝敌人冲去，壮烈牺牲。后来，为了集中兵力，更好地完成坚守任务，待伤员陆续下撤后，李锦国指挥分散在村外的人员向村内集结。九班新参军 4 个月的战士刘加其走在队伍的最后，退下 30 多米时，他回头一看，离他 40 米处，还有一挺重机枪、几个伤员没有退下来。为掩护战友，刘加其立刻停在原地，不时地举枪射击。三个国民党士兵追上来大叫：“缴枪，缴枪！”刘加其沉着地回答道：“缴——缴你个子弹头！”随即一枪将一个敌军打落坡下，另外两个见势不妙，扭头就跑。就这样，刘加其用他的沉稳、机智保护了伤员、重机枪，从容地退进小洼村。李锦国将人员合并为两个班，集中到两所房子里，组成交叉火力，顽强地固守着阵地。

巨大的牺牲换来了宝贵的时间，在敌军被一连像钉子一样钉在小洼时，莱芜战役的整个包围圈完成了。营部奉命让完成阻击任务的一连从小洼撤出，但连续4次派出的通讯员都牺牲在途中。此时，两个班固守的房子已被炮火击中燃起了大火，战士们准备殊死一搏。生死存亡之际，撤退的命令终于被第5个通讯员卢学林送到，此时已打红眼的战士们还不相信卢学林传达的撤退命令，说："我们一连从来没有丢过阵地！"国民党军意识到一连要撤退，拼命进行封锁。这时，三班只剩下6个人，这也是全连最整齐的一个班。危急关头，他们主动担负起殿后任务。在班长孙广才的带领下，他们利用有利地形，用排子枪专拣机枪手和指挥官打，又阻击了敌人的4次冲锋，打哑了国民党军4挺机枪，毙伤国军指挥官1人及敌兵80多人，成功地掩护了部队撤退。

英勇的一连不愧是排序第一的连队，他们在小洼阵地上同国民党军反复厮杀达6小时之久，抵住了十数倍于己之敌的10余次猛扑，歼敌

我军向敌人发起攻击

一个营，撤出阵地时，全连 140 多名指战员只剩下 36 人。一连用英勇和热血集体立下大功，得到“人民功臣第一连”的光荣称号，被纵队通令嘉奖。殿后有功的三班也被集体记大功一次，班长孙广才荣立特等功。

战后，一师师长廖政国对一连的功绩作了精彩的评价，他说：“一连起了一把铡刀的作用，铡断了李仙洲向吐丝口伸出的狗头！”

扫一扫，听故事

攻心为上，地下工作者策反吴化文

1948 年，人民解放战争战略进攻势如破竹。在华东野战军的持续进攻下，国民党在山东仅剩济南、青岛、烟台几个孤立据点，全国解放战略决战的序幕之战济南战役已是箭在弦上。而早在一年前，共产党就陆续派出地下工作者开展策反国民党整编第九十六军中将军长兼整编第八十四师师长吴化文的工作。1948 年 9 月 19 日夜，在济南战役开始后的第三天，吴化文率所部两万人宣布起义。吴化文让出了西线阵地，解放军如潮水般攻城，彻底包围了还在济南城中负隅顽抗的王耀武，极大地加快了济南解放进程。

●●●

1948 年 8 月，一位年轻人走进国民党整编九十六军军长吴化文设在张家花园的寓所，他是吴化文妻子林世英的姨表弟李昌言，中国共产党党员。

早在 1945 年，新四军的第二、三、四师就对吴化文部开展过政治争取工作。1947 年初春，北平地下党学委就曾派遣林世昌专程南下到徐

吴化文（1904—1962）

州，通过林世英策动吴化文走起义之路。林世昌是林世英的四弟，当时正在北平朝阳大学读书，已秘密加入中国共产党。1948 年初，胶东西海地委敌工部委派敌工干部李昌言，利用林世英姨表弟的身份，打入国民党八十四师驻济办事处，加强对吴化文部队的秘密争取工作。李昌言来到济南后住在姨妈家即林世英的母亲家，逐步争取了表兄弟林世达、林世德、林世勋的支持，并取得了林世英的信任。

1948 年 5 月初，吴化文部留驻济南，归王耀武指挥，林世英自徐州来到济南居住。当月，林世昌陪同中共华北局城工部的张瑞英飞抵济南。他们在吴化文在济南的住所张家花园会见了林世英，谈到吴化文委托林世昌管理的北平部分产业已为地下党和进步学生所用，吴化文实际上已为共产党作出了贡献，只要他主动起义，共产党不仅会保证他的生命安全和私人财产，还会委以重任。吴化文知悉以上情况后，投向共产党的砝码又增加了一分。

1948 年 7 月初，兖州国民党第十绥靖区的李玉堂及国民党十二军霍守义部被解放军包围，徐州剿总总司令刘峙令吴化文率部去解兖州之围。吴化文为保存实力，动作缓慢，经大汶口南下时，兖州即解放，守敌被全歼。兖州解放后，八十四师的一六一旅还没来得及撤退即被解放军四面包围，全体官兵缴械投降，吴化文的拜把兄弟、旅长徐曰政被俘。王耀武为了拉拢吴化文，除了力保他升任整编九十六军军长兼八十四师师长外，又由山东省保安部队中选出战斗力较强的一个保安旅拨归八十四师，以补兖州战役中的损失。吴化文没想到自己不但没有被治罪，反而得以高升，突然间又增加了对蒋介石的幻想。

7月底，吴借口部队即将南下，先将父母、妻子、儿女送往上海。无奈之下，林世英离开济南，李昌言被迫以共产党员的身份与吴化文直接联系。8月3日，李昌言来到张家花园会见吴化文。吴化文表示愿与解放军建立联系，并设法行动。密谈之后，李昌言立即动身到解放区向党组织汇报。

按正常渠道，李昌言应直接向胶东西海地委派他来济的杨光天报告，但是路途遥远，必须尽快与济南的地下党组织取得联系。李昌言经过苦苦思索，觉得只有“被俘”才能找到党。8月4日，济南历城县大队盘查到一个行踪可疑的人，声称有机密大事要向市委汇报，此人正是李昌言。为确认李昌言的身份，济南市委马上发电报向华东局查证，华东局又向胶东区党委发电查证。胶东区党委火速复电，证明李昌言系胶东西海地委统战部在日寇投降后派出做吴化文起义工作的。华东局书记饶漱石亲笔起草复济南市委电报，并向统战部科长王征明作了口头指示，派他到济南市委协助开展工作。

8月11日，王征明到达济南市委驻地。根据华东局的指示，成立了由中共济南市委副书记蒋方宇、王征明和济南市委国军部副部长曾定石组成的3人领导小组，负责吴化文起义工作。8月12日，济南市委向李昌言传达了华东局和市委的指示，交代了可能遇到的问题及解决办法。

李昌言接受任务后便迅速返回济南。

8 月 13 日晨，李昌言返回张家花园。他对吴化文说见到了华东局最高负责人并已电告陈毅，只要其能明察大义，在解决济南问题上立大功，是可以得到人民谅解的，同时言明最好速做准备，争取主动起义，不要贻误时机。李昌言的攻心战术促使吴化文作了最后表态，他们约定 8 月 24 日计划好一切，25 日带出电台密码，在此期间将吴的家眷接回。于是，已到达上海的林世英带着两个孩子乘飞机回到济南。

8 月 24 日，忽然节外生枝，吴化文放弃了原定计划，装病在家，拒绝会客。经林世英劝说，他的反常情绪稍得安定。最终，他决定于 9 月 3 日前正式建立电台联系。但到了 9 月 3 日，吴化文并没有按约定时间通电。为了加强对吴化文的教育，中共方面让被俘的一六一旅旅长徐曰政给他捎信，劝说他千万别走自己的老路。这对吴化文触动很大，他开始主动找李昌言商谈起义细节。

9 月 1 日，济南市委副书记蒋方宇和市委情报部材料科科长石华山一起来到山东兵团司令部，详细汇报了争取吴化文起义的经过。兵团政委谭震林明确指示：吴化文系军阀出身，善于应付，但在强大军事压力下，还是有可能起义或配合我军行动的，应设法转告他我们一定要打，而且也一定能打开济南。让李昌言站在亲戚的角度，引导启发他早日行动。要和他讲明政策，保证其生命财产的安全。

随着解放军攻城日期迫近，济南市委决定，立即派已打入敌军内部的黄志平以及代号 124 的地下情报员辛光去吴化文部开展工作。黄志平和辛光当时公开的身份是吴化文副官处的副官，可以直接在吴身边进行工作。李昌言则仍以吴的亲戚兼副官的身份，周旋于其亲属之间。3 人互相配合，在吴化文内部正式组成了一个敌工党小组，由黄志平任组长。

此时的吴化文仍顾虑重重，犹豫不决。在黄志平等人的教育和敦促下，经过多次动摇反复，吴化文终于与济南市委沟通了电台联系。9月12日，济南市委收到吴化文的第一份电报，大意是一切事项已大致就绪，等家眷到济时即行联系。9月15日，吴化文的父母终于乘徐州至济南的最后一次班机来到济南，住进了张家花园，解除了吴化文的后顾之忧。

濟南戰役輝煌戰果
殲國民黨軍十一個旅
及兩個司令部兩個總隊五個團
吳化文部起義計三個旅

冀魯豫地方部隊
收復魯西南重鎮菏

《大众报》关于吴化文起义的报道

9月16日，济南战役打响。在中共敌工人员的帮助下，吴化文的家属离开张家花园，转移至商埠亚细亚大楼的八十四师办事处，由一个营担任警卫，安全撤出了王耀武的控制区域。

9月18日上午9时左右，吴化文一人去绥靖区开会，去时未告知黄志平等人。黄志平等人找吴化文面谈，要求他把部队撤出阵地，他却只答应让出一条公路。吴化文的摇摆直接影响了整个济南战役的进程。华野济南战役西线兵团司令员宋时轮认为，不对他施加一定的军事压力，难以推动他最终走上革命道路。

当晚11时，解放军前线部队在北起飞机场、簸箕山、井家沟、任家山，南至白马山一线，向吴部发起猛烈进攻。吴化文随即令其所有榴弹炮向解放军阵地射击，并下令坚守阵地，大有彻底决裂之势。解放军在短短20分钟内将其在簸箕山一个营的守军消灭，死伤600余人。吴化文听到前线不断告急的战报，理智战胜了怒火，忙要求立即停火，并在24小时内召开紧急会议，宣布起义。

停火后，吴化文对解放军停止进攻的诚意深表感谢，并表示接受指示，随即向市委发电："19日晚8时后，请贵军逐次前进，接收本部防地腊山、杨家店……主力沿铁路及任家山口向市内前进，由辛庄及大槐树两路进入商埠，刻下两路口均由本军控制，以便掩护贵军进入。本军8时后向张庄、孔庄两营房集结。"此时，他才真正下定决心，不再观望。

9月19日晚8时左右，吴化文在西郊孔庄营房召开了所属部队团以上军事人员秘密会议。会前，吴化文交代其上校副官长高清辰带两支短枪把住门口，如有当场反对或抵抗行动的，立即处决。会上没有人表示异议，一致表示服从命令。当天晚上，吴化文部纷纷撤离阵地，向西移动。人民解放军则由任家山口、白马山、大槐树、辛庄等地分数路向济南市的商埠区挺进。吴化文率部起义，两万余人撤离战场，打开了攻占济南城的西大门，加快了战役进程，减少了解放军的伤亡，减少了人民生命财产的损失。

9月25日，吴化文率兵北渡黄河，到达禹城地区进行整顿，其部队改编为中国人民解放军第三十五军，吴化文任军长。同日，吴化文等向全国发表起义通电："今后誓当站在人民立场，坚决拥护中国共产党主张。"

济南战役结束后，辛光、黄志平、李昌言被授予一等功。后来，吴化文率解放军第三十五军于1949年参加了渡江战役，和其他解放军部队一起攻占南京。

扫一扫，听故事

“擅改军令”，聂凤智变助攻为主攻

1948年9月7日，山东兵团发出“攻击济南作战命令”。9月16日，济南战役打响，由许世友、谭震林任总指挥。我军共动用了14万兵力，分为东、西两个攻击集团，以三纵、十纵及部分地方部队组成西线攻击兵团，由十纵司令员宋时轮指挥，担任主攻任务；以九纵、渤海纵队和渤海军区部队组成东线攻击兵团，由九纵司令员聂凤智指挥，担任助攻任务。战前，九纵司令员聂凤智在给各师下达作战命令时，擅自将“助攻”改为“主攻”。战斗开始后，东集团军作战勇猛，一路所向披靡，第一个冲进济南城。

●●●

1948年9月16日，农历中秋节的前一天。午夜12时整，解放军攻城的炮声骤然响起，济南古城以及盘踞在济南的国民党守军一同被惊醒，济南战役全面打响。

此时，华东野战军第九纵队由正东及东南向济南的东大门茂岭山、砚池山攻击。九纵是一支素以打硬仗著称的英雄部队，以进攻能力无敌

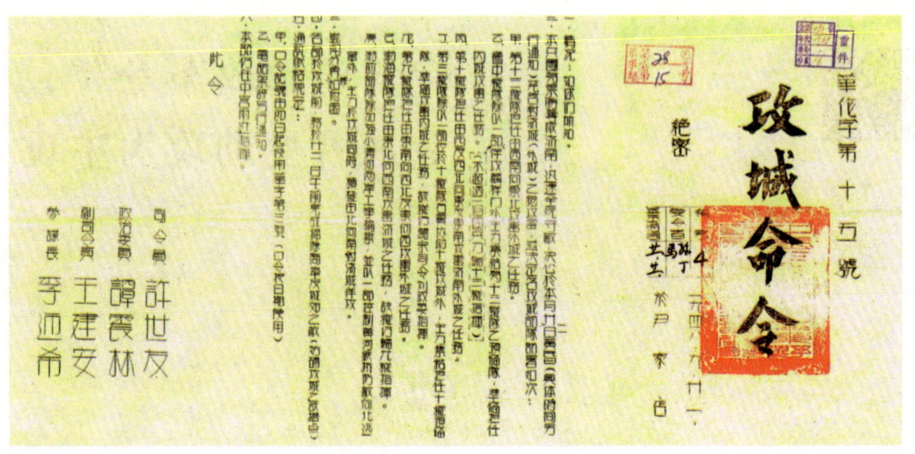
華化字第十五號
攻城命令
絕密
此令
司令員 許世友
政治委員 譚震林
副司令員 王建安
參謀長 李迎希

1948 年 9 月 21 日，济南战役攻城命令

勇冠华野，是全军的王牌军。九纵成军第一仗就是莱芜战役，作战中仅以两个师的兵力就歼敌近五分之一，显露锋芒。在孟良崮战役中，九纵是围歼七十四师的五把尖刀之一，为战役的胜利作出了重要贡献。在华野“七月分兵”后连吃败仗的困境中，九纵作为主力血战胶东，粉碎了国军欲占胶东的企图，取得胶东保卫战的胜利，从根本上扭转了山东战场的形势。

根据战前安排，聂凤智指挥着由九纵、渤海纵队和渤海军区部队组成的东线攻击兵团担任助攻任务，在济南东和东南方向配合兄弟部队攻克济南。13 日开始，聂凤智率领东线兵团自泰安、莱芜、章丘等地向济南隐蔽开进。聂凤智认为，必须从当前的实际情况出发，坚决大胆地放开手脚攻进济南，挑起主攻的担子。他向师、团下达命令时，把“助攻”改为“主攻”，并告诉指挥员们：助攻不是佯攻，是真打而不是假打。我们全力以赴，整个战役稳有胜利把握。这不是冒失，而是权衡了战机的得失。当 16 日晚战役打响后，九纵对济南城东多处制高点迅速展开猛烈攻击，首先攻克的是茂岭山和砚池山两个坚固据点。

济南东郊有十几座大小不一的山，茂岭山位于济南城东 4 公里，因山有五峰，又名五顶茂岭山。茂岭山南与砚池山并立，互成掎角；山北为一片平原，易守难攻，位置十分重要，国民党守军视它为济南东大门。为了确保东大门安全，早在潍县战役结束后，王耀武就强拉民夫，每天以七八百人力，在山顶构筑主碉堡，围绕主碉堡又构筑夹壁墙，在半山腰还设置了许多暗堡，并在沿主峰山势延伸出去的四条山梁上，各筑成触角集团工事，形成了上下四周交叉联动的火力网。工事修成后，王耀武特地令炮兵在山下试发三发炮弹，工事安然无恙。王耀武夸口说："要攻克这道防线，至少得半个月，必须付出巨大的代价。"

攻打茂岭山之前，华野九纵七十四团组织营、连干部对茂岭山的工事、敌情及周围的地形反复进行实地侦察，对茂岭山的子母堡和夹壁墙工事概貌有了了解。

战斗打响后，解放军三个连队从阵地的东北、东南、西北三面同时

茂岭山

发起攻击。炮兵先用大炮将东北、东南处围墙打开了一个缺口，各连轻重机枪严密封锁敌堡枪眼。17 日 0 点 15 分，特务连像把尖刀直插守军侧后，很快切断了茂岭山通往济南城内的电话线，断绝了守军跟外界的一切联系。在炮火掩护下，攻击分队像猛虎一样迅速发起围攻，对敌形成四面包围之势。经过艰苦鏖战，2 时，部队攻占茂岭山主峰，将战旗插上了茂岭山顶。5 时 40 分，彻底歼灭了山北腰侧防堡内最后的敌人，茂岭山战斗结束。这个被王耀武认为至少能守半个月的坚固屏障，仅两个小时就被解放军攻克。全团指战员乘胜前进，继续向甸柳庄、马家庄方向猛攻。

茂岭山战斗进行的同时，济南城东另一个重要屏障砚池山的争夺也进入了白热化状态。

茂岭山地堡旧址

砚池山山高坡陡，仅有一条小路可通山顶，四周密布侧防堡，山下筑有4座子母堡，并以夹壁墙连串构成一个独立抵抗的阵地。9月17日，华野九纵七十五团三营首先攻占了茂岭山与砚池山之间的姚家庄，又在三面火力夹击下，连续爆破攻下敌暗堡、地堡，打开了突破口。八连奉命主攻砚池山，连长张克信亲自组织爆破，12名指战员负伤不下火线，仅50分钟就占领了砚池山，抓获60余名俘虏。

九纵在砚池山和茂岭山打响了东线战场的第一枪。经过一夜的激战，我军占据了这两处制高点，突破了敌军在济南东线的屏障。

国民党方面，9月16日夜，济南东郊的茂岭山和西郊的长清同时请援。因为济南城东是多山丘陵地带，不利于大部队和重武器运动，而城西的地形平坦宽阔，又有飞机场，利于大部队攻守。王耀武判断解放军主力一定在城西一线，于是命令晏子风将预备队十九旅和五十七旅拉出来，迅速向城西增援，策应长清作战。令王耀武意想不到的是，在城西一线即将发起攻击的解放军最高指挥官宋时轮是个强硬对手。更让他料想不到的是，原以为能守半个月的东郊门户茂岭山、砚池山竟一夜尽失。

王耀武起初对于解放军主攻方向在城西一线的分析和判断并没有错，只是九纵在东郊的进攻太迅速、太猛烈，致使他动摇了先前判断，认为解放军的主攻方向在东而不在西，于是仓促之间改变了原来的部署。他命令晏子风迅速从城西把十九旅和五十七旅拉回城里，稍作准备后，十九旅即向茂岭山、砚池山攻击，一定要夺回那两个阵地。他还命令西郊飞机场的空军驾驶战斗机对茂岭山、砚池山实施低空扫射轰炸。晏子风奉命迅速将在长清和飞机场之间脚跟还未站稳的十九旅和五十七旅东调平顶山、马家庄一线，又将原来放在飞机场以西的二一三旅调回商埠、北郊、火车站一线。这种疲于奔命地仓促应战使部队士气大减，机动防御成为“调兵大游行”。

聂凤智的一通重拳，打乱了王耀武的整个作战部署。国民党东守备区指挥官曹振铎指挥七十三师等部反攻茂岭山、砚池山失败，退至马家庄阵地抵抗。此后，东线兵团连续攻占了回龙岭、燕翅山、平顶山等一批山头堡垒和马家庄、甸柳庄等设防的村庄据点。

正当解放军迅猛前进之时，狼狈不堪的王耀武接到了蒋介石的电文，希望他与守城官兵抱定与济南共存亡的决心，并说已令刘峙、杜聿明督促援军迅速前进。9 月 18 日，蒋介石终于把许诺变成了行动，把在孟良崮被全歼、在蚌埠又重建的七十四师空运来。先遣梯队共 7 个连，由七十四师五十八旅一七二团团长刘炳昆亲自带队。先遣梯队刚运到，机场跑道就遭到了人民解放军的炮击。满载后续部队的运输机一见形势不妙，立即转头飞回徐州。空军副总司令王叔铭亲自乘侦察机在济南机场上空低飞侦察，看到被炮火炸毁的跑道后，确认增援部队已无法再运。他在返飞的上空，先后给王耀武、蒋介石发电报，证实西郊机场的确已被解放军炮火封锁，空中通道已断绝，唯有固守死战。

知道茂岭、砚池两山失陷又无后援后，王耀武仍想凭借外城的坚固工事和西防守区北自黄河南岸之北店子、古城、杜家庙，南至崮山之第一道防线，北自吴家堡、大饮马庄、腊山、陡沟桥，南至党家庄之第二道防线，及北自匡山、白马山，南至兴隆山之第三道防线，作殊死抵抗。

在王耀武正为东西线战场接连告急而心急如焚之际，9 月 19 日晚，吴化文所属八十四师一五五旅四六五团团长王玉臣急匆匆跑来，向他报告了西守备区指挥官、整编九十六军军长吴化文率部 2 万余人举行战场起义的消息。王耀武猝不及防，既惊慌又愤怒。吴化文起义彻底打破了王耀武的战略部署，他感到力不从心，于是致电国防部请求突围。天刚蒙蒙亮，他接到蒋介石“将陆地缩短，坚守待援”的电令。

与此同时，解放军乘势疾进，迅速扫清了济南外围。20日黄昏，解放军在南、西、北三面同时发起攻击。十三纵由西南部辛庄卡子门冲进，沿经七路及其两侧向东发展，灵活机动地穿越重重障碍，于21日拂晓

西线作战部队在商埠战斗

到达杆石桥。鲁中南纵队由十三纵突破口跟进，沿经五路一线东进，攻克省立医院，直插麟祥门。三纵分别从西卡子门、铁路工厂、北卡子门多路攻击，步步推进，占领国民党山东省党部，直通王耀武设在经二路的第二绥靖区司令部。十纵由北线攻击火车站，经过一天半激战，于21日晚占领火车站，歼敌数千人。20日，九纵也攻至外城永固门前。

济南北面，齐河守敌惧怕被歼弃城南逃，被我冀鲁豫军区部队收复。渤海军区部队攻占了北洛口、鹊山庄。渤海纵队沿胶济线北侧展开攻势，攻克郭店、韩仓后，包围了王舍人庄，分兵继续向西攻占祝甸、辛甸、卧牛山等据点。至此，济南外围作战结束，解放军前锋直逼济南城。

在后续的攻城战中，聂凤智指挥的东线兵团继续勇猛向前，成为攻克济南最锋利的尖刀之一。1948 年 9 月 24 日，九纵第七十九团率先攻占济南城墙东南角，冲入济南城内。与此同时，西线兵团的十三纵也突破了济南内城防线。济南得以解放。

扫一扫，听故事

铁甲扬威，华野坦克部队攻城亮相

1948年9月16日，济南战役打响，刚刚组建起来的华东野战军第九纵队第二十五师坦克部队奉命开赴济南外围作战。坦克队接到的第一项任务是配合渤海纵队夜袭历城。经一夜激战，济南外围据点被肃清。接着，坦克队又奉命配合步兵攻打永固门。在坦克和炮兵火力支援下，我步兵部队迅速打开永固门突破口，成功突入城内。这是我军坦克部队在攻打大城市的战斗中首次亮相，标志着我军装甲兵登上战争舞台。1948年11月，中央军委明确规定各野战军需建立特种兵纵队，坦克部队从此加入我军序列。

●●●

经过数日连续鏖战，华东野战军攻城部队攻至济南外城下。

外城俗称圩子墙，高7至8米，厚8至9米不等，周长十多公里，由巨大的石块和方砖砌成。外城是王耀武的第二线基本防御阵地，城门楼均为火力支撑点，并设有拒马等防御设施。城墙顶端每隔100米筑一母堡，每隔10米左右筑一子堡，有地道通向城内。此外，城外有护城

济南城墙与参战坦克

河和高 1.5 米的铁丝网。

外城东门名为永固门，位于今泺源大街与和平路间。永固门外 500 多米处有一条霸王沟，沟上横跨了一座古石桥，名霸王桥，是东郊通往永固门的必经之路。霸王沟两岸全是国民党守军遗弃的工事，负责永固门主攻任务的九纵二十五师七十三团的指挥所就设在霸王桥下的大碉堡里。自从外围战开始，七十三团就紧随七十四团之后，随时准备投入攻城战斗。9 月 22 日凌晨，该团进入攻击出发地霸王桥，从这里可以清楚地看到外城城墙、守军工事和活动情况。王耀武判断解放军起码要休整数日才能完成攻城准备，但就在西线商埠之战尚未完全结束之时，许世友于当日下午发布了攻击外城的命令。下午 6 时，九纵司令员聂凤智在茂岭山前进指挥所接到许世友命令后，立即命令全纵所有炮火对各攻击点实施轰击，炮兵开始试射。下午 6 时 30 分，炮兵开始炮轰敌军阵地，爆破队员也发起了对敌军堡垒的攻击。

为配合攻城部队突破外城，华东野战军坦克部队首次参加城市攻坚战。国民党守军没想到解放军会有坦克，面对横冲直撞的坦克惊慌失措，阵脚大乱。攻占永固门的战斗，正是有了坦克的参战，得以迅速取胜。

人民解放军中，最早组建装甲部队的是东北解放军。日本投降后，我军精锐进入东北，搜集日本遗留的坦克、装甲车、牵引车，组建了战车大队。其他野战军通过战斗缴获，也组建了装甲部队。

1947 年的鲁南战役中，华东野战军歼灭了国民党整编第二十六师及第一快速纵队，缴获了 18 辆美制 M3A3 轻型坦克、6 辆日式坦克等大批战利品。M3A3 是轻型坦克，战斗乘员 4 人，车长 4.95 米，宽 2.47 米，高 2.25 米，装甲厚度 25 ~ 38 毫米，战斗状态重 14.19 吨。配备 37 毫米炮一门，7.62 毫米机枪 3 挺，最大时速 50 千米。华东军政大学炮兵大队第三支队指导员赵之一奉命到战场接收坦克，但战士们没有一个会开坦克的。此时，国民党军队正向临沂方向进逼，形势非常紧张，军区后勤部调来几位懂技术的人员，开走了 6 辆坦克，其余十几辆只好炸毁。

得到这几辆坦克后，华东野战军司令员陈毅非常高兴，指示尽快筹备组建自己的坦克军。1947 年 3 月 3 日，在沂水县王家庄，华野特种兵纵队司令陈瑞霆宣布战车队正式成立，全队共 93 名队员，队长王崇国，指导员赵之一。在成立大会上，还专门将 3 辆坦克命名为“毛泽东号”“朱德号”“陈毅号”。这是继东北特纵坦克大队成立后，解放军成立的第二支坦克队。

国民党为了摧毁华野这批坦克，派 3 架轰炸机对王家庄投弹扫射，战士们立刻将坦克隐蔽了起来。1947 年 9 月，国民党重兵进攻胶东，战车队随部队转移途中，2 辆坦克因故被毁，4 辆坦克被秘密掩藏起来。12 月，

华东野战军坦克部队

胶东保卫战结束后，战车队返回胶东，将掩埋的坦克挖出来重新组装、修复。1948年6月，特纵成立坦克大队，王崇国任大队长，秦兵任教导员，赵之一任副大队长兼坦克一队队长。坦克队经过一段时间的军事训练，奉命参加潍坊战斗。但坦克开到潍坊时，战斗已经结束。9月济南战役时，坦克队奉命配属攻城东兵团参加战斗。

坦克队参加的第一次实战是配合渤海纵队进攻济南外围的王舍人庄。王舍人庄是国民党历城县政府所在地，防御十分坚固。9月16日晚8点，渤纵副司令员张震球指挥新编第七师第一团向王舍人庄发起进攻。初次步坦配合作战很不成功。M3A3轻型坦克在当时只能坚持战斗3小时，在王舍人庄战斗中，部队已经决定撤出战斗，但与坦克的联络不畅，致使坦克战斗近5个小时。当时，解放军尚未掌握坦克上的无线电通信技术，黑夜里根本看不到信号，只能派通讯员跑到坦克后边拍击后钢板。事后，聂凤智总结经验，最终得出结论，不是坦克不厉害，而是用错了时间。

如果在白天攻击，步兵可以紧跟坦克前进，坦克也更容易找到敌军火力点进行攻击。

9 月 20 日，攻城东兵团九纵打到永固门外，担任永固门防御的是国民党保安第六旅。21 日下午，九纵七十三团一营一连三次攻击均失利，伤亡较大。九纵司令员聂凤智随即将一个榴炮营和坦克队调来协同作战。七十三团团长张慕韩非常高兴，马上命一营营长董万华来开协作会议。这是九纵历史上第一次召开步兵、炮兵、坦克兵协同作战会议。鉴于一营一连伤亡较大，一营二连接替继续进攻。

22 日，对外城的总攻开始后，解放军的 4 辆坦克轰隆隆地冲向战场。王仁坤驾驶“毛泽东号”，万剑峰驾驶“朱德号”，万刚、姚应古驾驶另外两辆坦克。当攻城部队的坦克出现在永固门外时，守军目瞪口呆。守军不相信解放军也有坦克，以至于 20 分钟没开一枪。坦克队队长赵之一指挥着坦克编队在公路两侧展开了进攻队形，向敌人阵地冲去。解放军突击部队一见自己的坦克来了，纷纷挥手扬帽，有的甚至兴奋地欢呼起来。一团团火球向守军阵地飞去，顷刻间掀掉了十几个碉堡。

被打晕的国民党守军以为是他们的坦克打错了目标，坦克开过去时，连忙大喊：“别打了，别打了，我们是保六旅的！别误会，别误会！”甚至有敌军钻出地堡，一边打着联络信号，一边扯着嗓子骂：“瞎眼啦？共军在那边！”回应他们的是坦克的猛烈射击。很快，永固门外 300 米处正面上的堡垒群和城墙城腰上的工事被迅速扫清，城门左侧城墙被炸开一个 6 米宽的口子。

坦克部队的攻击结束后，突击部队以排山倒海之势，从坦克旁边朝着烟雾弥漫的突破口冲去。在坦克部队炮火及攻城部队轻重机枪的掩护下，攻城部队扛着各式各样的武器和登城工具，迅速冲上城头，巩固扩大突破口，攻入城内。在此前后，七十五团、八十团、八十一团的攻城部队也都突破了守敌防御前沿，陆续登上城头，打退了守敌多次反扑，扫清了城头之敌及火力点，投入纵深战斗。由于城市道路狭窄，坦克行动不便，退出战斗。攻击永固门的战斗中，华野坦克部队共消耗炮弹约700发，机弹1800发，短时间内即完成任务，极大减轻了攻城部队的人员伤亡。

解放军各纵队攻入外城后，与敌人展开激烈巷战，小股敌人到处乱窜，敌我战线犬牙交错，短兵相接，逐街逐巷的战斗此起彼伏。九纵突击队冲入永固门后，交叉前进，分头消灭当面之敌，在东关三皇庙，攻占了敌保安六旅旅部，活捉旅长徐振中，又分兵一部，与兄弟部队一起攻克南门外的国民党济南市政府。十纵各部冲进外城后，多路追歼守敌，

解放军坦克冲向永固门

于23日将临近内城的成记面粉公司和电力公司守敌团团围住。在此期间，十三纵由永绥门突破成功，并巧妙地歼灭了企图由齐鲁大学向内城逃窜的敌人，其一部策应鲁中南纵队攻入麟祥门，三纵会同十纵一部攻入普利门。渤海纵队越过花园庄，插向永靖门。渤海军区部队攻占了北关火车站。至23日下午，解放军占领外城，各部先后进抵内城护城河岸。

从22日傍晚开始攻打外城，到23日下午解放军兵临内城，不过一天一夜的时间。至此，蒋介石刻意经营、王耀武满怀期待的“济南会战”计划终告破灭。

济南战役胜利后，华野缴获了国民党军14辆日式坦克、50余辆汽车，装备、人员大大增加，坦克队成了名副其实的坦克部队。战后，山东兵团在相关报告中写道：“攻济战役，我军坦克队四辆已参战，战术上采用游击战，突然出现达到了掩护步兵前进、压坍敌人地堡之作用。连续作战二次，仅一个驾驶员因胆大开窗展望手负伤外，余无损失。”

初战告捷后，坦克队又跟随大部队参加了淮海战役。在淮海战役中，华东坦克队立下奇功。粟裕曾说：“从济南战役到淮海战役第一阶段全歼黄百韬兵团以至于目前歼邱李孙匪部之作战，我坦克部队均参加作战，掩护步兵运动，开辟道路，协同突击，均收获相当成绩。”

东线突破，“济南第一团”将红旗插上城头

扫一扫，听故事

济南战役开始后，华东野战军攻城部队连续苦战了6昼夜攻至济南内城下，有的部队已伤亡过半。守军将领王耀武估计，解放军不经三五天休整，根本组织不起来对内城的攻击。然而，他的算盘却落空了。1948年9月23日，解放军攻城兵团集结济南内城下，开始了攻城战。24日，攻城东兵团九纵第七十三团三营七连率先突破，将红旗插上城头，随即攻入城内。战后，中央军委授予华野九纵第七十三团“济南第一团”的光荣称号，七连获纵队授予的“济南英雄连”称号。

●●●

1948年9月23日下午，人民解放军攻城东兵团集结济南城下。此时，护城河东岸的一座院子里正在举行授旗仪式，九纵党委把山东人民赠送的绣着“打进济南府，活捉王耀武”的红旗交给了担任内城主攻任务的七十三团三营七连。

济南内城墙是济南国民党守军的最后一道核心防御阵地。城墙建于明代，高12～14米，厚10～12米，明碉暗堡密布，除同外城一样设

解放阁

置3层火力外，炮台之间每隔10米有一个子堡，每隔30米有一个母堡，堡与堡之间有各种掩护，附有电网。城门处筑成火力支撑点，有两个大型碉堡，城外有一地堡，下有通城里的地道。黑虎泉、趵突泉等泉水形成护城河，守军设置水闸，水深2～5米。王耀武把十五旅、十九旅、五十七旅、七十七旅、二一三旅等全部撤至内城，妄图依赖坚固的城墙工事、地面防御设施和所谓精锐主力作最后的顽抗。

解放军攻城部队中，东兵团九纵负责对内城新东门至东南角实施攻击，二十七师八十团、二十七师七十九团、二十五师七十三团、二十六师七十六团由北向南依次排开，八十团于新东门攻击，七十九团于新东门以南攻击，七十三团于东南角攻击，七十六团于东南角西侧攻击，七十七团为七十六团预备队。

9 月 23 日下午 6 时整，总攻济南内城的炮声响起。攻城部队东、西兵团同时发起攻击，配置在城近郊和内城附近的 100 多门各种火炮一齐开火，密集的榴弹炮、迫击炮雨点般砸在城墙工事上。炮击过后，天空升起 3 颗红色信号弹，攻城部队炮火开始延伸射击，各突击部队从各自的预选突破口处越过护城河，冲向城墙根，战士们冒着硝烟弹雨，展开连续爆破，奋不顾身架梯登城。守军依托高厚城墙和坚固工事，居高临下，用绵密的火力网，向着爆破及登城部队进行疯狂反击。

济南城东南角突破口

隐蔽在护城河南半边街的七十三团七连开始攻击，在连长肖锡谦的命令下，二排五班爆破手孙喜抱起炸药包，趁着烟雾掩护，蹚着齐胸深的水横渡护城河。孙喜炸掉一个暗堡后，被爆炸的气浪推到河里。他发现河水很浅，再往后摸，原来是座石桥。因守军将下游的水堵住，水位增高，把石桥淹没了。六班班长孙高亭随即带领爆破组扛着百斤重的炸药，踏着孙喜指引的小石桥冲过护城河，靠近城墙找爆破点。孙高亭用力举着炸药竿，两个战士各持一个撑杆，迅速把100多斤炸药包竖起4丈多高，将城墙炸出了一个缺口。随后，爆破手王硕文、曲传海、张云清按照孙高亭指给他们的路冲过护城河，继续爆破。经过连续爆破，城墙终于被炸开一个豁口。

肖锡谦借着火光看到爆破成功，命令梯子组架梯子，三排突击，火力组集中火力掩护。梯子组12人负责一架梯子。云梯长十几米，由两三架梯子连接而成，300多斤重，顶端有滑轮。陈序芳等人抬着云梯蹚着水直奔城下。他们把梯子靠在城墙上，中间用撑杆顶着，梯子前面的小车轮向上滚动，没用两分钟，云梯便架在了城墙上。突击队飞快地冲上梯子，可爬到上面一看，离城头还有一截，一时爬不上去。就在这时，守军投下大量集束手榴弹，云梯被炸断，聚集在城下的突击队伤亡惨重，第一次登城失利。

肖锡谦命令火力封锁城墙上的敌人，三排继续突击，在炮火掩护下，三排战士迎着爆破的硝烟，抬着云梯冲到城墙根下，但还未来得及向城墙靠梯子，守军的机枪、冲锋枪、步枪火力和手榴弹就像刮风似的倾泻下来。梯子组、突击组战士大部分伤亡在城根下，梯子被炸断，第二次攻击失利。

第三次攻击紧接着开始，爆破组又冲了上去。透过火光，大家看到炸药包已顺着城墙竖起来了，但没有听到爆炸声。这时，城上敌人的手雷、轻重机枪一起猛打，企图封锁过河的突击部队。孙高亭再一次迅速冲过护城河，看到第四爆破组的副班长孙景龙等3名战友已全部牺牲，他爬到已竖起的炸药竿上引燃导火索，把城墙顶端炸开一个三四米宽的大口子。守军的反应也很快，炸药一爆炸，立即爬出来向突破口猛烈射击，投下成批的集束手榴弹，燃烧弹、照明弹也一颗颗打到空中。守军的轻重机枪在七连突击组正面形成一道绵密的火网，营长王玉芝忙令八连进行火力支援，用机枪压制敌人火力，用手榴弹炸灭护城河里的大火，掩护七连撤退。

3 次突击受挫，七连 144 人伤亡惨重，仅剩 30 多人。

24 日凌晨，攻城部队再次发起攻击，猛烈的炮火又一次打破了战场的沉寂。九纵炮火集中落在城东南角上，城墙上工事被炸毁，城头上砖头、石块乱飞，突破口越撕越大。攻城突击队冒着炮火前进，全然不顾炸起的碎砖烂瓦雨点般砸下。经过不懈的努力，战士们终于将梯子架设在了城墙上。七连长肖锡谦命令第一突击队三排八班、九班登城，两个班刚冲上梯子就被敌侧射火力打了下来。二班班长李永江把冲锋枪往背后一背，一手拿着手榴弹，领着二班战士就爬上了云梯。紧跟在李永江身后的两名战士被击中掉了下来，战士于洪铎立即跟了上去。

李永江在几分钟之内就爬到了相当于 3 层楼高的梯顶，往上一看，发现梯子离城头还有半人多高。李永江焦急万分，把手榴弹往腰里一插，两手扒住城墙上的砖缝，用力一蹬，一下跃上了城头。李永江这一跃，使他成为攻上济南城头的第一人。于洪铎第二个登上城头，战士滕元兴、周顶仁，机枪手王会、机枪班班长冯立国也紧跟上来。

阵地上，冯立国和王会守在正面；城墙上，李永江、于洪铎、滕元兴等人追击敌人。这时，头部负伤的七连连长萧锡谦带领十几名战士登上了城头，刚布置好攻击位置，守军敢死队就一手提大刀，一手持短枪反扑上来。城下，连指导员彭超刚登上梯子，就被一颗子弹射中了大腿。他咬紧牙关，在通讯员的帮助下，艰难地登上城头，继续指挥战斗。这时，全连剩下的所有人都上来了，但也仅有 20 多人，而敌人反扑的力量却越来越大。

七连鏖战城头是九纵整个攻城战中最壮烈的，经过一番苦战，七连占据了气象台及其左右大约30米的阵地。这时，营长王玉芝紧随二排带着一挺重机枪上来了，他命令重机枪封锁正面，以保障后续部队的安全。激战中，重机枪被守军夺去。营长王玉芝耳朵被震聋，腰部负伤无法行动。在这万分危急之时，八连副指导员张维三带战士上来了，三营代理教导员、团组织股股长宋玉明率九连也登城投入战斗。八连向西打出40余米，九连的两个排向北发展了200米，牢牢控制住了突破口。

彭超命令战士宋炳科把“打进济南府，活捉王耀武”的红旗插上了气象台的顶端。

此时，三营200多人集中在突破口，兵力展不开，守军的飞机在头顶上狂轰滥炸，斜坡上及两侧守军不顾一切压上来，形势异常危急。凌晨3时，代教导员宋玉明命令八连、九连迅速下城，可下城绳找不到了。宋玉明急得满头大汗，命令通讯员赶快去找。二营营长崔玉法带部队登上城头，张慕韩和团指挥所紧随其后带一营也上来了。守军整编第七十三师师长曹振铎严令十五旅夺回城头阵地，旅长王敬箴亲自督阵，指挥四十三团、旅通信营敢死队从城墙西侧、北侧和内侧的斜坡上一次次凶猛反扑。

守军敢死队在整编第七十三师师长曹振铎和第十五旅旅长王敬箴的督战之下几近疯狂，几乎是用身体迎着子弹向斜坡上仰攻，城头战况极其惨烈，枪炮声、兵器撞击声、喊杀声响成一片。很多指战员几次受伤仍浴血拼杀。4时50分，团长张慕韩见城上我军兵力大增，即令三营赶快组织下城，向纵深发展。

这时，通讯员回来报告说，背绳的战士牺牲在城下，绳子丢失了。

荣获“济南第一团”称号的七十三团指战员们

八连九班班长连云海找到一处挨着城墙的房子，就直接跳了下去，九连二班班长王其鹏也跳了下去，战士们纷纷向城下跳。正在反扑的守军发现有人下城，立即组织部分兵力围堵，城头的压力顿时减轻许多。这时，团民运股长背着一匹布气喘吁吁地爬上了城墙。登城部队迅速通过布匹下城，从历山顶街北头三曲巷直插内城纵深。三曲巷是济南战役中解放军进入内城后踏入的第一条街巷。

战后，聂凤智回忆说：“这个消息传到纵队指挥所，大家都很振奋。刚才弥漫着的压抑情绪一扫而空。参谋人员拿起电话，要向兵团报捷，被我一把卡住了话筒。我说：‘稳住点。万一又被敌人反下来，岂不成了谎报军情？’”时隔不久，又有七十三团的两个营攻入内城，参谋人员才赶紧向兵团报告。接到登城成功的电话，攻城总指挥许世友如释重负。

扫一扫，听故事

西线鏖战，“济南第二团”浴血坤顺门

1948 年 9 月 23 日下午，解放军攻城部队基本肃清外城国民党守军，逼近内城护城河边，与内城守军隔河对峙。根据战前布置，攻城部队西兵团十三纵主力自城西南角攻打坤顺门。下午 6 时整，总攻济南内城的炮声响起。经过一夜鏖战，攻城部队东兵团、西兵团先后攻克了城墙阵地。战后，率先突破内城东南角的华东野战军九纵七十三团被中央军委授予“济南第一团”荣誉称号，随后突破坤顺门的华东野战军十三纵一〇九团被授予“济南第二团”荣誉称号。两处突破口的争夺，惨烈悲壮。

●●●

当济南战役进入攻城阶段后，攻城总指挥许世友命令：继续进攻，不要给敌人留下喘息机会。

第十三纵队司令员周志坚接到的战斗任务是从内城西南角坤顺门突破，突破后协同三纵、九纵等，攻击国民党山东省政府指挥中心。十三纵把主攻任务交给了高锐的三十七师及三十九师一一五团，由坤顺门及以北实施突击，三十八师主力随三十七师跟进，协同三十七师向省政府进攻，肃清城西守敌。

三十七师师长高锐同政委、参谋长等商量之后，决定由一〇九团从坤顺门北侧突破，一一〇团从坤顺门突破，一一一团为师第二梯队，准备进入内城纵深战斗。师炮兵营分别配属给一〇九团和一一〇团，纵队山炮团由师直接指挥，一一五团位于青龙山一带，准备堵截可能突围之敌，并担任三十七师预备队。高锐指示纵队山炮团政委韩琳将两门山炮配置在齐鲁医院二楼，实施直瞄射击。

9 月 23 日晚，内城攻坚战开始后，十三纵一〇九团、一一〇团向坤顺门发起进攻，一〇九团三营八连和一一〇团一营二连分别担任两个团的爆破连。八连一排爆破班用炸药炸塌了护城河堤岸，架桥班立即在护城河上架浮桥。因为水流湍急，两次架桥不成。爆破队员迫不及待，抱着 40 斤重的炸药包跳进齐腰深的水里向对岸冲过去，他们用五六包炸药迅速炸开护城河边的铁丝网、城脚堡，炸通了城墙下的房屋，一直来到城墙下。

八连把一包包炸药送上城墙半腰，但爆破效果不好，只在城墙上炸开一个坑，未将城头炸开。三营营长张世礼命令继续爆破，在一个小时内八连连续送上三四十斤重的炸药包四五十包，但因使用不当，只将城墙半腰炸开一个约 3 米高、2 米宽、1 米深的洞，登城通道没能打开。在此期间，蒋介石频频调动飞机，昼夜不停地对解放军占领的商埠、外城等地狂轰滥炸。飞机还扔下大量燃烧弹和照明弹，城里城外如同白昼，解放军突击部队完全暴露在敌人的火网之下。攻城部队全线受挫，被阻在内城城下。

24 日凌晨，攻城部队再次发起攻击。十三纵在西南角坤顺门的争夺战也进入白热化状态。

突击队架设云梯

攻城部队再次发起总攻后，一〇九团三营八连在火力掩护下，对新爆破点进行了连续爆破。十几包炸药爆炸后，城墙上出现了一个 2 米多宽的豁口。守军拼命射击，企图阻断爆破员的前进通道。一〇九团、一一〇团纷纷向三十七师指挥部请求炮火支援，周志坚命令军区榴炮三营和纵队山炮团开炮支援一〇九团和一一〇团。炮兵在支援步兵战斗中尽了最大的努力，但因高层建筑物的阻碍，炮弹不能有效地支援步兵在城墙突破口上的战斗。张本信把爆破员组织起来，两人一组，一组接一组向上冲。

登城通道打开后，七连九班战士刚把云梯抬到城脚，就被守军发现。守军投下大批集束手榴弹，云梯被炸翻，4 名战士负伤。后面的战士立即冲上去，冒着机枪扫射再次把云梯竖起来，接连几次，终于把云梯架好。

八连迅速登城，占领了突破口。七连、九连见状立即登城，两个连的战士拥挤在城下不到 10 米宽的地方，一颗炮弹落下，近百人伤亡。二班班长林桂泉急中生智，扒着倒塌的城砖爬了上去，其他战士也纷纷向上攀爬。七连沿城墙向两边扩展，九连一排协助七连巩固了突破口。随后，九连一排立即下城向纵深突袭。

一营一连、二连、三连在付出重大伤亡后，也登上了城头。一连、二连与三营向左右两侧扩大突破口，一营三连立即下城，沿着九连开辟的通路向内城西南部纵深发展。

王耀武得知坤顺门危急，立即调集兵力进行反扑，他打电话给守卫坤顺门的第七十七旅旅长钱伯英说："内城城墙是我们最后的一道坚硬防线，如被打开就无险可守了，必须立即反击，恢复城墙阵地。"钱伯英一边用燃烧弹等武器切断攻城后续部队与突破口的联系，一边立即调集北侧的第七十七旅二三一团、南侧的整编第七十五旅从东、南、北三面封锁住下城的道路，与登城的解放军在只有 100 米的狭窄城头展开了激烈的争夺战。架设在坤顺门上和各处城头碉堡里、城内楼房里的机枪也从四面八方向突破口倾泻着暴风雨般的子弹。空前激烈的拉锯式争夺战展开了。

由于一一〇团和左邻的三纵未能打开突破口，不能给一〇九团以直接支援，城外支援的炮火因步兵已经登城也减弱了，一〇九团后续部队顺着梯子不断向上攀登，但在守军两侧火力的猛烈扫射下，死伤惨重，登上城头的兵力非常有限。坚守在突破口处的战士们陷入巨大的危险之中，七连一部分战士顺城墙向北进攻，俘虏了部分守军，但未能攻下西门断墙头上的大地堡；另一部分向南进攻，因人少力单，受到守军城头堡的火力封锁，前进受挫。

城下的三营营长张世礼看到情况异常危急，令通讯员去通知重机枪连连长高瑞珠，赶紧组织重机枪上城。高瑞珠带着两挺重机枪登上城头，守军的火力封锁越来越密，登城战士大部遭到射杀，高瑞珠也牺牲了。这时，师部命令一〇九团赶快督促二营部队上城。此时天已大亮，二营四连、六连冒着城墙两侧猛烈的侧射火力和制高点上的俯射火力，勇敢地从云梯攀登上城。

敌人从突破口两侧拼命反击，密集的火力压制着正在登城的部队，登城的一架云梯被打断，正在沿梯而上的战士们从梯子上摔了下来。战士们只能用一架云梯登城，许多战士还没有登上城头，便一个个倒在突破口城墙下面，大量的伤员和烈士把城墙缺口处堵成一个斜坡。济南战役结束时，一〇九团二营600多人仅剩93人，没有受伤的干部只有3名。

4个多小时的拼杀后，电话线中断，前后方无法联系，突入城内的三连、九连的后路被敌人切断，也失去了联系。登城的两个营伤亡惨重，最后只剩下指战员七八人，他们打光子弹后，不得不跳下城头。突破口被守军夺回。

此时，三十七师师长高锐得知九纵已经突破进城，便命令一一〇团坚决迅速地从坤顺门突破，一一一团立即从一〇九团突破口打上去。形势万分严峻，天已大亮，白天攻击更为困难，又不能再等天黑发起攻击。一一〇团三营九连在火力掩护下向坤顺门东侧凹角处发起攻击，爆破队员一个接一个向城墙冲去，敌人用猛烈的炮火进行拦阻，爆破组伤亡惨重。

三营九连战士抬着云梯冲过齐胸深的护城河直奔城墙，迅速把云梯竖上城头。守军从城门里和城墙东侧向云梯猛烈射击，云梯被打得

荣获“济南第二团”称号的一〇九团指战员们

木片横飞，城墙上的守军拼命用脚踢，用手推。城墙根的战士死命抱住梯子，但终因死伤太重，梯子被敌人推了下来。在我军炮兵集中火力的掩护下，九连第 5 次强行架梯成功，全连登上坤顺门城头。守军一方面集中火力压制三营七连、八连继续登城，一方面组织十几倍的兵力进行第二次反扑。

城头上的战士在连续拼杀中一个个倒下，最后仅剩下一班班长李来祥和战士白振威，他们手握冲锋枪坚守着突破口，子弹打光了，他们又把缴获的两箱手榴弹一颗颗投向沿交通壕涌上来的敌人，迫使敌人无法接近突破口。经过两个多小时的拼杀，突破口的城墙下面到处是两军的伤员和尸体，堆积在一起有 1 米多高，攻城部队只好踩着他们继续向上冲。

由于守军的火力压制，后续部队一时上不去，正在危急关头，敌人背后突然响起枪声和手榴弹爆炸声。原来，跳进城内的一〇九团一营三连、三营九连折返回来，从背后向敌人开火。此前，三连、九连进入内城后，相互配合，向纵深发展。他们发现城头突破口处枪声、手榴弹爆炸声响成一团，登城部队与敌人正陷入苦战，便返回城墙，接应我军城外主力重新夺回突破口。在三连、九连的接应下，三营七连、八连相继登上突破口，一〇九团二营也立即登城，夺回了突破口。登城部队如决堤洪水般向城内发起猛烈进攻。国民党守军的斗志瞬间崩溃，陷入土崩瓦解之势。

坤顺门突破时，一架 B–29 轰炸机投下重磅炸弹，将设在张家花园附近小楼内的三十七师指挥部炸塌，政委徐海珊等 7 人牺牲，师长高锐等 12 人负伤。

济南战役中十三纵损失惨重，却一战成名，成为华东野战军攻坚力量最强的五个纵队之一。

敌酋束手，王耀武逃跑被俘

1948年7月中旬，津浦路中段战役结束，华东野战军第九纵队二十五师七十三团奉命进至泰安东的山口镇整训。在整训中，战士们自发提出了“打进济南府，活捉王耀武”的口号。1948年9月1日，济南战役前夕，华东野战军代司令员粟裕与谭震林、唐亮、钟期光联名发布了《关于攻济打援的政治动员令》，将“打进济南府，活捉王耀武”确定为战役口号。经过八昼夜攻坚作战，24日，济南宣告解放。几日后，逃出济南城的第二绥靖区司令王耀武在寿光被捕，人民的愿望终于变成了现实。

济南战役是9月16日打响的，王耀武是9月20日开始想逃的。

王耀武，字佐民，1904年生于泰安。凭着“围剿”红军期间的表现，王耀武赢得了蒋介石的青睐。抗战胜利后，王耀武任国民党山东省政府主席。1947年5月，解放军华东野战军在陈毅、粟裕的指挥下，在沂蒙山区发动了孟良崮战役。在决战阶段，王耀武眼看着爱将张灵甫身死孟

王耀武（1904—1968）

良崮。孟良崮战役后，王耀武飞到南京，请求蒋介石放弃济南，退守二线防御，但未被采纳。为固守济南，蒋介石制定了一个大规模会战计划，王耀武率 9 个正规旅、6 个保安旅以及特种部队 11 万人镇守济南，将徐州剿总的 3 个兵团 17 万机动兵力置于商丘、蚌埠等地，随时北援，企图在兖州、济宁间击破华东野战军主力。此外，还准备集中 162 架战斗机、41 架轰炸机待命驰援济南。

理想很丰满，现实很残酷。济南战役开始后，人民解放军攻城部队势如破竹，迅速突破了王耀武苦心经营的外围防线。

1948 年 9 月 20 日晚，九十六军军长吴化文率部起义的第二天，第二绥靖区司令王耀武和副司令牟中珩、国民党山东省党部主任委员庞镜塘、第四兵站总监部副总监郑希冉等人策划一起逃走。王耀武给前方两个旅长打了电话，令其坚守阵地，然后几人一起向南经四里山二一三旅旅部逃窜。牟中珩是山东黄县（今龙口市）人，觉得往东走可以回家或到青岛，于是决定不与王耀武同行，沿着黄河南岸东行，逃至高密县境即被当地解放军查获。王耀武、庞镜塘、郑希冉等人向南逃窜，因解放军兵力在南部山区布置得较密集，他们又转回泺口企图北逃，选了几条路均未走通。整整窜了一夜，他们也没钻出解放军的包围圈，天明时只得又回到城内。22 日，省政府大院已在解放军大炮的射程之内。

23日上午，徐州剿匪总司令部总司令刘峙和空军副总司令王叔铭飞临济南上空。此时的济南城已被人民解放军攻城部队团团围住，国民党守军龟缩在济南内城，依靠城墙战线做着最后的挣扎。刘峙用无线电话对王耀武说："援军进展很快，几天就可到达济南，你们必须坚守待援。"这类话王耀武已经听过多次，但一直没见到能改变败局的支援。

王耀武不甘心束手就擒，守住内城成了决定他生死存亡的最后一战。内城纵深不足2公里，却集中了三四个旅的主力，兵力不下三四万人。王耀武自恃城高墙厚、设防严密，仍存有最后一点侥幸。他判断，解放军攻城部队已苦战了七天七夜，肯定要休整，对内城的攻击至少要在三五天后，于是通知守城部队一定要抓住最后的时机，调整部署，整修工事，并集中炮火反复轰击解放军集结阵地。

国民党守军临时"司令官指挥部"旧址

心神不安的王耀武一身戎装，同参谋长罗幸理一起绕内城巡视，进行战前部署并督战。在南门城楼上，王耀武对早已奉命在此等候的中将保安副司令聂松溪、少将整二师师长晏子风、少将整七十三师师长曹振铎等一班人说："济南之役的决战阶段已经到了，前几天，共军虽攻势凌厉，进展迅速，但主要是与我弱旅交战。而我主力部队不但没有伤筋动骨，还大量消耗共军有生力量。现在我们据守济南最坚固的防线。各位都是我所倚重的爱将，我们应精诚团结，决死固守，争得时间，以待援军，再创四平街奇迹，实现蒋总统的27万人会战计划。"

曹振铎立即奉承道："我认为，凭我们坚固的内城核心阵地，以我们战斗力尤佳的精兵强将，完全可以阻击共军的进攻势头，一俟援军到达，我们迅速冲出城头，对共军实施包围，那时则转危为安。目前关键的问题是，各位将军都不能丧失守城的信心，同王司令官一道，誓与城池共存亡。"其余将军也被鼓动得壮怀激烈，纷纷表了忠心。

王耀武率领将军们到内城城墙各段守军阵地巡视，调整防御部署并鼓舞士气。巡视完毕后，王耀武令参谋长罗幸理等在省政府内指挥战斗，负责司令部的守备与后方秩序的维持。他自己则乘车到了学院街财政厅门前，在学院码头登船，经汇泉寺来到大明湖北岸的成仁祠。成仁祠建于1937年，是国民党山东省政府为在湘赣战役中阵亡的国民党陆军五十八师将士修建的祠庙。成仁祠大厅下有地下室，王耀武的临时指挥部就设在这里。

仅过了一夜，9月24日4时50分，华野九纵二十五师七十三团就攻入内城，从历山顶街北头三曲巷直插内城纵深，七十五团、七十六团等后续部队跟随七十三团迅速涌入城内。此后，西线及东线的其他攻击点也先后突破城墙防线，迅速投入巷战。当时，国民党守军在济南内城主要马路上修建了碉堡，每个碉堡都有一个班或半个班的兵力守卫，他们利用这些街垒及周围各种建筑物上配置的火力点，与进攻的解放军顽抗。解放军斗志昂扬，一路势如破竹，国民党残余军队节节败退，困守在大明湖附近。

绝境中的王耀武见大势已去，准备外逃。他对副参谋长干戟和秘书说："这地方叫成仁祠，地名犯忌，一进门我就很不高兴。蒋先生给过我们每人一支佩剑，上面镌有'不成功，便成仁'的字样。这是他对我们的期望。今天失败到如此地步，我们要不要成仁呢？我认为我们不能自杀，即便自杀也成不了仁。因为内战不同抗日，如果自杀，徒死无益，反会留下骂名，被人讥笑。所以，我决定带几个人突围，不能在此坐以待毙。"之后，王耀武便与参谋杨筠、副官宋广义、卫士徐超等向西，从铁公祠附近一个通向外城的地堡口逃出。

当日下午，九纵二十五师一部、渤纵入城部队及十三纵三十八师与

人民解放军攻入国民党山东省政府

三纵八师一部占领了大明湖东、南、西三面湖岸，守军仅剩下大明湖北岸张公祠以西、铁公祠以东不足500米的狭窄地带，且全部处于解放军视野之中和步枪射程之内。此时，国民党守军终于丧失了斗志，到处乱窜。

24日下午，解放军攻占国民党省政府。省政府是民政机关，未做战备，也没有储存粮弹、用水。上午11时前，守在省府大院的第二绥靖区参谋长罗幸理还跟王耀武一直保持电话联系。11时30分，王耀武通知罗幸理，说解放军主力已进入内城，有组织的抵抗全部崩溃，和各部队也失去了电话联系。最后他低沉地说："情势困难，各自珍重。"这是他们最后一次通话。午后开始，围攻内城的西路大军源源不断地从坤顺门突破口进入内城，同从城东南角先突破入城的东路大军一起，对国民党省政府展开了迅猛突击。下午5点30分，国民党省政府的守敌全部缴械，这标志着历时八天八夜的济南战役胜利结束。

王耀武逃出济南内城后，率十五旅的一个营猛然向城北沼泽地带突围。进至一里外一个小村庄后，潜伏在一家民房中。及至解放军发觉，他已令该营南撤。王耀武化装成小商人，化名乔坤，带着侍卫急速东逃。人民解放军搜遍了省政府和整个济南城，也没有发现王耀武的踪迹，于是展开了大规模的排查工作，并把搜寻王耀武的通告下发到济南周边各解放区。

王耀武行至周村时，让人雇了两辆胶轮马车，三名随从坐在一辆马车上在前面开路，侍卫乔玉龙装作他的侄子，和他坐在后面的马车上。此时，在周村犹闻济南枪声未息。传闻已有国民党援军到达济南，他一度犹豫，复西行20余里准备回济南，待遇西来的车马，一番打听之下，方知并无援军，于是重新向东逃窜，因此拖延了五六个小时。两辆马车沿着胶济线北侧一路向东而去，经过两天的颠簸，在9月27日傍晚到达了益都县城（今山东青州）。在这里，他们花钱搞到了一张益都西关街街公所的路单（通行凭证），并搭载了两名从济南回潍县老家的中年妇女。

行至寿光境内时，盘查已经非常严苛。9月28日上午，在沧潍公路横跨弥河的张剑桥上，执勤的公安战士发现两辆大车和7个人形迹十分可疑，便扣了下来。审讯干事发现车上一中年男人的前额上有一道非常显眼的印痕，这是常年戴大盖帽留下的。经过搜身，发现他身上有一小卷雪白的高级棉纸。审讯人员问这是做什么的，中年男子不假思索地答道：手纸。如此高级的手纸，绝对不是普通百姓可以消费的，于是审讯人员集中力量审讯乔坤。在第三次提审时，乔坤终于招认他就是王耀武。①

9月29日，王耀武被押送到昌潍特区警备司令部。公安部门拿出1946年春王耀武与军调三人小组的合影，核对无误后才放心地向华东军区作了报告。至此，“打进济南府，活捉王耀武”得以实现。

---

① 关于王耀武被俘过程有诸多说法，本书所述相关细节据1948年9月28日寿光县公安局关于《捕获王耀武经过情形》的报告及原寿光县公安局审讯股干事王洪涛（曾用名阎树聪）的回忆文章。

成功接管，古城济南掀开历史新篇

济南是关内解放的第一座省会大城市，开创了人民解放军夺取国民党军重兵坚守的大城市之先例。随着济南的解放，党的工作重点从武装斗争转移到和平建设，工作方式也发生了巨大转变，济南的接收和接管工作成为一项重大的历史使命。济南的成功接管，为共产党接收和管理大城市提供了多方面的经验，为随后解放的沈阳、北平、天津提供了示范和借鉴。济南等一系列大城市的成功接管，证明中国共产党已经实现了历史性跨越，拉开了社会主义现代化建设的序幕。

●●●

1948 年 9 月 30 日，新华社发表经刘少奇、周恩来修改，毛泽东最后审定的社论——《庆祝济南解放的伟大胜利》。社论中指出：济南的攻克，“证明人民解放军强大的攻击能力，已经是国民党军队无法抵御的了，任何一个国民党城市都无法抵御人民解放军的攻击了”。济南战役的胜利使华北、华东两大解放区连成一片，为解放战争战略决战揭开了胜利的序幕。

作为关内解放的第一个大城市，如何对济南进行接收和管理，把军事上的胜利转化为政治的、经济的、文化的胜利，成为最重要的任务。其实早在济南战役前，中共华东中央局及各级党组织就为战后城市接管做了大量的准备工作。

1948 年初，根据华东中央局的指示，济南市委组织多方面的力量全力以赴，对济南市情和敌军防御部署情况进行了调查。4 月，潍县解放不久，华东中央局即在青州组建了中共济南市委、济南市政府、济南市警备司令部联合筹备处，对外称“青州建设研究会”，由曾山负责，筹备接管济南的工作。

5 月 17 日，济南市委发出《调查研究提纲》，随后又发出《军事调查补充指示》《政情补充调查提纲》，指示各级党组织利用一切关系，

解放军官兵进入市区

采取各种形式对济南的政治、军事、经济、文化等情况进行全面的调查。济南市委、渤海济南工委和鲁西工委分别成立了调查研究会，先后动员1000余名工作人员进行调查，采取派遣情报人员打入、召开知情人座谈会、设立国军招待所向逃亡国民党士兵了解情况等方法，对各方面情况进行周密侦察和调查。济南市委还举办了测绘训练班，在较短时间内培训出了一批地图测绘人员。

经过3个多月的调查，先后整理完成了《济南地区炮兵阵地、兵工厂、军火库调查》《济南周围水系调查》《济南敌防御工事调查》《济南市应行军管监视及保护之机关厂店仓库报社等调查》《济南蒋匪各机关驻地及负责人调查表》《济南市反动道会门调查》《济南特务组织活动和电台、监狱的调查》《济南金融工商业调查》《济南文化教育新闻事业概况》《济南官僚资本调查》《济南市社团调查》及各种军事情况等几十份调查材料，编辑《济南政情通报》23期，还绘制了各种地图。济南市委将调查材料分别报送华东中央局和华东野战军。

8月，华东局以青州建设研究会的名义，将各方面的调查情况汇集成册，编印了《济南概况》，比较系统地介绍了济南的政治、军事、经济、文化教育和社会情况。9月初，又编印了《济南概况补充调查》和《济南人物调查》，为党、政、军各级领导和接管人员了解熟悉济南、顺利解放和接管济南提供了重要依据。

为在战役后搞好城市接管工作，党中央和各中央局多次发出指示，强调城市工作的方针政策，华东中央局和华东野战军为接管济南制定了具体政策和纪律。华东局总共抽调了6000余名（后增至8000余名）干部参加接管培训。绝大多数的干部对城市情况不了解，对党的城市工作政策不熟悉，所以对接管人员的培训尤为重要。7月下旬，参加济南接管工作的8000余人在青州集训，有的来自华东中央局和山东省政府机关各部门，有的来自渤海区、胶东区和鲁中南区，还有的来自部队，其中既有干部，也有战士和工人。由于人员构成复杂，思想水平和认识能力不尽一致，华东中央局指示，以行政单位为基础，建立党组织和政治学习组织，重点抓接管人员的思想教育。华东中央局张鼎丞、孙冶方、魏文伯、冯平等领导同志亲自给集训人员授课。9月上旬，接管集训工作在张店结束。培训教育提高了接管人员的政策水平，锻炼了队伍，为顺利接管济南奠定了思想和组织基础。

为适应夺取大中城市的需要，华东局将设于山东省临沂解放区的山东大学和华中建设大学合并为华东建设大学，于1948年2月迁至渤海区，集中培训城市工作干部。学员学习的内容重点是城市工作的方针政策和城市工作知识。同时，华东局还将山东和苏北地区的大批公安干警集中于渤海地区的惠民、阳信一带，进行“三查”“三整”，学习中央的有关政策和城市公安工作知识，为日后接管城市、维护社会秩序做了干部准备。华东建大的大部分学员和600余名公安干警均参加了济南的接管工作。

7月18日，华东中央局向中共中央发出《关于接收济南准备工作的报告》，报告了中共济南市委、济南市政府、济南市警备司令部主要领导成员的配备名单及接管干部的抽调、培训等情况。中共中央于次日即批示同意华东中央局的报告。9月7日，华东中央局在青州召开济南市接管工作会议，组织部部长张鼎丞在会上宣布，成立统一的济南市接管委员会，指定曾山为主任，郭子化为副主任，谭震林、袁仲贤、刘顺元、冯平等为委员，同时宣布了中共济南市委、济南市政府、济南市警备司令部主要领导名单。在济南解放前，华东局已做好接管济南的准备。

9月20日，济南战役刚刚开始，中共济南特别市委就进入济南，办公地点起初设在经二纬二路原国民党中央银行济南分行，不久，搬到经二纬一路今公安厅处。

9月21日，华东局发出《关于接管济南的工作指示》，指出："不仅要坚决地攻占济南，在军事上取得伟大胜利，而且要完善地接管济南，在政治上取得伟大胜利。"23日，济南尚未全部解放之时，数千名接管人员一部分由张店从东部进入济南，一部分绕道泰安从西部进入济南。他们冒着炮火紧随攻城部队向市内挺进，攻城部队打下一片，接管人员就接收一片，接管人员一时跟不上，部队就按上级事先部署，留下部分战士看管，等待接管人员到来，整个接管工作有条不紊，没有出现大的混乱。

解放济南战役革命烈士纪念碑

济南解放的第二天，即9月25日，解放军华东军区颁布《约法七章》，济南特别市军事管制委员会及中共济南特别市委员会颁发《入城守则》，向济南市民公布共产党的城市政策。同时，济南军管会和济南特别市政府迁入济南商埠，将原国民党第二绥靖区司令部作为办公地点。济南特别市军事管制委员会负责统一指挥对济南的接管工作，谭震林任军管会主任，曾山任副主任，许世友、郭子化、袁仲贤、谢友法、刘顺元任委员，冯平任秘书长。中共济南特别市委员会由刘顺元任书记，张北华任副书记。中共济南特别市委入城后，中共济南市委、渤海济南工委、鲁西工委和渤海区党委城工部周村工作组即行撤销，其所属地下党员、地下关系、积极分子等均移交给特别市委。

9 月 29 日，济南特别市政府和济南特别市警备司令部宣布成立，郭子化任市长，徐冰任副市长，黄远任市政府秘书长。10 月 5 日，中共济南特别市委公布建立各分区委，随后建立了各区政府。

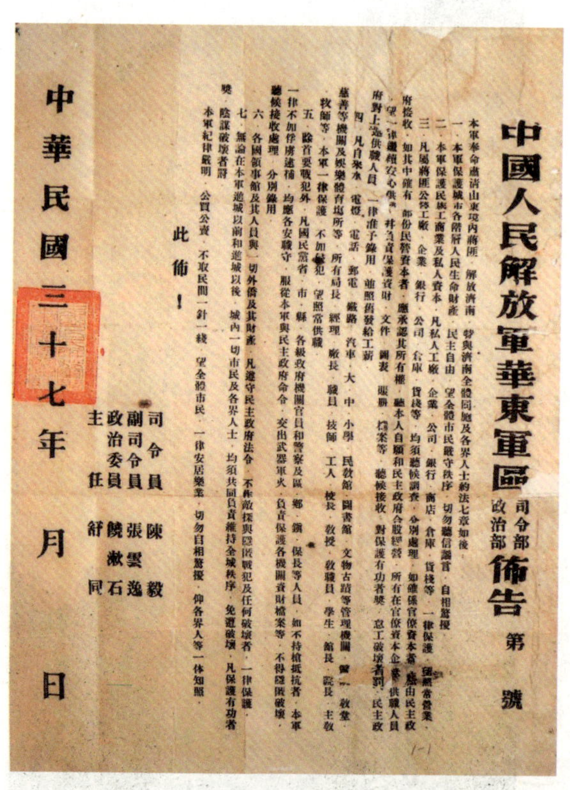
中國人民解放軍華東軍區司令部政治部佈告 第 號

本軍奉命肅清山東境內蔣匪，解放濟南，特與濟南全體同胞及各界人士約法七章如後：

一、本軍保護城市各階層人民生命財產，民主自由，望全體市民嚴守秩序，切勿聽信謠言，自相驚擾。

二、本軍保護民族工商業及私人資本，凡私人工廠、企業、公司、銀行、商店、倉庫、貨棧等，一律保護，望照常營業。

三、凡屬蔣匪公營工廠、企業、銀行、公司、倉庫、貨棧等，均須聽候調查，分別處理，如確係官僚資本者，應由民主政府接收，如其中確有部份民營資本者，應承認其所有權，聽本人自願和民主政府合股經營，所有在官僚資本企業供職人員，望一律繼續安心供職，並負責保護資財、文件、圖表、賬冊、檔案等，聽候接收，對保護有功者獎，怠工破壞者罰，民主政府對上述供職人員，一律准予錄用，並照舊發給工薪。

四、凡自來水、電燈、電話、郵電、鐵路、汽車、大、中、小學、民教館、圖書館、文物古蹟等管理機關，醫院、教堂、慈善等機關及娛樂體育場所等，所有局長、經理、廠長、職員、技師、工人、校長、教授、教職員、學生、館長、院長、主教、牧師等，本軍一律保護，不加侵犯，望照常供職。

五、除首要戰犯外，凡國民黨省、市、縣、各級政府機關官員和警察及區、鄉、鎮、保長等人員，如不持槍抵抗者，本軍一律不加俘虜逮捕，均應各安職守，服從本軍與民主政府命令，交出武器軍火，負責保護各機關資財檔案等，不得隱匿破壞，聽候接收處理，分別錄用。

六、各國領事館及其人員與一切外僑及其財產，凡遵守民主政府法令，不作敵探與隱匿戰犯及任何破壞者，一律保護。

七、無論在本軍進城以前和進城以後，城內一切市民及各界人士，均須共同負責維持全城秩序，免遭破壞，凡保護有功者獎，陰謀破壞者罰。

本軍紀律嚴明，公買公賣，不取民間一針一綫，望全體市民，一律安居樂業，切勿自相驚擾，仰各界人等一體知照。

此佈！

司令員 陳毅
副司令員 張雲逸
政治委員 饒漱石
主任 舒同

中華民國三十七年 月 日

1948 年 9 月 25 日中国人民解放军华东军区颁发的与济南全体同胞及各界人士约法七章布告

在军管会、市委的领导下，人民政府顺利接管了驻济南的国民党党、政、军、警、特机关和司法、金融、文教卫生、交通运输、电信等系统，以及官僚资本工商业单位，确保了城市从旧政权到新政权的有序过渡。军管会、市委、市政府将迅速复工、复业、复课作为全市的中心工作，并首先抓通水、通电、恢复交通等工作。另一方面，为保障城市居民生活、消除战争遗迹，政府一方面拨粮、拨款急赈，一方面组织群众通过平碉堡、拆城墙等工作以工代赈，安定民生。经过一系列强有力的措施，刚刚经历了战火的济南迅速安定下来。

1948 年 10 月 31 日，济南特别市结束军事管制。市军管会及城区军管分会撤销，未尽事宜统交市政府及敌产清理委员会办理。原市军管会所属 16 个工作机构进行改变或撤销，其中，金融部并入北海银行济南分行，卫生部改为济南特别市卫生局，政务部改为济南特别市民政局。

11 月 21 日，中央在《中共中央关于批转接管济南经验报告的电文》中批示："关于接管济南经验的报告，已收阅，甚好，当转发各局，供他们参考。"此后，中共中央时常强调对于济南接管经验的推广和执行。

济南接管工作基本完成、社会秩序初步安定后，立即将工作重点转向恢复经济，发展生产，并从交通运输、后勤供应、兵员补充等方面全力支援全国解放战争。通过接管城市，共产党培养了一大批成熟的干部，为后续城市的接管提供了重要的人力资源支持。从济南解放至 1949 年初，济南组织了大批干部和学生随军南下，参与南方新解放城市接管和各项事业建设、人民政权建立。

1949 年 5 月 22 日，"济南特别市"完成了历史使命。济南特别市政府改为济南市人民政府，姚仲明成为济南市第一任市长。

后记

传承红色基因 赓续红色血脉

苏旭勇

红色的记忆，是永远的丰碑。传承红色基因，赓续红色血脉，把红色资源利用好、把红色传统发扬好、把红色基因传承好，是新时代济南人的使命担当。

现在，《泉映初心燃韶华——讲给青少年的济南红色故事》（以下简称“本书”）出版了，这是济南市学校党建工作研究基地挖掘泉城红色资源、传承红色基因的成果，更是为庆祝中华人民共和国成立75周年的献礼之作。

济南市学校党建工作研究基地（以下简称“基地”）是中共济南市委教育工委设在济南职业学院的市级党建智库平台。基地自2023年成立以来，相继开展了系列党建活动，形成了系列党建研究成果，编辑出版了《学校基层党建工作创新实践》，为济南市学校党建工作贡献了力量。

本书是基地编辑出版的第二本图书，收录了自1919年4月20日山东国民请愿大会至1949年5月22日济南市人民政府成立30年间共49个济南红色故事——这一个个激动人心的故事，串联起济南红色足迹，让济南红色记忆深入人心，让泉城红色文化资源动起来，解寻历史密码，追寻初心之路，感受跨越时空的力量。

岁月远去，精神永存。流传至今的济南红色故事，是绵延不绝的记忆，更是一种历久弥新的精神；它是一笔传之久远的宝贵财富，更是凝聚人心、激励向上的澎湃动力，它们的深处蕴藏着浓浓的红色基因和精神密码。

加强红色教育，传承红色基因，让青少年学生在接受革命传统教育的同时，更好地认清自己的“根”和“魂”，从小树立坚定的理想信念，不断从红色基因中汲取前进的力量，努力成长为担当民族复兴大任的时代新人。

本书在编写过程中，得到了市委宣传部、市政府办公厅、市委党校、市委党史研究院、市委教育工委（市教育局）、市退役军人事务局、团市委、济南广播电视台等有关部门和单位领导的大力支持。市委党史研究院为本书的编写提供了学术指导，对书稿中涉及的党史内容进行了审核。市委党史研究院副院长王音、齐鲁晚报文史研究院院长雍坚以及耿仝、张宗恒、郭学军等文史专家，从总体设计、内容确定、文字风格、资料图片等方面对书稿进行了全方位指导和把关。山东省社会主义学院党组成员、副院长孙黎海在审阅书稿后，欣然作序，对本书给予了肯定和鼓励。

济南职业学院的师生们对本书收录的济南红色故事进行了再创作，录制了故事音频，以二维码形式附于每个故事之前，便于读者聆听。

在此一并对上级主管部门、有关单位领导和专家以及学院师生表示感谢。

苏旭东

济南职业学院党委书记

济南市学校党建工作研究基地主任

2024年8月